魔女の指南書

現代魔術の実践講座

マット・アウリン　岡昌広[訳]

徳間書店

MASTERING MAGICK:
A Course in Spellcasting for the Psychic Witch

Foreword by Silver RavenWolf
Interior illustrations by Laura Tempest Zakroff,Benebell Wen,
Llewellyn Art Department
Published by Llewellyn Publications
Woodbury,MN 55125 USA
www.llewellyn.com
Through Japan UNI Agency,Inc.,Tokyo

聖別

本書は、神化を遂げて蛾の翅《はね》を得た魂の名において聖別されています。それはエロースの蘇《よみがえ》った妻として闇の宮殿に住し、冥界の水を汲《く》み、オリンポスの大広間へと昇った魂。

本書は、洞穴で踊る粗野な笛吹きの名において聖別されています。それは予言を与える光のファウヌスであり、死の恐怖をもたらす影のサテュロス。そして恍惚《こうこつ》のグノーシスを駆り立てる者であり、その体軀《たいく》によって世界のすべての領域を構成する者。

本書は、我々の始祖であるアイアイエー島の魔女の名において聖別されています。それはヘリオスの子であり、境界で杖を振り、魔術を編み、呪文を詠《うた》う変容の女王。

人間の魂、自然の神性、そしてそのどちらでもあり、どちらでもないすべてのものを讃えて。

序文

自己改革の旅は選ぶことから始まります。私が選んだのは心を開くこと。私が決めたのは自分の人生と可能性、そしてそこに秘められた謎を探求すること。私が求めたのは充実感、変化、成功、自由、知識、癒《いや》し、平穏……。

すべては選択なのです。

私は自分の歩むべき道を行きながら人とつながろうと決めています。友人、パートナー、メンター、作家、職人、アーティスト、ミュージシャン、詩人、ビジネスオーナー、予言者、儀式主義者、そして争いよりも優しさをもたらしてくれる人たち。

私が選んだのは、人と人とを結ぶ糸の上で踊ること、魂を高みへと導いてくれる光の糸の上でバランスをとること。

私が学び成功を収めることで、周りの人たちも共に高まります。同じように成功する人もいれば、私から離れていく人もいるでしょう。

人は誰しも自分が信じる道を選びます。それは尊重するべきことです。

私はそれを受け入れようと心掛けています。

序文

私は新たな経験や新しい考え方、今までにない自己の表現方法をいつでも歓迎していま す。そして、これまで体験してきた奇跡にも感謝でいっぱいです。

癒し、愛、喜び。

そして成功。私が学んだのは、時は魔法であること。呼吸はつながりの力であること。鍵となるのは自分自身であること。

私にとって真の勝利とは、自分が支援する人たちの成功にあります。誰かのために扉を開くことを決めたとき、それは決して負けない力となります。

著者、マット・アウリンの惜しみない努力と読者への愛、そして魔術に対する敬意によって、みなさんは無限の力を得るためのツールを見つけることができます。本書は自信と喜び、そして成功をもって前進するための煌《きら》めく鍵を手に入れる一助となるでしょう。

本書の内容をどんな風に日常に取り入れるか、そしてどこを目指すかはあなた次第です。本書は繰り返し読み返すべき貴重な技法が紹介されているだけでなく、現代最高峰の魔女たちの協力によってとても充実した内容となっています。ユーモアに溢《あふ》れ膨大な知識を有するクリストファー・ペンチャクをはじめ、いつも精力的なジェイク・リチャーズ、才能に恵まれたローラ・テンペスト・ザクロフ、実力者であるマダム・パミータ、そして深い見識を持つストーム・フェリウルフなど、各界の著名な魔女がそれぞれの専門分野のすばらしい知識を惜しみなく提供しています。

本書は自分に秘められた力を受け入れることからはじまり、心の整え方、知的エネルギーの科学、願いを具現化する神聖な空間のつくり方、そして魔術道具を目覚めさせる方法や意志の高め方まで、読者のみなさんが自分なりのやり方を探求するための余地を十分に残しながらも、よく練られた構成でさまざまな技術を紹介しています。

さらには科学的な解説に、最適な実践タイミングの紹介まで。本書をみなさんの本棚に加えるのは、とても意味のあることです。これからのスピリチュアルな旅に欠かせない一冊となることでしょう。

臆することなく、魔女の世界に飛び込んでみてください。これはあくまで序文に過ぎません。楽しみながら読み進めてみてください。マット・アウリンから啓示的なインスピレーションを受けて、今こそ自己を知り尽くすときです。そこには、みなさんの人生のエキサイティングな次の章が待っています。

神々と共に。
自然と共に。
内なる世界と共に。
そうあらしめよ！

――シルバー・レイブンウルフ

はじめに

私は子どもの頃、北カリフォルニアの小さな町に住んでいて、手に入る限りの魔術の本を読み漁っていました。誕生日や祝日に貰うおこづかいを少しずつ貯めてはショッピングモールの書店に行き、数少ない魔術の本の中から興味を引かれるものを一冊ずつ手に入れていました。たくさん買い揃《そろ》えることはできませんでしたが、厳格で信仰心の強い祖父母に隠れて魔術の世界を学ぶにはちょうど良い量でした。

中学生になった頃、私は南カリフォルニアに住む親戚のもとで暮らすことになりました。残念ながら、魔術の本は持って行くことができませんでした。ところが、その町の海沿いの通りに〈ウィッチクラフト・ショップ〉なる魔術用品店があることを小耳に挟みました。実際にはスピリチュアル全般に関するものを扱った店ではありましたが、ウィッカやウィッチクラフトなどの魔術に力を入れていることはすぐにわかりました。それ以来、私はバスでその店に通うようになりましたが、子ども心に店内がとても不思議な空間に感じられたのを覚えています。

私は興奮と好奇心と緊張感を胸に、その小さな店の扉を開けました。扉の取っ手の上に付けられた鈴が鳴って私の来店が告げられると、すぐに店内に漂っているエキゾチックな香りが鼻をくすぐります。フランキンセンス、ラベンダー、ナグチャンパ、サンダルウッド、シダーなどのお香の煙や香油など、いろいろなものが混ざり合って独特の芳香をつくり出していました。そしてその香りと共に聞こえてくるのは、それまで聴いたこともないような音楽です。その音楽は風変わりだけれど心地よくもあり、なにより神秘的な雰囲気を醸《かも》し出していました。

カウンターの奥にいる女性は、フレンドリーながらも少し怪訝《けげん》な顔で私を出迎えてくれました。子どもが一人で来店するのですから無理もありません。でも私は恐る恐る店内を探索し、美しい彫像や祭具、クリスタルの数々を見て回りました。店にいる間にできるだけ多くのことを知りたいと、商品の説明書きをじっくりと読んだのを覚えています。

時々、店の奥にある小部屋からタロット占い師が出てきて、レジの女性と話していました。私はその占い師に興味と恐怖を同時に感じていました。心を読まれていないだろうか、秘密をすべて知られていないだろうか、と不安に駆られたのです。目立たないように、私は俯《うつむ》き加減に頭を低くしておくことで精一杯でした。占い師がレジの女性と話し終えて小部屋に戻るのを見届け、私は安堵《あんど》のため息をつきました。

水晶タンブルのような小さくて安いものしか買えなかった私でも、常連になるにつれてだんだんと居心地がよくなってきました。やがてその店は、周りから変な目で見られていた趣味を持つ私の隠れ家となりました。その店では、私の趣味は全くもっておかしな趣味ではないのです。その頃には緊張感もほぐれ、私はカウンターの女性によく質問をしていました。自分のことを知ってもらおうとまだ乏しいオカルトの知識を披露したりもしましたし、ここで学べることはなんでも学ぼうという姿勢でいました。

そんな好奇心旺盛だった子どもの頃からは、もう何年もの月日が経ちました。私はその後、評判の良い講師や書籍から魔術と霊能力の両方を学び、それは今日まで続けています。魔術や霊能力について確かに言えるのは、すべてを理解したかと思うと、経験と知識の奥行きはますます深くなり、その先が見えなくなっているということです。魔術は宇宙の仕組みや謎と深い関係があります。そして、初歩的、基礎的だと思えることを見直したり、再検討したりしながら常に探求し続ける余地があるのです。

私の最初の著書『魔術の教科書』では、内なる感覚をすべて目覚めさせ、心と体と精神だけで周囲に影響と変化をもたらすことに焦点を当てました。最終的な目標はエネルギーを知覚し操るための強固な基盤を築き、内なる世界に大きな変化をもたらせるようになることです。その逆もまた然《しか》りで、外なる世界でまじないや魔術を実践することで、霊能力を目覚めさせ、活性化し、向上させることにつながります。そして霊能力の開発によってより強力な魔術を実践することができるようになり、霊的な感度も高まります。クリストファー・ペンチャクは著書『Magick of Reiki』の中でこう述べています。〝魔術の実践者にとって、内なる現実と外なる現実にはほとんど違いがない。それらは単に視点の違いに過ぎないからだ。それはつまり、一方を変えるためにはもう一方を変える必要があるということだ〟

本書は『魔術の教科書』の続編です。そこで、本書ではいくつかの重要なテーマと実践を異なる視点からおさらいしてみようと思います。前著では霊能力と魔術の基礎をしっかりと築くために、できるだけ心と体、精神のほかにはなにも使わないことに重点を置きました。そして内なる世界に集中できるように、あえて伝統的な魔術を完全に省いています。とはいえ、伝統的な魔術が霊能力覚醒の強力なツールにはならないわけではありません。

私自身も含め、魔女は魔術を実践するのが好きです。本書を読んでいるということは、あなたもおそらくそうでしょう。暗闇の中でキャンドルに火を灯し、インセンスの煙とゆらめく炎を見つめながら実践を始めるのは格別な瞬間です。魔術の実践に際して五感に働きかける異世界のような雰囲気をつくり出すと、本当にうっとりとした気分になります。本書のコンセプトは、魔術の仕組みと理論を解説すること、そして霊能力を高めるためのまじない、魔術、祈り、言葉を数多く収録することです。私はほかの魔女や魔術の実践者が霊能力を高めるためにどんなことをしているのかに興味がありました。そこで、本書を書くにあたって私の敬愛する各方面の友人たちに協力を依頼したところ、彼らの秘訣やまじない、技法のいくつかをシェアしてもらうことができました。

私は（現実的な行動も伴った）魔術はこの世界を癒し、救うことができると強く信じています。そして魔術はこの世界に必要不可欠だと感じています。でも、そのためには世界の再魔術化が必要です。再魔術化とは、魔術によって現実逃避をして空想の世界に浸るという意味ではありません。世界を癒すためには、世界と再びつながり、世界をありのままに見ることが必要なのです。世界をありのままに見るというのは、人間をありのままに見ることだけではありません。それは自然をありのままに見ることであり、自然に宿る魂、霊的存在、そしてすべての生物と本当の意味でつながることを意味します。それらが持つ力や、そこに宿る精霊との絆を築くこと、そしてなによりも、私たちが何者であるかを思い出すことなのです。

魔女の道は、常に主権の道であり続けてきました。主権とは、自分自身、自分の人生、そして自分が世界に与える影響に責任を持つという意味です。その核心をついた、私の好きな言葉がデヴィン・ハンターの著書『The Witch's Book of Power』の中にあります。〝もし人生をより良いものに変える能力と手段があるならば、私たちにはそれを使う義務がある。だからこそ、私たちは個人的な力と影響力を手に入れ、それを使って世界をより良くするための実践を行っているのだ〟

主権とは、自分の個人的な力を高め、それを使い他者の力を引き出すことでもあります。私たち人間は、力という概念と恐ろしい関係にあります。権力者がその力を乱用して世の中を支配しようとし、人や動物、自然に壊滅的で凄まじい影響を与えるのはいつの時代にもあることです。真の力を持つ者は他者を支配しようとはしません。なぜなら、他者が力を持つことを自分の脅威とは見なさないからです。

世界を変えるためには、スピリチュアルな力を得て、まずは自分自身と自分の生活から変えていくことが必要です。『魔術の教科書』が霊能力の強化と瞑想に重きを置いているのもそのためです。自分が扱っているエネルギーを意識することで魔術の効果が大きくなるだけでなく、霊能力の開発によって徐々に自分自身や他者、そして世界を一つのものとしてありのままに見ることができるようになるのです。それにより、私たちは力と均衡を兼ね備えた完全な者へと変わる「大いなる業《わざ》」の第一歩を踏み出すことができます。その旅は私たちを精神の最も暗い根底と、魂の最も超越的で神聖な領域へと導きます。とはいえ、まずは自己を癒すために自分自身と向き合うことから学んでいきましょう。それは簡単ではありませんが必要不可欠な取り組みであり、まさに大いなる業と言えます。

多くの人は、魔術が問題をすべて解決してくれると考えて安直に実践しようとします。それは表面的にはそこまで間違っていません。魔術には私たちが生活する上で直面する問題を解決しやすい方向に修正する力があります。でも、ほとんどの人はお金や対人関係、周りの環境に対する悩みなど、自分が置かれている状況に対処することに魔術の力を求めます。最も強力で効果的な魔術は、自己を目覚めさせ、癒し、叡智《えいち》を得るために、自分自身に対してかけるものです。霊的な感覚を目覚めさせると、神性を直接的に感じることができるようになります。その神性は精霊であったり、神や女神であったりするかもしれません。でも、それは同時に、すべての人や物、そして最も大切な自己に宿る神性への気づきが深まっている証拠でもあります。そうなるためには、まずは目隠しを外さなければなりません。世界の再魔術化には、まずは自分自身を魔術によって覚醒させ、世界に反応できるようにすることが必要です。世界の再魔術化とは、真実を見つめること、新たに夢見ること、そして行動を伴う魔術によって現実の流れをコントロールすることなのです。

魔術は私自身と私の人生に、計り知れない変化をもたらしました。周りの世界とのつながりを深く感じながらも、より強い自己意識を持つことができました。斬新なアイデアや自分と異なる考え方に対しても柔軟な姿勢でいられることにも気づきました。自分に自信がついたことで、かつては人の意見に流されやすかった私が自己主張できるようになりました。それまで縁がなかったようなすばらしい機会にも恵まれました。他人に対しても思いやりが持てるようになり、自分の力を意識できるようになりました。魔術で恐れや不安を克服することができ、不安定な人間関係や環境からも脱却しました。自分自身と他者を内面的にも外面的にも癒すことができるようにもなりました。私が歩む人生は、奇跡のように軌道修正されたのです。

魔術は心理学や自己啓発、自己改善、自己変革とは無関係だと言う人もいますが、私は全くそうは思いません。では、それらが魔術の正体なのでしょうか？　答えはノーです。でも私の知る限り、魔術の流派《トラディション》のほとんどは人を向上させ、癒し、さらに大きな魔術の力や体験に導くことに重きを置いています。オカルティズムではそうしたすべてが「マグヌム・オプス」、つまり大いなる業であり、唯一無二の価値がある真の実践なのです。私は『魔術の教科書』の中で〝魔術は触れるものすべてを変える〟と書きました。自分の歩んでいる道が正しいかどうか見極めるためには、頻繁に立ち止まり、それまでの自分、今の自分、そしてこれからの自分を見つめて、成長できているかどうかを問うことが必要です。自分の人生、そして周りの環境という外面を変えていくためには、まずは自分の内面から変えていかなければならないのです。つまり〝内の如《ごと》く、外も然り〟です。これはなにも完璧な存在を目指さなければならないということではありません。より良い個人、より良い人間になるために努力するということです。どれだけ長い間、魔術の研究や実践を重ねてきたかは関係ありません。親切で、愛情深く、共感的な人こそ、この世界における魔法のような存在です。何世紀も前の魔女がそうであったように、そうした人はとても稀《まれ》なのです。この世界にはそうした人たちがもっと必要です。自己の向上に集中することで、世界をより良くするための、より良い武器を身につけることができます。それはどんなオカルトの知識や経験を持つよりも、ずっと意味のあることだと思います。自己変革とは、今の自分に目を向けることから始まります。それは忍耐や労力を必要とし、時には痛みさえ伴う真の成長と変化です。

◆魔術の習得

魔術における習得の意味は、人よってさまざまです。私にとって習得とは、言葉で理解したり伝えたりするのが難しい感覚的な分野で、知識や見識、経験を少しずつ蓄えていくことを指します。魔術の習得とは、もうこれ以上は学ぶことも経験することもないという境地ではありません。断言できますが、それは現世に生きている間は不可能です。行き詰まりは、成長のために知識と経験を求めるのを止めたときに訪れます。魔術の習得とは成長と発展を繰り返すことにあり、そしてそれを認識することで魔術の力そのものに変化がもたらされるのです。

魔術を習得する秘訣は、派手でインパクトのある魔術や儀式を行うことでも、膨大な数のオカルト書籍の収集や高価な魔術道具を揃えることでもありません。それ自体は本質的には間違っていませんが、この道を追求する上での核ではないのです。魔術の習得は、単になにかを行うことではなく、自分と他者、周りの現実の中にも魔術の力が存在しているのを理解することです。それは魔術の実践を通じて、少しずつ実現し始めるものです。自分の中に魔術の力を認識するように、あらゆるものやすべての人の中にも魔術の力を認識できるようになるのです。

もちろん、私自身もまだ多くの人が考える意味での習得、つまり学習の終着点に達したとは言えません。でも、自分の人生における魔術の習得者という自負はあります。魔術が私の人生をどう変えたか、いかにして魔術を理解するようになったか、そしてその知識がこれまでの人生にどのように活かされてきたかを理解しているという意味では、私は習得者と言えると思っています。とはいえ、習得は最終到達点ではありません。むしろ、人としての成長という終わりなき道を行きながら、生涯追求し続けるものです。書籍や講師、伝統はすべてその道の役に立つものですが、自分の経験と成長をあるところまで導いてくれるものでしかありません。巷《ちまた》でよく耳にするのは、上級魔術を扱った書籍が少ないという不満の声です。でも、そうした不満が出るのはまだ書籍に頼っている段階にいるからです。魔術とのつながりを追求するべきときが訪れると、人はその力に導かれ、多くを学びます。それを的確に言い表したこんな一節がスコット・カニンガムの著書の中にあります。

〝本や希少な書物、謎の秘められた詩に叡智を求めるのもいいが、どこにでもある石やハーブ、野鳥の鳴き声にも答えはある。もし魔術を解き明かしたいのなら、風の囁《ささや》きや水の音にも耳を傾けなさい。そこにこそ、いにしえの秘密は残されているのだから〟

私はきちんとした講座の受講や、書籍、メディアなどからの独学まで、できるだけ多くの情報源から学ぶことを奨励していますが、いつの時代も魔術習得の道は常に孤高の魔女の道です。その道は自分で切り開くものであり、自分一人で歩む道ですが、本当の意味では決して孤独ではありません。なぜなら、魔術を習得するということは、自分自身が魔術の力とどうつながり、それをどう人生に活かすかの選択でもあるからです。それは精霊や神、他者、そして自分自身とどう関わり、魔術の神秘をどんなかたちで経験するかを選ぶことなのです。

　そういった意味では私たちは皆、唯一無二の霊的存在であり、生命力の表現者でもあるため、なにが正解かも人それぞれなのです。

　本書の至るところに登場しますが、私にとって重要なコンセプトは魔術の核となるつながりです。前著では霊能力と瞑想に重きを置きましたが、今回はつながりという視点から魔術を説《と》くことに焦点を当てました。祈りは話すこと、瞑想は聞くことにも喩《たと》えられますが、私は魔術と霊能力も同じように捉えています。この四つが揃うことで、宇宙との真の対話が生まれ、主権と貢献の共同創造が行われるのです。

『魔女の信条（Witches' Rede）』には〝柔らかな視線で優しく触れ、控えめに話し多くを聞け〟という一節があります。これは人を批判したり辛辣《しんらつ》なことを言ったりせず、穏やかに振る舞い、自分が話すより相手の言葉に耳を傾けるべきだという助言で、おそらくは言葉の通りの意味であり、それ以外の含みはないとされています。でも、私はこの言葉を深く考えてみた結果、別の洞察を得ました。これは魔女の道を極めるための、霊能力（エネルギーを見るときやスクライングをするときの柔らかな視線）と魔術（微《かす》かなエネルギーに触れて操ること）のバランスのとれたアプローチに関する助言のようにも思えるのです。そして、万物との対話は語りかけることよりも聴くことを意識的に行う必要があります。もちろん、これは私個人の解釈でしかありません。とはいえ、私はこの解釈に利点を見出《みいだ》しています。そのため、本書で紹介するまじないや魔術のほとんどには、なんらかのかたちで霊能力を取り入れています。その意図は、目に見えるもの、見えないものを含めた万物とのつながりを深め、自分の真の意志と、存在の複雑な結びつきの中で果たすべき役割を知るためです。

『魔術の教科書』の続編として、本書でも引き続き魔術に関する私の見解や知識、経験、洞察などを紹介していきます。これらは私の個人的な見解とアプローチであり、必ずしもすべての魔女や魔術師に当てはまるとは限らないことを念頭に置いて読み進めてください。共感できるものを見つけて実践に取り入れる際には、あなた自身のスピリチュアルな道、魔術との関係、霊の世界とのつながりを反映させて、修正や調整を加えてください。自分に本当に合っているものを見極めたら、それらを毎日、毎週、毎月、あるいは季節ごとなど、どんなペースで実践するかを決めましょう。私がどのように魔術にアプローチしているかをシェアすることで、独自の実践を考案したり、新しいものを取り入れたり、さらなる高みを目指すきっかけになったりと、読者のみなさんの良い刺激となることを願っています。

ある意味、私は今もあの魔術用品店に迷い込んだ少年の頃とあまり変わっていないのかもしれません。私はオカルトや宇宙の力についての知識に飢《う》えていました。機会があれば本を読み漁り、魔術を実践し、自分の力を試していました。私は常に学び成長してきましたし、これからもそうありたいと願っています。これまでの人生を振り返ると、知識に対する貪欲さが私をあるべきところへと導いてくれたように思います。魔術に引き寄せられるようなその感覚は、行動を起こしたのが人生の早い時期だったか遅い時期だったかに関《かか》わらず、ほとんどの魔女が経験しています。本書を読んでいるあなたも、おそらく同じように魔術に引き寄せられているのでしょう。

私はよく、魔術を習得する道のりを飢えた芋虫《いもむし》に喩えています。知識や修練を積み重ねるだけでは、そこから先へと進めなくなるときがやがて訪れます。その時期を迎えたら、実践で培ったすべての知識を絹の繭《まゆ》のように自らに巻き付け、内面に集中する必要があります。そうすることによって、自分と他者、そして世界に対する視点がタロットの「吊された男」のカードのように、あるいは世界樹の枝からぶら下がる飾りの繭のように、完全に反転し始めます。魔術の実践は本質的な変容をもたらすものですが、そのプロセスは繭の中の芋虫のように完全にプライベートであり、人それぞれ異なるものです。みなさんが直感という微かで神聖な月の光に導かれ、魔術習得のための変容の旅に出ることを願って、それぞれの実践を紡ぐのに役立つしっかりとした基礎を提供できれば幸いです。

◆本書の使い方

神秘に触れながら魔術やまじないを説いて一人前の魔女を育てるのは、途方もなく難しいことです。その主な理由の一つは、扱う概念の多くが直線的な方法で教えることができない性質のものだからです。一般的な教育では、単純な概念から始めて徐々に積み上げていくという進歩的な方法が採られています。一方でオカルティズムというのは、常に既存の概念や考え方に立ち返りながら前進し、経験し、学びを深め、新たな奥行きと理解の幅を発見していく分野です。オカルトの理解というのは間違いなく学ぶほどに深まっていくものですが、常に基礎となる概念や実践に立ち返り、それを見つめ直すことで新たな意味を持つようになるのです。

『魔術の教科書』を執筆した際も、こうした概念をいかに行ったり来たりせずに、できるだけ直線的に説くかが最も難しい課題でした。そんな前著よりも、今回はさらに難度が上がりました。本書を書くにあたって、私は前著でも解説し、自身の実践にも採用している主要なプロセスにこだわることにしました。それは現実の七つの界層（次元）、三つの魂、三つの世界、三つの大釜の概念を取り入れたプロセスです。本書では現実のさまざまな界層を一つ一つ紹介しながら、その枠組みの中で魔術が持つ側面を解説していきます。つまり、本書を最初に読み進めながら実践した魔術は、二回目に読み返す際にはさらなるツールと知識を備えて実践することになるのです。本書の内容や扱う魔術は『魔術の教科書』で基礎として紹介したコンセプトやテクニックと同様に、自己と宇宙に対する私のスピリチュアルな宇宙論《コスモロジー》の上に成り立っています。そこで、本書ではいくつかの主要な概念を見直すことで、読者のみなさんがより理解を深め、さらに詳しい情報を得ることができると考えました。それらの概念が互いに絡み合うことで、魔術の仕組みに関してより複雑で洗練された理解のタペストリーが織り成されていくことに気づくでしょう。初心者の方にとっては、本書の内容の中には少し高度に感じるものがあったり、馴染《なじ》みのない言葉が出てきたりすることもあるかもしれません。でも、すべて説明していきますのでそのまま読み進めてみてください。たとえば、あるまじないの項で星座や惑星記号について触れていた場合、後ほどそのトピックについても詳しく説明しています。本書は初心者の方にとってもわかりやすい解説を目指して、できるだけ平易で噛《か》み砕いた言葉で説明するように最善を尽くしました。もちろん、ベテランの方もぜひ本書を何度も読み返して、新たな気づきを得ていただけたらと思います。

contents

第1章 魔女の力を受け入れる

第2章 魔術を理解する

第3章

真理の追究

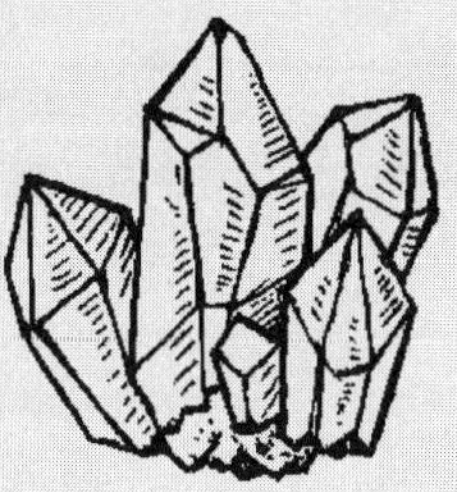

第4章 浄化と保護

第5章 スピリチュアルな図形と空間

第6章 内なるツールと外なるツール

第7章 太陽と月、そして四季

第8章 惑星の力

装画　阿部 結
装丁　三瓶可南子
校正　麦秋アートセンター
組版　(株)キャップス

本文イラスト
inner vision sigil (page 55) by Laura Tempest Zakroff
Interior art (pages 42,56,59,61,226,247,252,259,313,315,330,342,373,378,382,383 and 385) by the Llewellyn Art Department
Seal of the Nine Heavens (pages 197–199) by Benebell Wen

魔女の力を受け入れる

第1章

私から本書を読んでいるあなたに伝えたいことが一つあるとすれば、それは、たとえ人生で最も弱っていると思われるときでも、あなたには計り知れない力が秘められているということです。魔術の力は私たちがそれを本当に必要とするとき、つまり人生のどん底にいるときにこそ訪れるものです。少なくとも、私にとってはそうでした。私は当時、まだ六歳くらいの小さな子どもで、新しい保護者との暮らしにようやく慣れてきた頃でした。それまでの三年間は親戚の家や児童養護施設、里親のもとなど、いろいろなところを転々としていました。私の保護者は次々と変わり、自分は必要とされていないんだ、負担になっているんだ、と感じていました。やがて、そんな私にもようやく我が家と呼べる場所ができました。しかし、やっと落ち着いた暮らしを手に入れたと思いきや、私は人生で最も無力な時を過ごすことになりました。私の祖父とその新しい妻が裁判で私と兄の親権を勝ち取り、暮らしは豊かになったものの、祖父は身体的、精神的、感情的に私たち兄弟を支配し、虐待する人間だったのです。

祖父は年齢の割に筋肉質で威圧感があり、私は引き取られてすぐに、大きな声を出さないようにしつけられました。子どもは見てやるものであって聞いてやるものではない、というのが祖父のモットーでした。大人に対しては必ずサーやマダムと敬称を付けて呼ばなければならず、これを破れば大変なことになります。兄は昔ながらの男らしいタイプだったこともあって、祖父もそれほど厳しくはしていませんでした。一方の私は、おもちゃの銃やトラックよりもトレジャー・トロールやマイリトルポニーで遊ぶのが好きな、女の子っぽい気質の子でした。子どもの頃は自己紹介でも「ぼくは繊細な性格です」と言っていたほどです。祖父からよく（軽蔑《けいべつ》した声で）「おまえは母親似だな」と言われたのを覚えています。いつの間にか、他人の前では身を縮めてなるべく目立たないようにし、沈黙することが身についていました。

今でも昨日のことのように覚えている思い出があります。それは私の人生を変え、将来の自分をつくるきっかけとなった出来事です。正確な状況こそ覚えていませんが、学校に馴染めない私を見て、担任の教師が祖父に電話をかけてきたのです。その日、スクールバスを降りて家に入ったときのことは鮮明に覚えています。私は祖父からベルトで叩かれた後「しばらく学校は病欠させる」と告げられました。それから数日間、私は自分の部屋のベッドで寝ているだけの日々を送ることになりました。電気は一切使わせてもらえません。部屋のブレーカーも落とされました。食事も満足にとらせてもらえず、祖父の許可がない限りトイレにも行けません。祖父は、なにもせずにベッドの上でじっとしていろ、と吐き捨て、言いつけを守っているか定期的に様子を見に来ると言いました。

みなさんもわかると思いますが、この年頃の子どもは長時間じっとしてなんていられませんし、暗闇が怖かったりもします。だからこの言いつけを守るのは大変でした。私は数日の間、なにも考えずに横になり、食事は一日おきという生活を強いられました。子どもが経験するようなことではないのですが、その数日間で私の中のなにかが目覚めました。両手を合わせると目に見えないエネルギーの球ができ、まるで磁石の同極同士が反発しているような感覚があることに気づいたのです。さらに部屋の中になにかの気配を感じたり、見えたりするようにもなりました。そのほとんどは部屋を通り過ぎていくだけですが、なかには立ち止まって私を少し観察してから去っていくなにかもいました。

その数日間、夢は私の避難所となり、ベッドの上の孤独から逃れる手段となりました。やがて私は、眠りに入る瞬間というのはいったいなにが起こっているのだろう考えるようになりました。目覚めている意識から、どのように夢の中に入っていくのだろうと。そして私は、眠りにつくときの意識の変化に注意を向けてみることにしました。すると瞼《まぶた》の裏に、水彩画のようなおぼろげな色彩が動いているのが見えました。その色が渦を巻いて、やがて万華鏡のような曼荼羅となって視界が支配されると、そこはもう夢の中なのです。ベッドから移動することも声を出すことも許されていないので、私はトイレに行きたくなると心の中で祖父が部屋に入ってくる姿を思い描きました。そんなことを繰り返すうちに、心の中で呼びさえすれば、数分後には祖父が部屋に入ってくるようになりました。このときはまだ気づいていませんでしたが、私は魔術の力に触れ、魔術の力に触れ返され、もう以前と同じ自分ではなかったのです。

それから二年後、いくつかの偶然が重なって、私はシルバー・レイブンウルフの著書

『To Ride a Silver Broomstick（邦題：魔女術で運命をひらく！）』を手に入れました。それを機に、私は手当たり次第に彼女の著書を読み漁るようになりました。祖父母はとても厳格で保守的な信仰心を持っていたので、私のこうした一面は秘密にしておかなければなりません。もし祖父にバレていれば、私の人生は全く違ったものになり、前著も本書もこの世に存在しなかったかもしれません。もしあのとき、私の本や秘密の魔術道具が祖父に見つかっていたら、あるいは、魔術に興味があることを正直に話してしまっていたら、いったい私はどうなっていたのだろうと思うと、今もぞっとします。

当時の私が魔術に惹かれ、没頭するようになったきっかけはいくつかありました。まず一つは、自分の不思議な体験が、すでに疑問を抱いていた宗教の教えでは説明がつかないと気づいたこと。二つ目は、多くの人がフィクションやファンダムに引きこもるのと同じように、魔術は私にとって現実逃避でもあったこと。そしてなにより、人生のどん底にいた時期に自分に秘められた力を感じたことが、私が魔術に惹かれた一番の理由だったのかもしれません。魔術は暗闇にいた私を救い力を与えてくれましたが、それは探求を始めた当初に思い描いていたかたちとは少し異なりました。

私が初めて正式な手順で実践した魔術は覚えていません。でも、強い意志を持って実践して、疑いようのない効果がもたらされた最初のまじないは覚えています。それは魔術に興味を持って数年が経った頃に祖父から虐待されないようにとかけたもので、シルバー・

レイブンウルフの『Teen Witch』という本に載っていた「Bully Frog Banish Spell」というまじないです。効果は一週間もしないうちに現れました。ベッドの脇に座り込んでいた私の目に、ベルトを手にして部屋に入ってきた祖父が映ったとき、なにかが突然変化したのです。祖父は一瞬固まったかと思うと、ため息をついてこう言いました。「おまえは救いようがないな。性根を叩き直してやる気も失せた」祖父は踵《きびす》を返して部屋から出ると、リビングルームのリクライニングチェアへと戻っていきました。そのときの祖父の行動は、普段とは違う予想外のものでした。その夜、祖父は私を抑えつけておくためのいつもの脅し文句を吐きました。「言うことを聞かないようならソーシャルワーカーに電話して、またおまえを連れて行かせるからな」祖父の家に引き取られて何年かの間は、この脅しは効果的でした。私が祖父よりも恐れていたのは、再び児童養護施設に戻されることだったからです。

ところが、そんな祖父の脅しはもう怖くはありませんでした。自分の中にある種の力をはっきりと感じて、突然、勇気が満ち溢れてきたのです。ダビデがゴリアテを見据えるように祖父の目を見て、私はそれまで発したことのない冷静さと芯の強さを兼ね備えたような声で「構わないよ」と言っていました。私の言葉には、揺るぎない気持ちが込められていたのだと思います。そのときの祖父はとても驚いた表情を浮かべていました。そして「すぐに電話するからな」と言いながら受話器を摑《つか》み、私が引き下がるのを期待してこちらをじっと見据えていました。でも、私は態度を変えませんでした。そんな反応に腹を立てた祖父は、私の目の前で電話をかけました。私は頭の中で神に、どうか解放されますように、でも養護施設には戻されませんように、と祈りました。そして数日後、担当のソーシャルワーカーの女性が私のところに面談に来ました。彼女から聞かされたのは、私の父が裁判で親権を取り戻すまでの間、南カリフォルニアに住む伯父夫婦が私を引き取りたいと申し出ているということでした。なんと偶然にも同じタイミングで、私の伯父がソーシャルワーカーに連絡をとっていたのです。

シルバーのまじないが効き、神への祈りも届きました。私の魔術が実を結んだのです。魔術を通じて、私は物語の筋書きに無抵抗な登場人物、つまり環境の犠牲者になる必要がないということを学びました。自分がその物語の作者になることも、進行や方向性の舵を取ることもできるのだという発見があったのです。魔術は私自身と私の人生をいつも変化させてきました。魔術はあなたにもそのすべてをもたらすことができます。だからこそ、私は魔術を教えたり、情報を発信したりすることに情熱を注いでいるのです。私が本書を書いたのも、これまでの研究で得た知識や魔術の仕組み、そして私なりの見解とコツを、トラブルシューティングと共にみなさんにシェアしたかったからです。なにもかもがうまくいかず、自分が向かい風の中にいるように感じるときでも、みなさんには自分の物語の舵取りができるようになってほしいと思います。かつての私がそうであったように、みなさんが魔術によって力を得られることを願っています。

◆魔術の神秘

魔術には神秘という言葉があります。神秘とは体験を通じてもたらされる大いなる真理です。ある程度であれば知識として知ることができますが、直接体験しない限りはこの真理を完全に理解することはできません。経験に基づいた神秘を最も的確に表している格言は、意外なところにあります。それはフランク・ハーバートの小説『デューン 砂の惑星』です。この小説の冒頭に、主人公のポール・アトレイデスがアトレイデス公爵家の演算能力者《メンタート》であるスフィルと話すシーンがあります。メンタートとは、人類によってコンピュータや「思考機械」が禁止されているデューンの世界で、知的能力を高度に発達させた人間を言います。また、この小説とその続編には、ベネ・ゲセリットと呼ばれる修道女のような女性たちの組織も登場します。彼女たちは肉体的、精神的に強化された結果、魔術や超能力のような超人的な力と能力を身につけた存在で、魔女とも呼ばれています。ポールはスフィルとの会話の中で、ベネ・ゲセリットの教母と交わした言葉についてこう話しています。〝教母は生命の神秘は解くべき問題ではなく、経験すべき現実だと言っていた。そこで僕はメンタートの第一法則を引き合いに出したんだ。「過程を止めてしまえば、それを理解することはできない。理解するためには、その過程の流れに沿わなければならず、それに加わり、共に流れなければならない」ってね。それを聞いて教母は満足気だったよ〟

魔女宗の長老たちの叡智の一つに〝神秘を守れ。絶えず明らかにせよ〟という言葉があります。ここで魔術の探求を進める前に、本書の中で何度も繰り返すことになる魔術の道の大いなる神秘の一つを明らかにしたいと思います。それは、私たちはすべて一つであり、そのすべてはあなたである、ということです。あなたはきっともっと難解なものを期待していたのではないでしょうか？　もっと奥深くて謎めいたものを。でも、私はすべての魔術はこの神秘に基づくものだと考えるに至りました。では、それを解き明かすために、そもそも魔術とはなにかについて考えてみましょう。私が取材を受けるときに最もよく聞かれるのが、魔術とはなんなのか、という質問です。これは簡単な質問に思えるかもしれませんが、魔術の実践が多様であることや、魔術がどんなものであり、どんなものではないかを公式に定める教皇が存在しないこともあって、明確な答えを出すのは困難です。でも、魔術というものを統一する概念はなにかしらあるはずです。私にとってそれは、先ほど明らかにした神秘の中にあります。私は魔術とは、つながりと関係性、そしてその因果を通じて働き、物事の内面と外面に変化をもたらす技法であると結論づけました。

魔術はつながりを通じて関係を生み出します。現実というのは、幾重にも重なって存在していると考えることができます。オカルティズムにおけるこの考え方の最も基本的な例は、大宇宙《マクロコズム》と小宇宙《マイクロコズム》と呼ばれるものです。これを理解するために、人間の体と精神について考えてみましょう。私はマット・アウリンという一人の人間です。私の中には、一つ一つが生命を持つ細胞から成る小宇宙があります。もしその細胞の一つに話しかけたとしても、その細胞は私という存在が全体を統括しているという概念を持たないに違いありません。また、自分とほかの細胞が同じ細胞であるとか、同じ存在であるという考えも否定することでしょう。それは私たちが自分は他人と異なる個人であり、同じ人間ではないと考えるのと同じことです。しかし、細胞はそれ自身が認識しているかどうかにかかわらず、私というより大きな生体を構成している複雑なシステムの一部なのです。

それと同様に、あなたと私はより高いレベルにある大きな意識形態を構成するシステムの一部なのです。これは体の中の細胞や人間同士だけでなく、見えるものと見えざるもの、物理的なものと非物理的なもの、宇宙のすべてのものに当てはまる真理です。あらゆるものがほかのすべてのものと相互につながっています。大宇宙に視点をズームアウトすると、すべてのものが統合されます。小宇宙に視点をズームインすると、すべてのものが分離し細分化します。現実の最も根本的なレベルでは、私たちは一つなのです。この個体化と統一化は、現実と意識のさまざまなレベルを通じて繰り返されています。そしてこの考え方は〝上の如く、下も然り。内の如く、外も然り〟というヘルメスの原理の核心にも通じています。

魔術は人を内面から変え、小さな個と大きな集合という両方の視点から万物と向き合い、つながるように適応させます。魔女がつながりを築き深めるのは、自分自身と他者の双方に利益をもたらし、小宇宙と大宇宙の両方に変化を及ぼすためです。繰り返しになりますが、これは頭で理解するのは簡単でも、霊的な順応によって実際に体験するまではその本当の意味を知ることはできません。こうした理由から、ほとんどの魔女は精霊信仰者《アニミスト》でもあります。ハーブであれ、石であれ、実体を持たない知性であれ、たとえ自分の靴であっても、魔女たちはすべてのものにそれぞれの精霊が宿っていると考えて接します。こうした精霊信仰《アニミズム》はすべてのものに対して、そこに宿り生命を与えている霊を認識することが本分です。魔女の目には、すべてのものが意識を持ち、つながることができ、互いに助け合う関係を築くことができるように映っているのです。

exercise 1 アンカリング（グラウンディングの技法）

これからさまざまな技術を習得する上で、まずはグラウンディングを学ぶことが大切です。グラウンディングを行うことによって、自分自身に過剰なエネルギー負荷がかかるのを防ぐことができます。瞑想や魔術、エネルギーワークなどに取り組む前に行うことで、

アンカリング

自分自身を健全でバランスのとれた安全な状態を保つことができます。また、騒がしい場所にいて集中できないときや、疲れて頭が少しぼんやりとしているときなどにも有効です。グラウンディングはまじないから瞑想、霊視《サイキック・リーディング》に至るまで、エネルギーを扱うあらゆる実践の前後に行う必要があります。これを怠ってしまうと、問題が生じる原因にもなるので注意しましょう。

まずは、できるだけリラックスすることから始めます。左右の足の裏から、エネルギーのチューブが降りていくのをイメージしてください。地面に座って行う場合であれば、左右の太ももからチューブが降りていくのをイメージしましょう。この二本のエネルギーのチューブはあなたの足元の地面から地中に入り、鎖状に絡み合います。そしてそのエネルギーの鎖はさらに地中の奥深くへと進んでいきます。鎖の先端に錨《アンカー》が付いているのを視覚化してください。その錨の先端が地球の硬い層に刺さり、あなたを安全で安定した状態に保っているのを意識します。あなたの体から放出された過剰なエネルギーが、避雷針を伝わる電気のように鎖から錨へと流れていくのをイメージしてください。自分のエネルギーや感情を持て余したときは、いつでもこの鎖に送り込んでみてください。

瞑想や魔術、エネルギーワークの実践を終えた後もグラウンディングを行い、過剰なエネルギーが放出されていくのを視覚化するようにしてください。最後にエネルギーの鎖が溶解し、放出したエネルギーが地球を癒すのをイメージして終わります。

exercise 2　ハート・オブ・プレゼンス(センタリングの技法)

グラウンディングに次いで重要なのは、センタリングと呼ばれる技法です。センタリングはグラウンディングとセットで行われることが多いため、同じものとして捉えられがちです。でも、その違いを理解することも大切なので、私は瞑想やエネルギーワークを教える際にはこの二つを分けて説明しています。センタリングとは、自分の霊的な中心軸に意識とエネルギーを集中させる技術です。センタリングは霊的な非物質の現実での自分の位置を認識し、広い視野を得ることを目的としています。これを行うことで、あなたの思考とエネルギーはすぐに集中して整えられ、気が散ったりぼんやりとしたりすることがなくなります。

まずはグラウンディングを行ってから、目を閉じて意識を呼吸に向けます。あなたを包み込む、卵形の白いオーラを視覚化してください。息を吸うときは、オーラがあなたの胸の中心にあるハートセンター（第四チャクラ）に吸い込まれていき、圧縮されるのをイメージします。息を吐くときには、逆にハートセンターからオーラが放出され、あなたを包み込むのをイメージします。息を吸う度に意識が集中していくのを感じ、息を吐く度に気分がリラックスしていくのが感じられます。三十秒ほど、この呼吸とイメージを続けてください。あなたの体は物理的な現実の中心であり、あなたの心は非物理的な現実の中心です。自分は今、ここにいるのだと意識してみましょう。あなたの意識は今、この時と場所に集中しています。

◆魔術に道具は必要なのか？

『魔術の教科書』では、心の力だけでも効果的な魔術を実践することができると説明しました。読者のみなさんからは、心だけで魔術が実践できるなら、どうしてキャンドルやハーブなどの物理的なアイテムを使うのかという質問をよく受けます。これは率直に言えば、魔術道具（私たちはマテリアと呼んでいます）を使う方が簡単だからです。つまり物理的な道具を使わずエネルギーだけで実践することを学べば、より強い魔術が操れるようになります。

とはいえ、コンピュータのＲＡＭと同じように、人の意識の容量というのは限られています。心に抱えているものが多ければ多いほど、精神的、霊的エネルギーを集中して魔術を実践することが難しくなります。マテリアを使えば自分のＲＡＭの一部を解放することができ、その空いたスペースを使ってより集中して魔術の実践や儀式が行えるのです。

また、私たちには複数の魂があります。ロウアーセルフ、ミドルセルフ、ハイヤーセルフの三つの自己から成るその概念は、多くの魔女の流派《トラディション》で「三つの魂」と呼ばれています。魔術道具を扱ったり、キャンドルを灯したりする行為は、私たちのロウアーセルフにそれらによって行われています。三つの魂の肉体的で動物的な魂であるロウアーセルフにそれらを任せることによって、ほかの二つの魂をそれぞれの役割に集中させることができるのです。

exercise 3 ウォーキング・コミュニオン

これは私が二十年以上続けている、歩きながら行う瞑想とエネルギーのエクササイズです。とてもシンプルですが、こういった実践にこそ大きな力が秘められています。このエクササイズでは、万物と関係を築くための最も基本的なステップである承認を通じて、自己と他者とのつながりを確立します。熟練した魔女は集合から個へと視点を切り替えることで、魔女として、または霊能者として目的に応じた行動をとることができます。このエクササイズでは、意思と感謝を通じて祝福がもたらされます。

外に出て、ゆっくりと時間をかけて散歩をしましょう。植物や動物、人とすれ違うときは、心の中で挨拶をしてみてください。地球という大きなシステムにおいて、彼らが果たしている役割に感謝しましょう。そして彼らの健康や幸福を願ってください。ただ心の中で思うだけでなく、実際に感謝や愛を感じるときは自分の中のどの辺りで感じているのかを考え、そこに気持ちを投影してみてください。

日々の生活に取り入れるべき習慣は、家や職場で目にするものを一つの存在として認識することです。それらが自分の生活の中でどんな役割を果たしているのかを考え、感謝するように心掛けましょう。最初はとても馬鹿馬鹿しく思えるかもしれませんが、どんなものに対しても精霊を宿した存在として向き合うべきなのです。それは、あなたの人生を喜びに満ちたものにするための大きな第一歩です。

◆祈りとまじない

祈りとまじないは同一視される傾向があります。これは無理もないことで、確かに重なる部分もあります。でも、私はその二つを異なるものとして定義しています。祈りとまじないの違いを理解すれば、魔術の神秘を解き明かすヒントを得ることができます。まずは類似点から説明していきましょう。祈りもまじないも、非物理的でスピリチュアルな働きかけによって願いや望みを現実化させる方法です。そして、私にとっての類似点はそこまででしかありません。

もう少し込み入った話をするなら、あるグループが祈りとしているものが、別のグループにはまじないと見なされることもあり、その逆もまた然りです。たとえば、敬虔《けいけん》なキリスト教徒は聖書の詩篇で祈りを捧げますが、民族的な魔術の実践者の中には同じ詩篇をまじないの言葉として使う人もいます。では、祈りとまじないはなにが違うのでしょうか？二つの違いを明確にするために、比喩を使って説明していきます。

祈りとまじないを、目的地に到着するための車として考えてみましょう。祈りは、神や精霊、聖人など、霊的存在に車の運転を委ね、相手が目的地に辿《たど》り着くための最善の道を知っていると信じることです。英語には〝Jesus, take the wheel（主よ、このハンドルを委ねます）〟という言葉があるのをご存知でしょうか？　これは祈りの好例で、この比喩にぴったりです。祈りを捧げる人はその存在を信頼して仕事を依頼しているのです。このプロセスでは、祈りを捧げるあなたは受動的です。車の喩えを使うなら、あなたは助手席に座っていて、どこに行きたいかをリクエストしていると言えます。

まじないの場合、あなたは目的地に到達するための積極的な参加者になります。あなたは運転席に座り、個人的な責任を負って自らハンドルを握っているのです。そのまじないに神や精霊が関与している場合でも、それはパートナーシップであり、あなたが直接エネルギーワークを行っていることに変わりはありません。それは喩えるなら、霊的存在に運転を委ねているのではなく、ナビゲートを依頼していると言えます。

つまり、祈りとは神や精霊にすべてを委ねて、自分の願いを叶えるよう請願することです。神や精霊はあなたの願いがどんなかたちで叶えられるのが最善かを見通していることを前提に、それが現実となるよう依頼しているのです。まじないはたとえ神や精霊など高次の存在の力を借りるものであっても、あくまで自分の意志と高次の存在を結びつけるという役割であり、祈りのように受動的ではありません。

　一般的な祈りと比べても、まじないにはより多くの魔女の意志とエネルギーを込めることができます。宇宙意識や星の女神、自分の定義する最高次の存在への崇敬の念を込めたまじないの言葉を唱えるときでさえ、魔女は自らもその一部であることを悟っています。魔女は自らの神性と主権に踏み込むことで、呪文に意志とエネルギーを込めて神や精霊に働きかけるのです。これは魔女に祈りは不要と言っているわけでも、まじないほどの効力はないと言っているわけでもありません。祈りは間違いなく魔女にも必要であり、強い力があります。ただ、祈ることによって必ずしも意図した結果が意図したタイミングで現実化するわけではないということです。

　とはいえ、祈りとまじないの境界は、受動的なエネルギーワークと能動的なエネルギーワークの狭間で曖昧になることがあります。たとえば、アパラチアに伝わる魔術の流派《トラディション》には、オリオン・フォックスウッドが「praying true」と呼ぶ祈りがあります。この祈りは創造主であり創造そのものである神性と一つになるために捧げるそうです。また、カリスマ派キリスト教などにも類似する祈りがあり、そちらは聖霊を呼び出すために用いられ、礼拝者は聖霊を宿して奇跡を行う権限を与えられます。また、パウワウやアメリカン・コンジャーといった土着の魔術にもこのような傾向が見られます。それらは祈りと詩篇を象徴的な行為と結びつけて扱うためにまじないと捉えることもでき、二つの境界が曖昧になっています。

私にとって二つの主な違いは、統合と分離の関係、そしてそれぞれの観点にあります。祈りの観点は、自分とは別の存在という認識で神格の力に頼るもので、その願いが叶えるにふさわしいと判断され、実現するようにリクエストします。これはつまり、小宇宙の中から大宇宙に語りかけていることになります。まじないの観点は、自らの神性によって働きかけるというもので、自分と神なる大宇宙が一体であると見なしています。そして神や精霊に請願するまじないは、その境界線を曖昧にします。というのも、そうしたまじないは自らの権限と力によって働きかけながらも、自分とは別の存在という認識で神格の力を求めているからです。また、その神を認識しながらも、自分の願いをその展開まで正確に伝えていることになります。この章の冒頭で紹介したエピソードでは、幼い頃の私はまじないと祈りの両方を、タイミングこそ違いますが同じ目的のために用いています。祈りとまじないの類似点と相違点を理解するために、ここで実際に試してみましょう。

exercise 4 祝福の祈り

〝私を守護する霊、祖先、ここに宿る神性

私をあるべきところへと導き
この日に祝福を与えたまえ
真の意志の道を知らしめ
守護と富の祝福を与えたまえ
幸福と健康の祝福と
叡智と安らぎの祝福を与えたまえ
北、西、南、東、四方からの祝福を与えたまえ
この意志が妨げられることなく
その影響が必要なところで有益とならんことを〟

exercise 5 魔女の力を呼び覚ますまじない

【実践タイミング】

夜間。できれば満月の夜が望ましい。自分の誕生日に行うのも効果的。

【マテリアル】

・白いチャイムキャンドル1本

・キジムシロ

【もたらされる効果】

このまじないはあなたの中に眠る魔女としての力を呼び覚まします。自分の活力を他者に奪われることは、日々の生活の中でもよく起こります。それが意図的かどうかに関《かか》わらず、他者や周りの環境、出来事によって自分の感情が乱されたり、エネルギーを消耗したりしてしまうことも多々あると思います。このまじないは失った力をすべて取り戻し、人生という物語の作者が自分であることを明確にして主導権を握るために行います。マテリアはホワイトキャンドルとキジムシロだけを使います。キジムシロはその五枚の花弁が物を摑むための五本の指に見立てられ、魔術でよく使われる野草の一つとなっています。

【実践の手順】

爪や先端が尖ったもので、白いキャンドルに自分の名前を刻みます。もし魔女名や改名以前の名前、旧姓、過去に結婚していたときの名前などがあれば、それらも現在の名前と併せてキャンドルに彫ってください。次にキャンドルから二センチほど離して、周りを囲うようにキジムシロを並べます。そしてグラウンディングとセンタリングを行い、キャンドルに火を灯したら、次のように唱えてください。

〝この夜に灯されたキャンドルの炎によって
私は自らの生来《せいらい》の力を求める
この場所、この時に
魔女の力を呼び戻し
月の薄明りが蛾を引き寄せるように
力と第二の目を取り戻す
人であれ、物であれ、陸であれ、海であれ
奪われた力は私に還る
運命を開く力はこの手中に
私は自らの主権の冠を戴《いただ》く〟

exercise 6
ローラ・テンペスト・ザクロフによる、内なる視覚をもたらすシジル

【実践タイミング】
新月から満月にかけて。

【マテリア】

・青または紫色のキャンドル（ボーティブ・キャンドルを推奨）
・マーカーもしくはキャンドルを彫る道具
・任意の種類のマジカルオイル

【もたらされる効果】

このシジルは、あなたの内なる視覚を妨げている感情的、精神的な障壁を取り除くものです。このシジルによって内なる視覚の基盤、保護、補正、明瞭さ、導きがもたらされます。

【実践の手順】

このシジルは体に貼ったり、祭壇に置いたり、瞑想に集中するために用いたり、ほかのまじないに取り入れたり、意図と目的さえ合えばいろいろな使い方ができます。最もシンプルで簡単な活用方は、キャンドルを使った魔術に取り入れることです。シジル単体でも効果がありますし、占いなどの準備として使うこともできます。

このシジルをコピーしてキャンドルホルダーに貼り付けるという使い方もできますが、形や線からエネルギーを感じることができるように、キャンドルに直接描いたり彫ったり

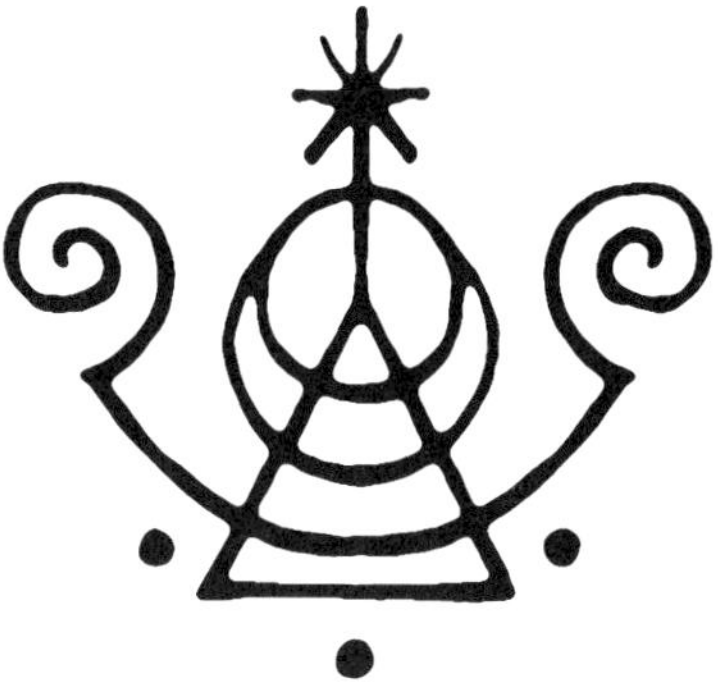

ローラ・テンペスト・ザクロフのシジル

するのがベストです。描き方は、まず中央の円から始め、続いて下の三日月、三角形、左右に螺旋《らせん》を持つ線、三角形の頂点から伸びるアスタリスクと順に描き、最後に下部の三つの点を打ちます。シジルを描き終えたら、キャンドルをホルダーに差してください。次に、お好みのマジカルオイルを手に取り、第三の目がある眉間《みけん》の少し上、両手首の内側、そしてキャンドルのシジルに塗り込みます。キャンドルに火を灯し、その光とシジルの両方が視界に入るように見つめ、瞼の力を抜いてリラックスしてください。そして目を閉じて、キャンドルの光がどんどん明るくなり、あなたの体の中に広がっていくのをイメージします。心が整ったと感じたら目を開けてください。続けて占いなどをする場合や、まだシジルの効果が必要だと感じる間はキャンドルを灯し続けます。

exercise 7　叡智をもたらす魔女の輪のシジル

【実践タイミング】
いつでも。

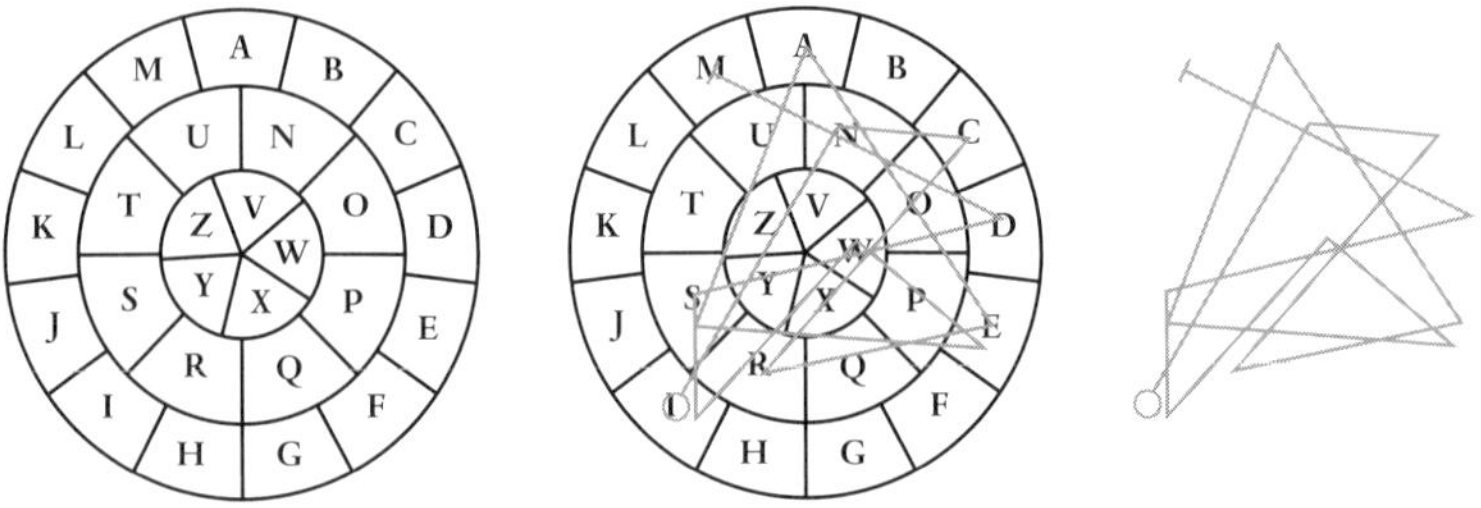

魔女の輪のシジル

【マテリア】

・紙
・筆記用具
・魔女の輪の書き写しやプリント（witch's wheelで検索すれば簡単に見つかります）

【もたらされる効果】

魔女の輪はシジルを作成する簡単な方法です。今回は叡智をもたらすシジルをつくってみましょう。これを覚えておけば、ほかにもあなたの希望に沿ったシジルを作成することができます。この方法はやや創造性や芸術性に欠けますが、私が最初に学んだものであり、おそらく最も手軽なシジルの作成法です。

【実践の手順】

まずは用意した紙に求めるものを英文で、短く簡単に書き出します（英語が苦手な方はGoogleなどの自動翻訳を使うと良いでしょう）。文は明確で、簡潔であるほど効果的です。今回は叡智を得るためのシジルなので〝INCREASE WISDOM〟などのシンプルな文が最適です。そしてその綴《つづ》りを魔女の輪の中に見つけて線を引いていきます。例文の場合であれば、まずは最初の「I」を円で囲うことから始めます。次にその円から、綴り通りに各アルファベットに直線を引いていきます。すべて引き終わったら、最後の文字である「M」に横線を引いて完成です。

exercise 8 スパー流、魔法の力を付与するシジル

【実践タイミング】

いつでも。できれば満月の日に行うのが効果的です。

【もたらされる効果】

これはシジルの作成法の中でも最も有名なものです。この技法は画家にしてオカルティストでもあるオースティン・オスマン・スパーが考案しました。混沌魔術《ケイオス・マジック》に多大な影響を与えたスパーは、かつてパターソン夫人という老婆から魔術の手ほどきを受けたと主張していました。その老婆はセーラムの魔女の家系出身であり、魔女裁判で捕まることを免れた一族だったそうです。セーラムの魔女裁判は実際には魔女ではなく、集団ヒステリーと

**IT IS MY WILL TO BE MAGICKALLY EMPOWERED
IN A MANNER THAT IS
SAFE, HEALTHY, AND BALANCED**

~~IT IS MY WILL TO BE MAGICKALLY EMPOWERED
IN A MANNER THAT IS
SAFE, HEALTHY, AND BALANCED~~

GKPF

重複するアルファベットを消してシジルの文字を決める

狂信によって一般の人たちが犠牲となったことが判明しているので、パターソン夫人の話は歴史的に見ても事実でない可能性が高く、またそのような女性が存在したという証拠も見つかっていません。魔女や魔術師が歴史的なバックボーンを主張することはよくありますが、スパーの話には二つの可能性があります。まず一つは、自分の魔術の実践を正統化する必要があり、パターソン夫人という架空の人物をでっちあげた可能性です。もう一つは、パターソン夫人（スパーは愛情を込めてウィッチ・マザーと呼んでいました）は実際に存在したが、実は人間ではなく霊などの存在であったという可能性で、これなら確かにあり得ると私は思っています。いずれにせよ、スパーが考案した魔術の技法が長きにわたり人気を博してきたのは実際に効果があるからで、そうした本物だけが魔女に選ばれるのです。

【実践の手順】

今回もあなたが求めるものを英文で書いていきますが、魔女の輪と違うのは明確で完結した文で書き出すという点です。〝It is my will〟から文を始め、「not」「don't」「never」など否定的な言葉は避けて、あなたがなにを望んでいるのかを具体的に書いてください。書いたことが裏目に出たり、望ましくないかたちで実現したりしないように、とても明確な文であることが大切です。今回つくるのは魔法の力を付与するシジルです。その魔法の力があなたを傷つけたり、マイナスの効果をもたらしたりしないように、シジルをつくる際にはネガティブな表現は避けるべきです。そうした言葉はできる限りポジティブな言葉に直して書き出しましょう。ここでは〝It is my will to be magickally empowered in a manner that is safe, healthy, and balanced（私が望むのは安全で、健全で、バランスのとれた魔術の力がもたらされること）〟という文を例に解説していきます。まず、書いた文の中にある重複するアルファベットに横線を引いて消していきます。その結果、GKPFの四つの文字が残ります。

次に、残った文字を組み合わせて一つのシンボルをデザインします。そして最後に、文字の原形を留めなくなるま

アルファベットを自由に組み合わせて
シジルをデザインする

で、芸術的な創造力を駆使してシンボルを洗練されたデザインに仕上げていきましょう。このシジルを初めてつくるときは、文章を書き出して重複する文字を一つずつ消していくという一連のプロセスを経ることが大切です。なぜなら、このプロセスは文を書くときに論理的・分析的な左脳を積極的に使い、それをシンボルとしてデザインする際には芸術的・直感的な右脳を働かせることにより、文を意識的に理解するものから潜在意識に働きかけるものに変換しているからです。また同じものをつくるときはこのプロセスを省略しても構いません。

◆魔女のアルファベット

魔術に用いられるテーベ文字は通称「魔女のアルファベット」と呼ばれています。このアルファベットは、ヨハンネス・トリテミウスが執筆し一五一八年に印行された魔術の暗号の書『ポリグラフィア』で初めて紹介されました。その後にハインリヒ・コルネリウス・アグリッパが著した『オカルト哲学三部作』には、この文字の作成者はテーベのホノリウスなる人物という記述があり、これがテーベという名の由来となっています。テーベのホノリウスは、中世から伝説として語り継がれている、おそらくは架空の人物です。その伝説によれば、カトリック教会がヨーロッパの至るところで魔術に関する著作物を破棄

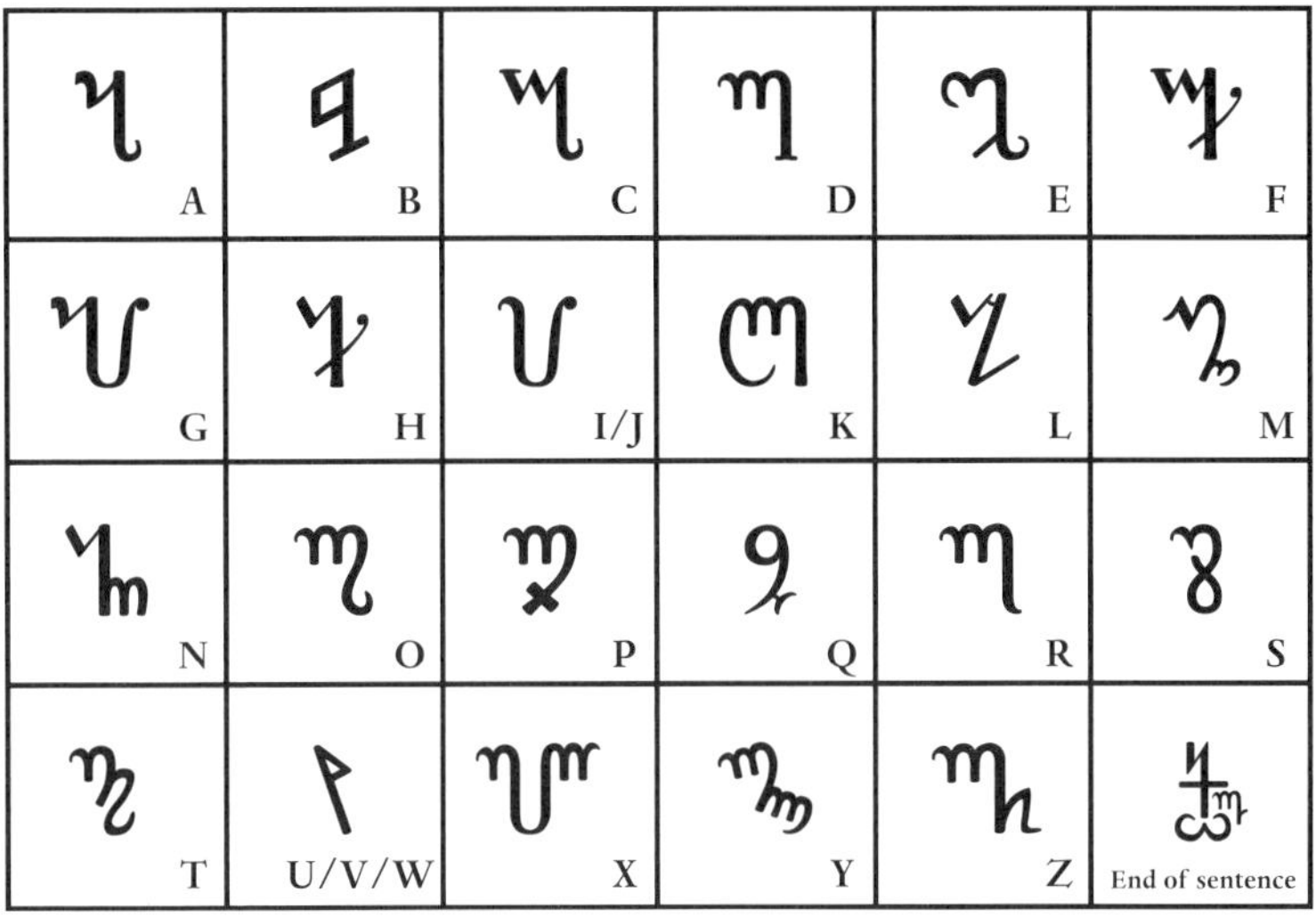

テーベ文字――魔女のアルファベット

していた頃、聖典や魔導書《グリモワール》を守るべく各地の魔術師や魔法使いたちが集結し、それらを秘密の暗号に翻訳したとされています。その主導者として選ばれたホノリウスは、ホクロエルという名の天使の助けを借りながら暗号をつくり、新しいアルファベットで七巻に及ぶ至高の魔術書を書き上げたそうです。そこに収められている魔術はあまりに強力なものであったため、その魔術書を預かることができるのはごく限られた者だけだったともいわれています。

オカルティストのデヴィッド・ゴダードは、その著書『The Sacred Magic of the Angels』の中で、この文字が天使によるものであることや、月となんらかの関係があることを示唆しています。その後、このアルファベットは一八〇一年にフランシス・

バレットが書いた魔術教本『秘術師』にも掲載されました。これによりアグリッパの本に再び関心が寄せられ、それ以来、多くの魔女の流派やオカルト教団がこのアルファベットを魔術に取り入れるようになりました。そして完全な魔導書や影の書がテーベ文字で書かれるようになると、魔女たちはこの文字を魔術道具やキャンドルに刻んだり、さまざまな神や精霊への願いを書く際に用いたりするようになりました。この文字の本当の起源を知ることはできませんが、少なくとも一五一八年に『ポリグラフィア』に登場して以来、数え切れないほどの魔術師たちに使用されてきたことは確かです。それはこの文字に効力があることを裏付けるだけでなく、多くの魔女に幾度となく用いられてきたことにより、強い思念が蓄積されていることも意味しています。

exercise 9 自分自身の魔術人形《ポペット》をつくる

【実践タイミング】

いつでも。できれば新月が望ましい。

【マテリア】

・布と中綿（ネットや魔術用品を扱う店でも既製品のポペットが購入できます）

・縫い針と糸
・正方形に切った小さな紙
・パーソナル・コンサーン（自分の髪の毛や爪など）
・内なる視覚をもたらすシジル
・叡智をもたらす魔女の輪のシジル
・テーベ文字で書いた自分の名前（または魔女名）

【もたらされる効果】

ポペットとは人形の別称です。人形を用いた魔術は古代のエジプトやカルデア、ギリシャ、ローマ、中国、そしてアフリカやヨーロッパの一部の国で行われ、おそらくは魔術そのものと同じくらい古い歴史があります。自分自身のポペットをつくることは、自らに魔術をかける最も効率的な方法の一つです。ポペットは魔術をかける対象者の代わりになるものなので、自分自身のポペットであれば自らに魔術をかけることになるのです。魔術はたいていの場合、他者よりも自分自身を対象にする方が難しくなります。でも、自分のエネルギー的な鏡としてポペットを用いることによって、その問題を解決することができます。ポペットを用いた魔術は、相手を模した物を対象とする「類感呪術」の一種です。また、相手の髪の毛や血、唾、署名、私物などを用いて対象者との間にエネルギー的なつながりをつくり出す「感染呪術」にも該当します。相手とのリンクをつくり出す髪の毛や爪などは「パーソナル・コンサーン」や「タグ・ロック」、「パーソナル・リンク」と呼ばれます。これからつくるあなた自身のポペットは、大切に扱い、人に触られることがないように安全な場所に保管してください。また、一度にさまざまな魔術をかけてポペットに過剰な負荷をかけないように注意しましょう。

【実践の手順】

まずは準備から始めます。魔法円を描くか、できれば後ほど紹介する占星術の三区分《モダリティ》を用いて神聖な空間をつくり、その中で作業を行っていきます。もし手芸が得意であれば、布を人の形に切り抜いて縫い合わせ、中綿を入れてポペットをつくってください。このときはまだ最後まで縫い合わせずに隙間を開けておきましょう。既製品のポペットを購入した場合であれば、一部を切り開いてください（背中かお尻の部分）。小さな正方形の紙にテーベ文字であなたの名前を書き、内なる視覚をもたらすシジル、叡智をもたらす魔女の輪のシジル、パーソナル・コンサーンと一緒にポペットの中に入れて縫い合わせます。ポペットをつくっている間は、自分が今なにをしているのか、どんな願いを込めているのかを強く意識してください。完成したら、手に持ったポペットが柔らかな生命力の光に包まれるのをイメージしながら、次のように唱えてください。

〝魔女の吐息で
その姿は変容を遂げる
風と火と水と地によって
新たに生まれた者を目覚めさせる
外と内からの
神性の力と
魔女の言葉が命じる
汝《なんじ》は（あなたの名前）

この時、この夜
つながりはここに固く結ばれた
汝に行われることは自らに行われること
それは何《いず》れにも等しく顕《あらわ》れる〟

ポペットの顔に九回、息を吹きかけてください。あなたが今ポペットにかけた魔術は、あなた自身にかけられました。

ポペットを廃棄するには、周りを包んでいる柔らかな光が弱まるのをイメージして、次のように宣言します。

〝名を与えられた者
私自身だった者
つながりは解かれた
あるべき姿へと還れ〟

ポペットの縫い目を切って解体し、中に入れたものをすべて取り出してください。

◆マテリアの処分方法

魔術やまじないの実践を終えた後、使用したマテリアはどうするべきか？　それは状況次第です。まず考えるべきなのは、実践した魔術の性質です。なにかを引き寄せるための魔術か、なにかを祓《はら》うための魔術かを考えてみましょう。次に、その魔術の目的が長期的なものなのか、短期的なものなのかを考慮します。たとえば、新しい仕事を得るためのまじないであれば、おそらく短期的なものになるでしょう。叡智や啓示をもたらすための魔術やまじないなら長期的なものだと言えます。そして最後に、使用したマテリアルの性質を考えます。絶対に忘れてはならないのが、そのマテリアルを廃棄する際の環境への配慮です。

なにかを引き寄せるために魔術やまじないを実践したのなら、私はできるだけ使用したマテリアルを保管しておきたいと考えます。私はキャンドルの残った蠟《ろう》も含めて、マテリアをお守り的な意味で小袋や瓶に入れておくことで実践した魔術の効果をさらに高め、そのエネルギーを家の中に保つようにしています。これは、その願いが長期的または永久的なものであるならなおさらです。一時的な願いであれば、それが成就した後にマテリアルをきちんと処分するようにしています。

ストーンや魔術道具など、繰り返し使うことのできるものであれば、私は後ほど紹介するエネルギーの堆肥化（exercise 41「放免の十字」を参照）の技法でリサイクルしています。処分したいときは、そのマテリアに手をかざして感謝を伝えます。私の場合は次のように唱えています。〝事は成された。精霊の助力に感謝する。ここに変わらぬ友好があらんことを〟

私はマテリアとして使用した食品類は生ごみとして処分し、ガラス類や紙類はリサイクルしています。ただし、なにかを祓う魔術で使用した紙類であれば香炉で燃やします。ハーブの場合は、それがなにかを引き寄せたり顕現させたり、または保護したりするための魔術で使ったものなら、玄関先の庭に埋めたり撒いたりしています。長期的なまじないや魔術に使ったハーブの場合は、裏庭に撒くか埋めています。ハーブを撒く際は、あなたの地域の生態系に配慮するように心掛けてください。その周辺に住む野生動物にとって安全かどうかを確認しなければなりません。そして撒《ま》くときは、良い結果がもたらされるように祝福を願います。たとえばお金を引き寄せるためのまじないをしたのなら、私は使ったハーブを庭に撒くときに〝その力によって繁栄と祝福をもたらしたまえ〟という風に唱えています。

なにかを祓うためのまじないや魔術に用いたハーブの場合は、生ごみとして処分します。塩に関しては、私は使用後すべて捨てています。塩は土壌を傷めるので、土に撒いたり、埋めたりはしないように注意してください。特にソルトサークルを描くときは、決して土の地面の上で行わないようにしましょう。そのほかのものに関しては、私はすべてごみとして処分していますが、なるべく少なくするように心掛けています。要するに、物理的にもエネルギー的にも資源を大切にすることを心掛け、できるだけリサイクルしてなるべく無駄を出さないようにすることが肝心です。

魔術を理解する

第2章

望んだ結果が得られるのであれば、魔術の実践に間違ったやり方というものはありません。魔術というのは必ずしも伝統的な手順を踏む必要があるわけではなく、多くの人が実践することができるものです。とはいえ、意識状態を変える、イマジネーションに働きかける、誠実さと熱意を持つ、没頭する、確固たる目的を持つ、意志の力を注ぐ、マテリアを活用する、そして沈黙を守るなどのアプローチは、魔術を成功へと導く大切な要素です。最初は理解するのが難しいかもしれませんが、これから詳しく解説していきます。さまざまな要素がありますが、難しく考えないようにしてください。これから説明することは、自分のペースで実践に取り入れていけば良いものとして捉えて、あなたの魔術がどのように向上していくかに目を向けるようにしましょう。

◆直感を信じて機転を利かせる

物事が計画通りに進むとは限らないのは、魔術の儀式にも言えることです。言葉を唱えるのを忘れてしまったり、手順を間違えてしまったり、予期せぬトラブルが起きることだってあります。もちろん私も経験していますし、誰にでも起こり得ることです。でも、儀式が計画通りに進められなかったというだけで、現実の構造が崩壊し始めるなどということはありません。なにかがうまくいかないときでも、臨機応変に対応する心構えが必要です。儀式というのは、たとえ観客が精霊だけであっても、一種の演劇のようなものです。観客の前で演技をするように、セリフを忘れたり、なにかに躓《つまず》いたりしたときは直感を信じてアドリブで対応すれば良いのです。数年前になりますが、私はカリフォルニアで開催されたアメリカ最大級の魔女とペイガンのカンファレンス「Pantheacon」で講演者を務めました。アメリカ各地から、ときには世界中から人が集まるこのイベントでは、魔女やペイガンの講師や著者のワークショップを受けたり、儀式に参加したりすることができます。私にはワークショップの講師に加えて〈ブラックローズ・ウィッチクラフト〉が主催する儀式の進行を担う役目もありました。

それはかつて経験したことがないほどの大人数の儀式で、しかも進行という大役を務めるとあって私はかなり緊張していました。それまでにも大きな儀式に参加したことはありましたが、〈ブラックローズ・ウィッチクラフト〉の儀式はこのイベントでいつも人気があり、今回は特に大人数になりました。さらに驚いたことに、参加者の中にはさまざまな流派《トラディション》の元講師や現講師、私の師たちだけでなく、かの有名な魔女セレナ・フォックスの姿もあり、私は想像を超える恐怖に襲われました。セレナが怖かったのは、彼女が威圧的な人だからということではなく――それどころか、私が知る中でも最も気さくで親しみやすい人です――魔女の世界ではもはや伝説的な存在だからです。セレナは魔女術の本当の姿を世の中に伝え、誤解や偏見を解くことに貢献しました。また、ウィッカン、魔女、ペイガンだった退役軍人の墓に五芒星《ペンタクル》を宗教的紋章として刻む許可をはじめ、アメリカにおける現代の魔女の法的権利と平等を求めて戦った歴史的な人物でもあります。その上、彼女は私が生まれるより遥《はる》か昔から魔術を実践し、儀式を行ってきているのです。そんな魔女のコミュニティの伝説的な長老に対して、私が抱く尊敬の念は計り知れません。

セレナ・フォックスの姿に私がどれほど圧倒されたかを少しお話ししましょう。前年度の同イベントで、私は会場ホテルのエレベーターに乗っていました。エレベーターは一階ロビーに着く前に別の階で止まり、ドアが開くとセレナ・フォックスの姿が目に飛び込んできたのです。上機嫌で乗ってきた彼女は人懐っこい笑顔を浮かべて、自分が降りる階のボタンを押しました。私もこのときばかりは声が出ませんでした。頭の中は〝どうする、あのセレナ・フォックスだぞ！〟とパニックになり、自己紹介のためになにか言わなければと躍起になっていました。でも私が言葉を取り戻すよりも早く、彼女はエレベーターを降りてしまいました。それから一年が経ち、私が進行を担う儀式の参加者の中に彼女の姿があったのです。さすがにプレッシャーを感じないはずがありません。

〈ブラックローズ・ウィッチクラフト〉の儀式では、音響設備から音楽が流れます。この音楽は私たちの儀式において、中央の祭壇の周りを歩く参加者のエネルギーを高めるための重要な要素でした。祭壇には数種類のデッキを混ぜたタロットカードが裏にして並べられていて、参加者が一人ずつ好きなカードを選び、そのメッセージを伝えるというかたちで儀式は進行します。ですが、私の経験上、大勢の人によって大量のエネルギーが上がると電子機器がおかしくなることがあります。それは今回も例外ではありませんでした。

参加者が祭壇の周りを歩き、エネルギーが高まり始めたとき、音響機器の電源が完全に落ちてしまったのです。皆がその場に立ち止まり、周囲を見回し始めました。儀式の厳《おごそ》かな雰囲気が薄れ、エネルギーの高まりも途絶えてしまいました。でも、私は瞬時にこのトラブルにどう対応すべきかを直感で察することができました。すぐに行動しなければ、儀式がすべて台無しになる可能性もありました。私は会場全体に聞こえるように大声で「ではみなさん、IAO【訳注／I＝イシス、A＝アポフィス、O＝オシリスの頭文字を取った術式《マジカル・フォーミュラ》】に移りましょう」と指示を出しました。会場はIAOを詠唱する大合唱に包まれ、なんとか儀式を進めることができました。その後、セレナを含め多くの人が私たちの儀式を褒めてくれました。魔術の実践や儀式の最中にどんな不測の事態が起きても、直感に耳を傾け、あなたの魂のガイドに従って機転を利かせることが大切です。

exercise 10 スカイ・アレクサンダーによる、直感力を高めるコラージュ

【実践タイミング】

月が蟹《かに》座、蠍《さそり》座、魚座にあるとき。

【マテリア】

・ハサミ
・ボール紙や厚紙など
・カラフルな表紙の雑誌など
・のりと接着剤
・色鉛筆、マーカー、クレヨン、絵の具など（お好みで）
・水の入ったグラス（透明で文字や柄の入っていないもの）
・濃紺か黒の布

【もたらされる効果】

魔術の効果を高めるには、目的を明確にイメージすることが重要です。このエクササイズでは直感力を高めるために、あなたにとっての霊的な力のイメージを一枚の絵にします。また、その際には右脳と左脳の両方を連動させるため、想像力を高めることにもつながります。自分の意図に集中しながら作業を進めていきましょう――その過程も魔術の一部であり、集中すればするほど高い効果が得られます。

【実践の手順】

ボール紙や厚紙を正方形や長方形、円形などの好きな形に切ります。これはデザインの台紙になるので、つくりたい絵のサイズに合わせて切り出してください（小さくても10×15センチほど）。霊能力、直感、内なる見識のイメージに合う写真や絵を雑誌などから切り抜きます。海に輝く月、暗い森の中の影、超自然的な風景、夢のシンボル、梟《ふくろう》、黒猫など、あなたの心に響くものを見つけて、それを切り抜いてください。

選んだ切り抜きをあなたの感性で台紙に配置してみましょう。芸術的なセンスは気にする必要はありません――重要なのはあなたの直感力と霊能力を結びつけることです。満足のいく配置ができたら、写真をのりで台紙に貼ってください。お好みであなたの意図を表す言葉やシンボルを書き入れたりしてコラージュを完成させていきます。ペイント、スケッチ、装飾、宝石ビーズ、貝殻など、あなたの目的に関連するものを接着剤でコラージュに貼り付けましょう。

完成したら魔法円を描き、祭壇の上（または平らな場所）にコラージュを上向きに置いて一時間以上そのままにしておきます。次に、水を入れたグラスをコラージュのイメージが映り込むようにそばに置いてください。そして周囲のエネルギーが影響を与えないように、グラスとコラージュを濃紺か黒の布で覆います。少なくとも一時間、できれば一晩はすべてそのままにしておいてください。最後に布を取り去り、コラージュのイメージが刷り込まれたグラスの水を飲むことで、その力を自分の中に取り込みます。コラージュはいつも目に入る場所に飾って、あなたの意思を思い出せるようにしておくことをおすすめします。

◆適度なバランスをとる

みなさんは初めて料理をしたときのことを覚えていますか？　私ははっきりと覚えています。あれは中学生のとき、クラスのみんなでパーティーをすることになった私は、クッキーを焼くことに決めました。料理なんて大して難しくないだろうと高を括り、私は伯母の大きなレシピ本を開いて材料とつくり方にざっと目を通しました。そして自信満々に材料をかき集めましたが、いくつか足りないものがありました。バニラエッセンスとベイキングソーダが見つからなかったのです。でも、べつに気にしませんでした。思春期の私にとって、クッキーにベイキングソーダを入れるのはなんだか気持ち悪く感じたのです。そこで、代わりにバニラ風味のソーダ水を入れることを思いつきました。さらに砂糖とチョコチップも追加して、より美味しくなるようにアレンジしてみることにしました。砂糖をボウルに少し入れた後で、それが粉砂糖だったことに気がつきました。でも種類は関係ないだろうと思い、そのまま一袋分をボウルに入れてしまいました。

さらにチョコレートチップを加えようとしたとき、それも切らしていることに気づきました。家に一人でいるときに、キッチンでよく盗み食いしていたのが原因です。とはいえ、チョコレートは必要です。私は食器棚を全部漁って、やっと奥に隠れていた古いチョコレートの箱を見つけました。ラクサティブ・チョコレート【訳注／アメリカでは板チョコに便秘薬の効果を加えたラクサティブ・チョコレートと呼ばれる商品が販売されている】なんて初めて見る商品でしたが、チョコレートには変わりないと思った私は発見したことに満足し、それを砕いてボウルに入れました。そして次に小麦粉を半袋分ボウルの中へ投入した私は、クッキーを焼くのなんて楽勝だと心の中で勝ち誇っていました。レシピには卵も入れると書いてありましたが、スクランブルエッグが頭に浮かび、なんだかまずそうだと感じました。でもレシピに書いてあるので、朝食の味にならないように卵は一つだけ加えてみることにしました。

さて、いよいよボウルの中身をかき混ぜるときが来ました。スプーンは全部シンクに浸かっていて、きれいなものがありません。シンクの中のスプーンを取り、振って水を飛ばしてみると、かなりきれいになったように見えました。そして私はその不衛生なスプーンでクッキーをかき混ぜ始めました。このときはまだ、自分で焼いたクッキーを出したら、クラスのみんなに感動してもらえるに違いないと思っていました。私はできあがった生地をボウルから手摑みで取り出し、クッキングシートの上で平らに伸ばしました。

レシピによると、次はオーブンを375度にセットして10分ほど待つ必要があるとのことでした。もっと早く焼きたかった私は、オーブンのダイヤルを最大にすればきっと時短になるだろうと考えました。そしてクッキーが焼けるのを待っている間は「NINTENDO64」でしばらく遊んでいようと思い立ちました。そんなわけで、私は散らかったキッチンの惨状を放置して、リビングルームでゲームをすることにしたのです。当時、私がプレイしていたゲームはとてもおもしろいものでした。そんなゲームに没頭していると、まるでUFOに連れ去られた人のように、気がつくと時間が飛んでいるのです。このときは10分だったかもしれませんし、何時間も経っていたのかもしれません。子どもがゲームに夢中になっているときは、時間という概念は存在しないのです。

火災報知器がけたたましい音で鳴り始め、急いでキッチンへ向かうとオーブンから黒い煙が上がっていました。オーブンの火を止めたそのとき、ちょうど伯父と伯母が仕事から帰ってきました。私は散らかした罰として、その日の夜はキッチンの掃除することになりました。当然ながら、私の焼いたひどいクッキーは伯父と伯母にも食べてもらえません。結局、学校に持っていくクッキーは近所のパン屋で購入しました。今思えば、クッキーが黒焦げになったのは幸運でした。そうでなければ便秘薬入りクッキーをみんなに食べさせて、私はクラスの嫌われ者になっていたかもしれません。

こんな経験をすると、クッキーを焼くのは難しいとか、自分には向いていないと安易に決めつけてしまう人もいるかもしれません。でも、私の失敗の原因はレシピにちゃんと従わなかったことや、経験者に手伝ってもらわなかったことです。それから、足りない材料を適切なもので代用しなかったのもあります。私はクッキーなんて簡単だと考えていましたし、レシピも大して重要ではないと思い込んでいました。

レシピにきちんと従ったからといって、すばらしいものができあがるとは限りません。レシピ通りの料理ができるのは確かですが、自分の好みに合うかはわかりません。でも練習を重ね、試行錯誤を繰り返し、アレンジをすれば自分好みのものを完成させることができます。魔術も料理と同じで、手順に従いながらも自分の好みに合わせて修正したり、アレンジを加えたりするバランス感覚が大切なのです。また、経験豊富な人のガイドも重要です。それはなにも、正式に設立された魔術の流派《トラディション》を探し出して、直接指導を受ける必要があるということではありません。もちろん、それはそれでとても有意義でメリットもあります。でも、あなたを正しく導いてくれるのであれば、それは書籍でもいいのです。私は本書がそんなガイドになることを願っています。

◆魔術のサイエンスとアート

〝魔術はサイエンスにしてアートである〟これはオカルティストのアレイスター・クロウ

リーによる魔術の定義に共通して見られる言葉です。彼のこの定義からは多くのバリエーションが派生しました。クロウリーは〝魔術とは、意志のままに変化を引き起こすサイエンスにしてアートである〟と定義しています。この文脈でのサイエンスとは、過去の知恵に基づいた理論、力学、実験などの学問・科学です。料理に喩えるなら、これはレシピのようなものだと考えてください。アートの側面は、経験、神秘、個々の魂の表現、そして魔術とのつながりです。これは、料理を自分好みにアレンジしたり、付け合わせを添えたり、きれいに盛り付ける技術・芸術のように捉えてください。

魔女は、思考と行動、知識と実践、研究と経験、理解と応用のバランスをとることが大切だと考えています。知識を蓄えただけでそれを応用したり実践したりしなければ、その知識は表面的なものに過ぎず、経験を通じた叡智に発展することはありません。仮に経験や個人のグノーシス（スピリチュアルな啓示）だけに頼って、古い神秘学の本から得られる叡智や見識を軽視したとします。すると過去の失敗を繰り返すことになり、何世紀にもわたって蓄積され、洗練されてきた叡智や見識を失ってしまうことになりかねません。言い換えれば、それはこれまで発展してきた科学を理解せずに、新たな実験を行おうとするようなものです。一方で、新しい本から知識を得ることを怠れば、革新や進歩、成長を止めてしまうことになります。喩えるなら、アイザック・ニュートンの時代に留まったまま、現代科学の発展に乗り遅れるようなものです。

アレイスター・クロウリーは著書『Magick Without Tears』の中で、なぜ魔術を深く学ぶべきなのかという読者からの質問にこう答えています。〝なぜ魔術を研究し、実践するべきなのか？　それは、そうせずにはいられないからであり、稚拙《ちせつ》であるよりも巧妙であることが望ましいからだ〟この先はゴルフに詳しくなければピンとこない比喩を使って説明が続けられます。みなさんの中にはゴルフに詳しい方もいると思いますが、私はそうではありません。そこで、別の喩えでクロウリーの答えをひもといてみましょう。たとえば、リンゴの木を育てるとします。地面に種を蒔《ま》けば、やがてリンゴの木に育つ可能性はあります。でも、人類はリンゴの木が育つ仕組みや過程を観察し、研究することで栽培方法を培《つちか》ってきました。木に必要なさまざまな要素や条件を理解することで、最良の結果が得られるのです。土のpHバランス、日照時間、水やりの頻度、剪定《せんてい》の時期や方法などを知っていれば、それを栽培に活かすことができます。魔術も同じように、特定の技法を用い、手順に従い、段階を踏むことにより、最良の結果がもたらされるのです。

exercise 11　アストレア・テイラーによる、直感に耳を傾けるキャンドルのまじない

【実践タイミング】

直感に頼りたいとき。

【マテリア】

・直感を呼び覚ます効果のあるエッセンシャルオイル
・あなたが直感を連想する色のチャイムキャンドル
・キャンドルホルダー
・マッチまたはライター

【もたらされる効果】

直感が働かない、直感をどう受け止めたらいいかわからないというときは誰にでもあると思います。それは一般的な常識と相反する直感を得たときに起こる傾向があります。このキャンドルを使ったまじないによって直感を妨げているものは取り払われ、周囲のエネルギーを感じ取る知覚も研ぎ澄まされます。

【実践の手順】

このまじないは10分ほどの間リラックスできて、一人になれる空間で行ってください。まずはエッセンシャルオイルを5滴ほど、片方の手のひらに垂らします。深く息を吸い、オイルの香りがあなたの直感を刺激するのを感じましょう。直感が高まるように念じながら、手のひらのオイルをキャンドルに塗ります。目を閉じて、キャンドルがあなたの直感とつながるのをイメージしてください。そして、キャンドルをホルダーに差して火を灯します。

〝このキャンドルの炎によって、直感が呼び覚まされる
それを妨げているものは今、焼き払われた〟

キャンドルの炎を見つめて、あなたの直感に火が灯されるのを思い浮かべてください。あなたの直感はあなた自身を包む炎であり、周囲のエネルギーを感じ取ることができます。準備ができたら、さらなる洞察力が必要になる状況を考えてください。

〝あらゆる状況下において、私の意識は直感に傾けられる〟

あなたの直感になにが浮かんでくるか、感覚をすべて集中してみてください。いろいろな感情や緊張感、閉塞感、開放感、温かさなど、さまざまな感覚があるかもしれません。先入観を持たずに、今なにを感じ、体のどこでそれを感じているかに注意を向けます。もし緊張を感じていても、それを解こうとしてはいけません。あなたが本当に感じているものにただ耳を傾けましょう。あなたの直感はなにを訴えかけているのか、それがわかるまで耳を傾けてみてください。最後に深呼吸をして、セルフハグで緊張を解きます。

〝現在と未来において、さらなる直感がもたらされる〟

キャンドルの炎を吹き消してください。再び直感とつながりたいとき、あなたはこのキャンドルをいつでも再点火することができます。

◆意識状態を変える

外なる世界に効果をもたらす魔術を確実に習得するためには、まずは内なる世界に通じることを学ばなければなりません。私たちの精神という小宇宙は、魔術に込められた意図が外なる世界という大宇宙で実を結ぶための肥沃な大地となります。これは「現代ウィッチクラフトの母」と称される故ドリーン・ヴァリアンテの考えを極めて簡略化したものです。ヴァリアンテは時にオカルティストたちが魔術に不可欠と見なしている儀式や道具を無視してまで精神の力の重要性を論じ〝魔術というアートの最も偉大な熟達者《アデプト》は、そうしたものはすべて外見上の装飾に過ぎないことを明らかにしてきました。真の魔術は人の心の中にあるのです〟と述べています。

この魔術の働きにおける精神的な要素は古くからオカルティストたちが言及してきたもので、なかでも「意志」という概念はその代表格です。意志という言葉はアレイスター・クロウリーによる〝魔術とは、意志のままに変化を引き起こすサイエンスにしてアートである〟という有名な魔術の定義の中にも見られます。後のダイアン・フォーチュンはこの定義を〝意志のままに意識に変化を起こす術である〟と拡大し、精神的要素をさらに明確にしています。

この二つの定義の違いはわずかではありますが、深いものです。これは魔術の秘密を解き明かす重要な鍵であり、外なる魔術の力とつながるようになるためには、まず内なる魔術の力とつながることを学ばなければならないという意味が込められています。私たちは内なる魔女の火を灯さなければなりません。その魔術の力と神性の火花によって私たちは霊的な能力を目覚めさせ、外なる力との交流を学び、いにしえの魔女たちが「fascination」と呼んだ魔術に携わることができるのです。

fascination（魅了）という言葉は一般的に強い興味や関心を引きつけることを意味しますが、その語源を辿れば魔術との深い関わりが見えてきます。由来となったラテン語の「fascinates」は操る、言いなりにするという言葉であり、相手に神秘的な力をもって魔法をかけることを意味します。

魔法にかけたように相手を魅了するというのは、現代の催眠術が比喩的、想像的な手段を用いて対象者を軽いトランス状態に導き、精神的にコントロールするのに似ています。現代の魔女にとってこの技術は他者を支配するためのものではなく、むしろ自分自身の内なる力を目覚めさせるためのものです。魔女は催眠術師と対象者の両方になることで、トランス状態に入り自らの霊能力や魔術の力を引き出すことができるのです。

魔術の書籍を執筆しながら講師としても活動しているシルバー・レイブンウルフは、彼女の代表的な著書である『To Light a Sacred Flame』の中で〝自らを魅了するとは、簡単に言ってしまえば脳をアルファ波の状態にすることです〟と書いています。人間の脳の研究では脳波をヘルツ単位で測定し、ギリシャ文字で分類しています。アルファ波は空想をしているときや、読書などに没頭しているときなどに出ている脳波です。脳がアルファ波の状態にあることは魔術の実践には最適で、催眠術師と対象者の役割を同時に兼ね、意図的に自分の無意識の思考に指示を与えてコントロールすることができます。

魔女の団体の多くがアルファ波の状態を「儀式の意識」と呼び、まずは意図的にこの状態に入ることを学んだ上で魔術の実践に取り組むべきだとしているのも頷けます。魔女は魔術の儀式を行う前に、準備段階としてアルファ波の状態に入るのです。脳波という言葉を使わない伝統的な流派にしても、儀式やセレモニーの最初になんらかの流儀や作法があり、それを行うことによって参加者はこの状態に移行しているのです。アルファ波の状態に入ることによって、儀式における魔女の行動は力を持ちます。もし普段の意識で魔法円を描いたとしても、それは大した力を持ちません。アルファ波の状態に入るということは、さまざまなレベルの意識と現実に同時に影響を与えて世界と世界の間を歩くことであり、ヘルメスの〝上の如く、下も然り。内の如く、外も然り〟という原理が示す、境界が重なった状態を体現していることになるのです。

このスキルを習得して自由にアルファ波の状態に入ることができるようになると、次はシータ波というさらに深く没入する脳波状態への扉が開かれます。シータ波は私たちが鮮明な夢を見るときをはじめ、アストラル投射（幽体離脱）や霊とのコンタクトなど、さまざまな霊的現象を体験するときの脳波です。シータ波の状態で夢を見ている間は、私たちの体は麻痺したように動かなくなります。それを踏まえればシータ波の状態の没入度の深さや、いかに制御が難しいかがわかると思います。アルファ波よりも夢に近いシータ波は、私たちを意識から遠ざけ、体の感覚を失う空間に誘い込んでしまうのです。時間をかけて練習を重ねればシータ波の状態をうまくコントロールできるようになりますが、そのスキルを開発するためにはアルファ波を使ったトレーニングを行うことが必要です。

シータ波がコントロールできるかどうかは、決してその人の魔術の潜在能力を判断する基準ではありません。魔女として私たちが目指すゴールは、すべてアルファ波の状態だけで達成することができます。シータ波に入ったときのような没入感は得られないかもしれませんが、シータ波はある限られた条件を必要とするのに対して、アルファ波は普段の生活の中でいつでも入ることができます。

軽いトランス状態に入ってそれを維持することは、魔術にも霊能力にも不可欠です。魔女や霊能者の中には意識せずにそうした状態に入っている人もいますが、この状態は意識してはじめてコントロールが利き、魔術の力や霊能力を高めることができます。トランスという言葉に躊躇《ちゅうちょ》する必要はありません。この言葉はミステリアスで神秘的な雰囲気を漂わせることもありますが、実際には周囲の環境に応じて絶えず動き、変化する心の正常な働きに過ぎません。

では、空想や夢が魔術に関係する意識であるなら、なぜその空想や夢は魔術の力によって現実化しないのでしょうか？　それは先に述べた、多くのオカルティストが魔術に不可欠だとしている鍵が欠けているからです。その鍵とは「意志」の力です。意志と言っても、それは通常の意志や衝動ではなく、私たちの高次の意志、あるいは神性の意志と同調したときの「真の意志」を指します。脳波の変化は日常的に自然に起きているものですが、修練を重ねた魔女がその意志によってコントロールしたとき、それは世界に変化を引き起こす原動力となります。

カール・グスタフ・ユングによる精神分析の先駆的な研究は、ヌミノース【訳注／神への信仰心や神聖なるもの、超自然現象、先験的なものに触れることで湧き起こる感情】は無意識によって、たいていは夢を介することで体験することが可能となる、という考えに基づいたものでした。ユングは何年もかけて患者の夢を研究、分析しただけでなく、個人的にも無意識の中にある神秘的な謎を突き止めるべく、自身の意識の変化の実験を行いました。魔女が意識状態を変える技法もまた、意識と無意識、人間と神、内と外、上と下の世界の間の橋渡しをするものなのです。

exercise 12 カラー・ブリージング――アルファ波の状態へ入るシンプルな方法

魔術や占いを実践する前にアルファ波の状態に入り、実際にその感覚を確かめてみましょう。アルファ波の状態に入ったら、占いやまじない、魔術を実践している間に浮かんでくる考えや感覚に注意を向けてください。

1　両足を床につけるか、あぐらをかいて楽な姿勢で座ります。

2　背筋を伸ばし、背骨、首、頭が一直線になるようにしましょう。

3　背中、首、頭が無理のない範囲で真っ直ぐになっていることを確認しながら、意識的に心と体をできるだけリラックスさせてください。

4　呼吸に意識を向け、深く一定のリズムで楽に息をすることを心掛けてください。体のどこかに緊張や不快感がある場合はその部分に意識を向け、呼吸をする度にそこに息が届き、蓄積されたものが解放されていくのをイメージしてください。

5　目を閉じて、呼吸にすべての意識を集中させます。

6　息を吸うときは、赤い空気を吸い込んでいるのを視覚化してください。赤い空気があなたの肺だけでなく、体内全体を満たしているのをイメージしましょう。

7　息を吐くときは、あなたを包む卵形のオーラの中に赤い空気を吐き出しているのを視覚化します。

8　しばらく赤い空気を吸い込み、吐き出すのを続けます。もし赤い空気を視覚化するのが難しく感じる場合は、リンゴや口紅、消防車など、赤い色から連想するものを思い浮かべてみてください。そうやって刺激を与えれば、色のついた空気を心の目で視覚化するのが楽になります。では、呼吸しながら赤い空気を視覚化することに意識を戻しましょう。

9　あなたの体とオーラが赤い空気に満たされたと感じたら、次はオレンジ、黄、緑、青、紫、白の順に異なる色でも同じようにやってみましょう。

10　この色の視覚化エクササイズを終えたら〝私はアルファ波の意識状態に入り、霊能力と魔術の力に完全に触れている〟と自分に言い聞かせてください。

11　視覚化していた色が薄れていくのをイメージします。色が消えたら目を開けて、占いやまじない、魔術などを実践して感覚を確かめてみましょう。

◆集中することやイメージすることの難しさ

価値ある技術はなんでもそうですが、魔術や霊能力も地道な努力の末に身につくものです。現実を自分の意図する方向へ曲げたり、望ましいものへと変えたりする力は、そう簡単に得られるものではありません。基礎的な実践も熟練の域に達するには並大抵ではない努力が必要で、それを乗り越えてはじめてとても強い力が得られるのです。そしてそのハードルは人によって上がることもあります。また、発達障害などを持つ方にとっては、ただ努力をすればいいという単純なことでもありません。

魔女という一つのコミュニティとして、私たちはニューロダイバージェントと呼ばれる発達障害などを持つ人たちに配慮し、画一的な練習や訓練が誰にでも同じように適合するわけではないことを認識すべきです。私たちは人それぞれの違いを受け入れ、できるだけ包括的な学習環境と崇高なコミュニティを築くよう努力しなければなりません。私の友人や生徒、読者の方々の中にはＡＤＨＤを含むさまざまな程度の注意欠陥を持つ人がいますが、瞑想を学ぶことによって集中力が養われています。瞑想は集中力が必要なものではなく、集中力を養うために精神を鍛えるものなのです。そのプロセスこそが瞑想であるとも言えます。瞑想は画一的なものではなく、座って心を澄ませることに集中する以外にも、いろいろな方法があります。

私のニューロダイバージェントの生徒の中には、ムービング・メディテーションのような瞑想法が効果的だった人もいます。これは立ったまま、または座ったまま体を（前後に軽く）揺らしたり、歩いたり、走ったり、踊ったり、あるいはアート作品をつくりながら行う瞑想法です。また、音楽が瞑想の助けになる人もいます。基本的には流れに身を任せ、心の中の雑念を払うことができるものなら、それは瞑想の一種と言えると思います。そうした瞑想法は、ニューロダイバージェント以外の方にも有効です。ほとんど効果がない、あるいは全く効果がないものに対して無理に努力をするよりも、自分に合うものを見つけることの方が重要なのです。肝心なのは、自分の目標につながる、自分にとって最も効率的な道を見つけ出すことです。突き詰めれば、それがあなたの道であり、人生であり、あなたにとっての魔術の実践なのです。自分だけのものを築くということを忘れないでください。そのためには頭を使って試行錯誤を繰り返さないといけないかもしれませんが、瞑想法に限らず自分に合う方法を見つけることには価値があり、それは魔女としてだけでなく、あなたの人生全般において多くの恩恵をもたらしてくれます。

発達障害などの薬を服用している方は、医師の定めた服用時間に続いて瞑想を行うようにスケジュールすると効果的です。ここではっきりと述べておきますが、魔術や霊能力への取り組みがセラピーや治療の代わりになることはありません。でも、身体的な障害があるからといって霊能者や魔女になれないわけではないのと同様に、精神的な障害があるからといって諦めることはありません。身体的、精神的、感情的、そして霊的に自分自身をケアするために、可能な限りの資源を積極的に活用することは魔女の精神にも通じます。それはつまり、自らの健康と人生に責任を持ち、主権を握ることなのです。

視覚化に苦手意識を持つ人はたくさんいますが、頭の中でイメージを思い描くことができないアファンタジアはどんな状態なのかを想像してみてください。こうした場合の最善かつ唯一の手段は、焦点を別のところに当ててほかの強みで補うことです。そのため『魔術の教科書』ではすべてのクレア能力に焦点を当て、視覚化が難しい、あるいは不可能な場合は視覚以外の五感で補えるようにしました。それにより、その人の生まれ持った霊能力の傾向に合わせることができるのです。簡単に言えば、魔女の目で魔法円を描くときにエネルギーの円を視覚化できないのであれば、感じる、聞く、嗅ぐ、味わう、そこにあるのだと思うなど、できる限りすべての感覚を同時に呼び起こしてみるのです。

私の親友のエリザベス・オータムナリスは〈セイクリッド・ファイアーズ・トラディション・オブ・ウィッチクラフト〉に所属する、最も才能ある霊能者であり魔女の一人です。数年前、私たちがニューハンプシャーの森でキャンプをしたときのことをお話しします。私とリズ（エリザベスの愛称）は月明かりだけを頼りに、夜の森の中の未舗装の道を歩いていました。友人たちとの焚き火の儀式に向かう途中だったのですが、そこで霊に遭遇したのです。私たちが歩きながら話していると、なにかが視界に入りました。よく見ると、木陰から二つの目がこちらを覗いてます。背の高い人のような輪郭も見えました。その森には活発な自然の精霊がたくさんいましたが、この霊だけはほかとは全く違っていて、特に私たちに注意を向けているようでした。私たちは同時に立ち止まり、二人ともその霊を見つめました。「あれが見えるのかい？」と私が尋ねると、リズは頷きました。私は意識の同調をして確認しましたが、どうやら危険な霊ではなさそうでした。むしろその霊は森の守護者であり、私たちが危険な人間かどうかを判断するために観察しているようでした。

私は、その霊の全体の姿を見るために心のスクリーンを引き出しました。そしてその霊に、自分たちは森に危害を与えるつもりはなく、敬意を持って訪れているただの訪問者であることを簡単に伝え、また散歩を続けました。私たちは焚き火に到着するなり、ほかの友人たちにさっきの出来事を話したのですが、リズは霊の姿形について私が見たものと全く同じように説明しました。でも、そこに重要なポイントがあります。リズは霊の姿を見てはいなかったのです。魔女の目で見たわけでも、肉眼で捉えたわけでもありません。でも、彼女は私と同じように霊の姿を詳細に言い表すことができました。

言葉でなにかを描写する際は、内なる感覚で感じたままを話すと的確に表現できることがあります。心で感知したことを描写するように言葉にしていくと、たとえ実際には見ていないものでも、心の目に次々と詳細が浮かんでくるようになるのです。あくまで自分がはっきりと感知した情報だけを伝えたいのであれば、実際に感じたことを言葉で描写してみましょう。これはイメージを思い浮かべるのが苦手という人にも役立つ霊能力のテクニックです。

私の考えでは、当時のリズはまだ「ノワール・パーセプション」で霊的なものを感知していたのだと思います。ノワール・パーセプションとは、イヴォ・ドミンゲス・ジュニアが命名した能力で、意識的なクレア能力とは対照的に、潜在意識レベルで情報を感知する力を言います。ノワールは視覚、聴覚、触覚、味覚、嗅覚の五感に対応する、まだ明確に知覚できるようには至っていない霊的感覚です。黒《ノワール》という名が示す通り、感覚がまだ暗い状態なのです。ノワールは、クレアというフィルターを通さない霊感のようなものです。スピリチュアルの世界ではクレアコグニザンス（透知能力）として括られていて、私としては直感もその中に入るものだと考えています。たとえばペンデュラムやウィジャボード、自動書記など、体が潜在意識によって動かされるイデオモーター効果を利用した占いや霊媒《ミディアムシップ》はノワール・パーセプションの働きによるもので、受け取った霊的な情報を無意識下で処理しているのです。

興味深いのは、アファンタジアを持つ人もそうでない人と同じように映像で夢を見るということです。これは夢をコントロールする明晰夢は別として、夢は無意識下で映像を見る能力であることを示唆しています。また、アファンタジアは頭の中に映像が思い浮かばないのではなく、意識して思い浮かべることができない状態であるのがわかります。私はアファンタジアと診断されていても、努力の積み重ねによって徐々にイメージを思い浮かべることができるようになった人をたくさん知っていますが、それでも一般の人に比べればずっと難しいのです。

夢というのは、目覚めてしばらくすると忘れてしまうことが多いものです。眠りから目覚めたとき、私たちの意識は一日のはじめに行うべきことから優先して処理していきます。そうこうしているうちに、よほど印象に残る夢でもない限り、または繰り返し思い出して記憶に定着させない限り、夢の内容は忘れてしまいます。夢を忘れないための方法の一つは、目覚めた直後に内容を書き留め、思い出して記憶を保持することです。これは明晰夢を見るようになるためのステップの一つでもあります。それを踏まえると、頭の中でイメージを視覚化するのが難しい人には言葉で描写するテクニックが有効だというのも理に適《かな》っています。たとえば犬を思い浮かべようとするのなら、ぱっとイメージが浮かばなかったとしても、想像力を働かせてその姿をできるだけ詳しく言葉で描写することから始めてみれば良いのです。

　誰にでも、スピリチュアルや魔術の実践で苦労することはたくさんあります。だからこそ魔術は実践すると表現され、たゆまぬ努力によって上達していくものなのです。残念ながら、霊能力や魔術の習得に近道は存在しません。何事も努力が必要なのです。これはどんな世界にも言えることですが、誰にでも他人より努力が必要な分野は出てきます。でも、霊能力や魔術の能力は誰もが備えているものです。前著でも強調したように、集中力がないからといって自己批判をしたり、諦めたりしてはいけません。集中力が途切れたことを受け入れて、また取り戻せばいいのです。その過程そのものがあなたの集中力を鍛えているのだと理解することが大切です。集中したり、イメージを思い描いたりするのが苦手であっても、諦めずに取り組んでみることを強く推奨します。挑戦し続けましょう。白分だけの新しいやり方を発見できるかもしれません。自分を責めたりせず、根気よく続けてください。
集中力の持続やイメージの視覚化で苦労している人たちに役立つツールを提供するために、私はアファンタジアやＡＤＨＤを持つベテランの魔術の実践者たちに話を伺いました。ここからは、彼らの意見を参考に開発した、瞑想状態に入ることをサポートするテクニックの数々を紹介します。これらは私が自分自身で実験した後、ＡＤＨＤやアファンタジアの友人にテストを依頼し、フィードバックを得て効果を実証しています。

exercise 13 アルファ波の状態に入る――ペンデュラムを使ったメソッド

【実践タイミング】
いつでも。

【マテリア】
・ペンデュラム

【もたらされる効果】
これは集中することが困難な方がアルファ波の状態に入るためのメソッドで、特にＡＤ

ＨＤを持つ方やイメージを視覚化するのが苦手な方に有効です。みなさんは懐中時計を使った昔ながらの催眠術を見たことがありますか？　その基本的なメカニズムは、対象者を一つのものだけに集中させ、その動きによってアルファ波を誘発し、さらに暗示をかけることによってシータ波の状態へと誘い込むというものです。魔術や霊能力において重要なトランス状態もこのような催眠状態の一種です。異なるのは、誰がその脳波の状態へと導いているのか、その状態でなにを行っているのか、という点です。このメソッドではそんな催眠術のテクニックを応用して、自分自身をアルファ波の状態へと導きます。

ペンデュラムというのは魔女や霊能者ならほとんどの方が持っている占い用の振り子で、スピリチュアル関連のグッズを扱っている店やオンラインで手軽に購入することができます。まだ持っていないという方は、大きめのペンダントの付いたネックレスチェーンや、紐の先端に鍵や少し重みのあるものを結んで代用することもできます。ペンデュラムは高価である必要はありませんが、ほかの道具と同様、本当に気に入ったものを購入して、長く愛用するほど力が蓄積されます。

【実践の手順】

まずは深呼吸をして神経の緊張を解き、抱え込んでいるエネルギーをすべて吐き出しましょう。もう一度深呼吸をして、リラックスしてください。ペンデュラムを手に持って、先端にある石などを目の高さまで上げます。さらに深呼吸をして、深くリラックスしてください。ペンデュラムを左右に振り始め、目で追っていきます。そして手を止め、ペンデュラムの動きをじっと見つめます。では、心の中で暗示をかけていきます。穏やかで落ち着いた心の声で、強い意志を込めて〝私はリラックスして、アルファ波の状態に入っていく〟と宣言してください。ペンデュラムの動きが遅くなり、揺れ幅もだんだんと小さくなっていくのを見つめながら、繰り返し宣言します。ペンデュラムが完全に止まるか、あなたの意識が変化し始めたと感じられるまで続けてみましょう。白昼夢を見ているような、体の力が抜けて少し現実から離れたような感覚になってきたはずです。あなたは今、アルファ波の状態にあります。脳の条件反射によっていつでもこの状態に入れるように、空いている方の手を使って指を交差させるサイキック・プロンプト（『魔術の教科書』exercise 18を参照）を併せて行うのもおすすめです。もし意識の変化を感じられない場合は、もう一度最初に戻って繰り返してみてください。それでも変化が感じられない場合は、次の二つのメソッドを試してみましょう。

exercise 14

アルファ波の状態に入る――プール・メソッド

【実践タイミング】

いつでも。

【もたらされる効果】

このメソッドは視覚化が苦手な方、特にアファンタジアのような症状によってイメージを頭の中に思い浮かべることが困難な方のために考案しました。このメソッドは次に紹介するものと同様に、クレアタンジェンシー（触れることによる透視）につながる知覚や身体的感覚に焦点を当てています。というのも、アファンタジアや視覚化が極端に困難な私の友人たちのほとんどから、映像よりも感覚を思い浮かべる方が遥かに簡単だという意見をもらったからです。

このメソッドと次のメソッドはいずれも、そうした困難を抱えている人たちをアシストすることに成功しています。二つのメソッドを紹介するのは単にバラエティに富ませるためではなく、人それぞれクレア感覚の傾向が異なるためです。試してもらった友人たちの約半数にはこのプール・メソッド、残りの半数には次に紹介する太陽のシャワー・メソッドが有効でした。

　これらのメソッドの中でイメージする／想像するという言葉を使っていますが、それは頭の中に映像を思い浮かべるのではなく、身体的な感覚を思い浮かべることだと捉えてください。

　身体的な感覚を思い浮かべることが難しく感じる場合は、実際に感じていると思い込むのが有効です。それ自体もイマジネーションなので、さまざまな感覚を養うのに役立ちます。このメソッドを行いやすくするために、入浴するときは（瞑想をせずに）ゆっくりとお湯の中に潜り、その感覚を覚えておくと良いかもしれません。そうすることで、記憶によって感覚を思い起こせるようになります。

　この二つのメソッドにサイキック・プロンプトを取り入れ、脳の条件反射をより強化するのもおすすめです。


【実践の手順】

　まずは目を閉じて、深呼吸をしてリラックスしてください。あなたは今、温水プールの階段に立っています。では、プールの中へと続く階段を一段降りてみましょう。一段降りるときの体の感覚を想像してみてください。もう一段降りて、足首まで温水に浸ったときの感触も想像してみましょう。温水が足を温めるのを感じてください。もう一段降りると膝までが水に浸かり、脚の緊張が和らいでいきます。またもう一段降りると、腰まで水に浸かった感覚があり、下半身の緊張も和らぎます。さらにもう一段降りると、胸の下の辺りまで水に浸り、体の力が抜けていきます。そして完全にプールの中に入ると、肩まで水に浸かり、リラックスした気分になっていきます。では、水の中に潜ってみましょう。水の中でも息をすることができるので、この温かくリラックスした気分になるイマジネーションの水を全身で感じてください。そしてエネルギーのプールに浸かっているような深いリラクゼーションにしばらく身を委ねてみましょう。最後に、リラックスした状態のまま深呼吸をして、ゆっくりと目を開けてください。あなたは今、アルファ波の状態に入っています。

exercise 15 アルファ波の状態に入る――太陽のシャワー・メソッド

【実践タイミング】

いつでも。

【もたらされる効果】

プール・メソッドの効果はすべて、この太陽のシャワー・メソッドにも当てはまります。

主な違いは、聴覚と嗅覚がほかよりも優れている方であれば、その二つの知覚も呼び起こすことができるという点です。また、複数の知覚を呼び起こすことでこのメソッドへの没入感も高まります。プール・メソッドで入浴時に感覚を覚えると良いと説明したように、今回はシャワーを浴びながらゆっくりと水圧を弱めていきその感覚を摑むのが効果的です。ただし、その場合も瞑想を加えないように注意してください。水圧が変わるときの感覚をしっかりと覚えれば、その記憶によって感覚を思い起こせるようになります。

【実践の手順】

まずは目を閉じて、リラックスした気分で心を浄化するように深呼吸をしてください。あなたは激しく降りしきる雨の中に立っています。体に当たる雨粒の感触を思い起こしてみてください。聞こえる雨音も想像してみます。雨の日の空気の匂いも思い浮かべてみましょう。深く息を吸って、次は息を吐きながら、雨が少し小降りになってきたのをイメージしてください。小雨になった雨粒が体に当たる感触に意識を向けます。次は雨の匂いに意識を向けてください。そして小さくなった雨音にも意識を向けましょう。もう一度、心を浄化するように深呼吸をして、より深くリラックスしてください。霧雨になった雨を体に浴びている感触を想像して、その感覚に集中します。霧雨が降る音にも意識を集中してください。霧雨の降る空気の匂いにも集中しましょう。もう一度深呼吸をして、さらに深くリラックスします。
雨が完全に止んだのを想像してください。雨が上がった後の体の感触を思い浮かべてみましょう。体から水が滴り落ちているのが感じられます。雨上がりの周囲の静寂にも耳を傾けてください。雨上がりの空気の匂いも嗅いでみましょう。また深呼吸をして、もっと深くリラックスしてください。雨雲が去り、明るい太陽が現れました。太陽の暖かさを肌で感じ、雨に濡れていた体が乾いていく感覚を思い起こします。穏やかな晴れた日の周囲の音を想像してみましょう。鳥のさえずりや子どもたちの笑い声や話し声が聞こえてくるかもしれません。最後にもう一度呼吸を整え、目を開けてください。あなたは今、アルファ波の状態に入っています。

exercise 16　月光の鍵のネックレス

【実践タイミング】
満月の夜。

【マテリア】
・ビーズ100個（ムーンストーンのビーズが望ましい）

・紐（ビーズを通すためのもの）
・鍵または鍵モチーフのチャーム（できればシルバー）
・白または銀のキャンドル

【もたらされる効果】

　これは集中することが苦手な人に向けて考案したエクササイズで、作成するネックレスは後ほど紹介する実践にも取り入れることができます。『魔術の教科書』の読者のみなさんから寄せられた声の中には、最初のエクササイズである「予備集中」が難しいという意見が多くありました。予備集中は基本的に、意識を集中してアルファ波の瞑想状態に入る訓練をするエクササイズです。内容としては100からゼロまでのカウントダウンを三回連続で行い、もし途中で集中が切れたらもう一度最初からやり直すというものです。前著では、こうしたエクササイズはワークアウトのように考えるべきで、いきなりハードに取り組んではいけないと説明しました。そのため、必ずしも100から始める必要はありません。たとえば、10からゼロになるまで集中力を切らさずに三回連続でカウントダウンするだけでも良いのです。それができるようになったら、次は25、50、75、100からスタートと徐々に難度を上げていきます。とはいえ、視覚化や集中力が求められること全般に苦手意識を持っている人にとっては、それすら難しく感じるかもしれません。そこで今回は、目を開けたまま物理的なものに集中すると同時に、集中力をサポートするアイテムをつくるというエクササイズを用意しました。ただし、私は今でも予備集中は重要な基礎を築くエクササイズだと考えているので、取り組みをやめてしまうことはおすすめしません。今回のエクササイズはむしろ、アルファ波の状態に入ることを習得するための足がかりの一つとして活用してください。

【実践の手順】

このエクササイズは満月の夜に行ってください。まずは50個のビーズを一つずつ紐に通していきます。ビーズを一つ通す度に〝完全に集中し、明確に知り、明瞭に見る〟と唱えてください。集中力、霊的な知覚、想像力を得ることを意識しながら作業を進めていきましょう。紐に50個目のビーズを通し終えたら、鍵または鍵モチーフのチャームを通して、次のように唱えてください。

〝神秘を解く鍵が神聖であるように
知覚を開くこの鍵が神聖であることを〟

残りの50個のビーズを鍵の反対側に通していきましょう。ビーズを一つ通す度に〝完全に集中し、明確に知り、明瞭に見る〟と唱えます。

すべて通し終えたら紐の両端を結ぶか、留め具を使ってネックレスを完成させます。そしてネックレスを置き、その輪の中心にキャンドルを立てます。

では、キャンドルに火を灯してください。キャンドルに両手をかざして、次のように唱えます。

〝この満月の夜に
月明かりで鍵を満たし
受容の意識を開錠して
霊感の扉を開く〟

燃え尽きるまでキャンドルを灯し続けてください。

アルファ波の状態に入るには、ビーズを一つずつ数えていきます。まずは鍵の隣のビーズから数え始めて、一つ数えるごとに〝穏やかで、受容的で瞑想的な霊能力の意識が開かれる〟と唱えながら進めていきましょう。集中が途切れたときは、もう一度同じビーズを数え直してから次のビーズに進みます。ビーズを一つ数える度に、心と体を少しずつリラックスさせてください。100個のビーズすべてを数え終えたら、鍵を手に持ち〝私は受容的で瞑想的な霊能力の意識に入った〃と宣言します。このビーズを数えるプロセスを三回繰り返して、このエクササイズを終了します。

このネックレスは霊能力の実践やエネルギーワークを行う際に身に着けてください。心理的にあなたを落ち着かせたり、脳の条件反射のトリガーになったりするだけでなく、霊的なエネルギーを蓄積してアルファ波の状態へのスムーズな移行をアシストしてくれます。最終的にはこのネックレスを身に着けるだけで、自動的にアルファ波の状態に入れるようになります。ビーズを数える際はまずは目を開けた状態から始めて、慣れてきたら目を閉じて心の中に数字を思い浮かべながらカウントするのがおすすめです。もし数字のイメージが浮かばなくても次に進んで問題ありません。回を重ねるごとに集中力とイメージ力が強化され、数字を思い浮かべることができるようになるはずです。諦めてしまったり、完璧を求め過ぎたりしないようにしましょう。

私と同じく女神へカテを信奉している方であれば、彼女の御名《みな》で聖別して助力を請うこともできます。特別なことをする必要はなく、心から願えば聞き入れてもらえます。ヘカテは魔術の女神であり、「Kleidouchos（鍵の番人）」という通り名からもわかるように、鍵は彼女の神聖なシンボルです。三相一体の女神であるヘカテにとって神聖な数字は３ですが、100という数字とも関連があります。Hekate（ヘカテ）の接頭辞「Heka」には遠方という意味と、ギリシャ神話の「Hekatónkheires（百手の者）」のように、数字の百も意味しています。また、ムーンストーンはもともとヘカトライト（Hecatolite）と呼ばれていた石で、これは鉱物学者のジャン・クロード・ドゥラメトリが女神ヘカテに因《ちな》んで名づけたそうです。そのため、現代においてもムーンストーンは女神ヘカテと関連のある石とされています。

◆熱意と誠意

魔術に不可欠な要素として熱意と誠意が語られることはあまりないように思います。熱意は魔術に込めるエネルギーでもあります。enthusiasm（熱意）という言葉について調べてみると、なぜそれが重要なのかが見えてきます。enthusiasm は、ギリシャ語で中を意味する「en」と神を意味する「theos」を語源としています。つまり、神によるトランス状態の中で霊的な力を得ること、昂《たかぶ》ることを意味しているのです。私はなにかに対して熱意を持つことは、それが自分の真の意志と一致しているときに現れる効果だと考えています。真の意志とは、簡単に言えばその人の神性が持つ人生の目的のことです。それは今の自分に転生した理由であり、人は皆、それぞれの真の意志を持って生まれてきます。そしてその目的を成し遂げるために注ぐエネルギーこそが熱意なのです。

誠意とは、あなたが魔術に向ける心の質です。それは実践に臨む姿勢であり、取り組み方です。誠意は魔術に対する考え方の根幹を成すものです。sincerity（誠意）という言葉について調べてみると、その力を知る手掛かりがあります。sincerity の語源はラテン語の「sincerus」という言葉で、全体、清らか、純粋、真実という意味があります。つまり、偽りや見せ掛けに染まっていない状態を指しているのです。魔女に当てはめると、魔術の道を歩むにふさわしい、正しい原動力を持っているということです。

魔術に熱意や誠意を向けられなくなるときは誰にでもあります。でも、それはなにかがバランスを失っていることの表れで、実践の中でそれらに再び火をつける必要があるというサインです。もしかすると、日々の実践でエネルギーを使い果たしてしまい、いつしか魔術はあなたにとって魂を駆り立てるものではなく、作業のように感じ始めているのかもしれません。そんなときは実践のペースを落として、内容も最小限に絞る必要があります。それでもだめなら、熱意が戻ってくるまで一旦すべての実践を休止してみましょう。また、熱意の消失は魔術に充てる時間が生活の大部分を占め、普段の日常や人生を楽しむこととのバランスがとれていないときにも起こります。間違った動機で魔術やスピリチュアルの実践に取り組んでいるため、誠意が欠けてしまっている可能性もあります。もしかしたら、あなたは純粋に自分のエゴから行動しているのかもしれません。つまり実践そのものや、それに取り組む理由に対して誠実であることよりも、他人の目を意識して魔女としての体裁を保つことに関心があるのです。まじないや魔術の実践を義務的に感じてしまって、本当に取り組みたいという気持ちを失っている可能性もあります。自分の熱意と誠意を自己評価することは、どれだけ魔術と向き合えているかを見定めることにもつながります。その上で、どうすれば再び熱意と誠意を取り戻せるのかを考えてみましょう。熱意と誠意を欠いては、魔術によるスピリチュアルな体験もそれほど実りあるものにはならないでしょう。

何事も熱意と誠意を持って取り組んでこそ、高みに到達できるのです。

◆魔法にかけられたような没入

魔術の上達の秘訣は、想像力を全開にして没入することです。それによって、物理的な世界にいながら内なる世界とつながることができるのです。没入によって周りの日常は停止して、ほかのことはなにも考えられなくなります。そのとき、あなたは魔女であり魔術そのものなのです。没入は一種の自己催眠です。魔術の実践では多くの人が没入することに苦労します。だからこそ、実践を行う前にアルファ波などの瞑想状態に入り、想像力とつながる事前準備が必要なのです。また、これは私が常に基礎の大切さを強調する理由の一つでもあります。みなさんの中にも自分の魔術の力を疑っている人や、自分には適性がないと感じている人もいるかもしれません。そんなときはロールプレイが有効です。

ロールプレイをすることで、設定した人物を演じるだけでなく、自分自身を演じることができるようになります。これはメソッド演技法【訳注／役柄の内面に注目し、感情を追体験することで自然でリアルな演技・表現を行う演技法】で偉大な力を持った魔女を演じることに近いかもしれません。メソッド演技法と同じように、ロールプレイを行う際は設定した人物に完全に没入します。そう聞くと、違う人格になりきることで自分というものを見失ってしまうのではないかと心配になるかもしれません。その気持ちは理解できますし、私は懐疑的な姿勢や批判的思考を強く支持していますが、魔術に向き合っているときは別です。魔術を実践するときは、自分の力と魔術そのものを信じることが必要です。そして、没入しているときこそが最もそれに近い状態なのです。深く没入することで思い込みによって植え付けられたあらゆる制限が解かれ、魔術の力がより強く流れることを可能にします。

シルバー・レイブンウルフはこの没入を「魔女の横行する夜半（Witching Hour）」と表現した上で、次のように述べています。〝それはあなたの存在のすべてが、あなたに立ち上がり、動き出し、行動を始めるよう促しているときです。あなたは今、目の前の問題を乗り越え、自分が望む成功へと踏み出せるという確信を持っています。そして魂の奥底で、あなたは気づいています。力が満ち溢れている今が魔術を実践するときであることを〟シルバーが使った魔女の横行する夜半という言葉は、没入という概念をとても美しく詩的に表していると感じます。民間伝承における魔女の横行する夜半とは、魔女や精霊が最も力を発揮すると考えられていた時間です。その時刻は魔女の流派や文化、時代によっても異なりますが、午前零時から四時までの間、一般的には午前零時、または午前三時とされています。シルバーはこの時間は時計の上での特定の時刻ではなく、深く没入した意識にあるときこそが魔女の横行する夜半だという説得力のある見解を示しています。さらに彼女はこう述べています。〝宇宙は内と外、上と下の可能性の海であると信じるなら、すべての力、すべての魔術、すべての成功の鍵はあなたの手の中にあります〟

ロールプレイが人格や精神に与える影響、そして儀式魔術との関係は学者たちが目下探求しているテーマの一つです。魔術に関して言えば、偉大な魔術師という役に没入するだけでなく、魔術そのものに没入するべきです。私は基本的に、人の内面を七層のエネルギー体と現実の七つの界層（次元）に結びつけて分類しています。

肉体の没入：儀式用の衣服や装飾品を身に着ける。たとえば魔術を実践するときだけ着用するローブなど。これは、魔術に没入するための形式上の衣装というだけでなく、着用することで意識を変える心理的なスイッチとしても機能します。また、ハーブ、キャンドル、ストーン、魔術道具、彫像など、マテリアとなるものもここに含まれます。これらはすべて、魔術の実践という行為に没入することをサポートしてくれるアイテムです。

エーテル体の没入：これは肉体的にもエネルギー的にも没入することを指します。魔術の実践の過程では、エネルギーを高めるための空間をつくり出す行為がこれに当たります。魔術には物理的にもエネルギー的にも清潔で清らかな、神聖に感じられる空間が必要です。また、瞑想状態に入って内なる神聖な空間とつながることもここに含まれます。

アストラル体の没入：アストラル体は意志の力に結びついています。アストラル体での没入とは、自分が実践している魔術によって原因と結果の連鎖が生み出され、願いが現実化するという確信を持って意志の力を込めることです。

エモーショナル体の没入：願いに関連する感情エネルギーを呼び起こしながら実践を行うことを指します。たとえば愛の魔術であれば、愛するとき、愛されるときの感情に焦点を当てながら実践を行います。霊能力を高めるまじないであれば、安らぎや感情的な力に焦点を当てます。

メンタル体の没入：願いを言葉にして唱えながら、それはきっと叶うというポジティブな思考に没入することです。ここでは言葉そのものというより、それをどのように伝えるかが重要です。このとき言葉を唱える声は、ローブなどと同じように実践や儀式のときにだけに使う声色です。これは一つだけでなく願望によっていくつかの声色を使い分けることもありますが、いずれにせよ落ち着きのある、確固たる意志を込めた声であるべきです。

サイキック体の没入：自分の内なる感覚に働きかけ、それを物理的な現実に投影することで魔術の力を高めることを指します。これは自分が願いに関連づけているものを見たり、聞いたり、匂いを嗅いだり、味わったり、感じたりしているのを思い浮かべることです。たとえば霊能力を高めるまじないを行うとき、私はキャンドルの周りに銀色に輝くエネルギーを思い描いたり、ジャスミンの香りやバニラの味、シルクの感触、梟の鳴き声などを思い浮かべたりすることがあります。これらはすべて、私にとって霊能力を連想させるものです。私は実践の中でそうした象徴を思い浮かべ、投影することで、霊能力のエネルギー経路を活性化するように潜在意識に働きかけています。

ディヴァイン体の没入：神々や精霊が自分の願いを聞き入れ、力を貸してくれていると信じ切ることです。私は実践を行っているとき、自分自身と自らの神性に完全なる信頼を置いています。そして実践を終えると共にその願いに対する執着を解いて、後々まで引きずらないように心掛けています。

◆願いを正しく定める

あなたの願いを正しく定めることで、その願いはより現実化しやすくなります。これは魔術を実践する際に見落とされがちな要素です。初心者の多くは短絡的に願いを定めてしまっている人と、先を見通せていないまま願いを定めてしまっている人の二者に分かれます。自分の願いを正しく定めてさえいれば、魔術はかけることも解くこともできます。そういった面に関して、私の魔術に最も大きな影響を与えたのはジェイソン・ミラーの著書と通信講座です。私は彼から、魔術の実践計画を練る段階でとても重要なのは正しく目的を定めることだと学びました。ここでは、あなたの魔術を次のレベルに到達させるためのポイントをいくつか挙げてみたいと思います。

願いを定めるにあたって、目を向けるべき重要な項目は主に五つあります。この五つの項目は、あなたの願いがどんなものであるかにかかわらず、あらゆる魔術やまじないに当てはまります。それは正確さ、許容範囲、現実性、戦略、そして熱意です。願いは言葉にした際に一文、長くても二文に収まる程度が理想的で、自分の願いを正確に言葉にして完璧な文を練るには相応の時間がかかるはずです。

まず最初のステップは正確さ、つまり願いを明確かつ具体的にすることです。あなたは魔術にどんな願いを託しているのか、それをはっきりとさせなければなりません。そのためには熟考が必要です。深く考えなくても自分の望みぐらいわかっていると思われるかもしれませんが、後になって具体性に欠けていたと気づくことも少なくありません。これは私にもよくあります。すぐに思い浮かんだ例を挙げると、私は最近、気が散ることなく一点に集中できるようにまじないを行いました。そしてその効果が現れて集中力が研ぎ澄まされ、作業に没頭しているうちに気づくと何時間も経っているようになりました。でも、私のまじないは失敗でした。私は自宅の巨大なオカルト・ライブラリーを著者名・アルファベット順に整理することに一週間も没頭していたのですが、そもそもそんなことをするために集中力を求めたわけではなかったのです。これは集中する対象やその期間などを十分明確にしていなかったのが原因です。

願いを定める次のステップは、正確さとは正反対のものです。それは結果の許容範囲、つまり妥協点を見つけることです。魔術やまじないには常に、最も自然なかたちで願いを現実化する性質があります。だからこそ、あなたの願いがどのようなかたちで現実化するのが望ましいのかを明確にする必要があるのです。でもその一方で、あまりに具体的過ぎても現実化が難しくなります。願いを具体的にすればするほど、それが現実のものとなるまでの流れを絞り込んでいることになります。つまり、ほかにも実現する道がいくつかあったのかもしれないのに、最も現実化が難しい道を選んでしまったということにもなりかねません。重要なのは、実現が難しい願いほどある程度抽象化して、具体的と抽象的の間のちょうど良いところを見つけることなのです。

願いを定める際にもう一つ重要なのは、それが現実的な範疇《はんちゅう》にあるかどうかを見極めることです。これはあなたの願いと現在の生活や置かれている状況を比較して、現実化しそうかどうかを判断することにほかなりません。もしその願いが叶いそうにないものなら、どうすればもっと実現しやすくなるかを考えてみましょう。魔術には不可能と思われることを奇跡的に実現する力もありますが、少しでも現実化しやすくする道を模索することが大切です。もし仮に霊媒師になりたいと願ったとしても、日々のルーティーンに瞑想や霊能力開発のトレーニングを取り入れたり、実際に霊媒を行ったりしなければ現実化の可能性は低いでしょう。このようなケースでは、現在の生活や行動から変えていくことで実現の可能性を高めなければなりません。

もし有名なロックスターになりたいと願ったとしても、楽器の演奏や歌い方は知らないし学ぶ意欲もない、世間から注目を浴びたいとも思っていないのなら、魔術でその願いが現実化することはありません。同じように、超人的な能力を得て空を飛べるようになりたいと願っても、現実的な可能性を考えると不可能だと断言できます。それは魔術やまじないの力をもってしても現実化できないことです。

もしあなたの願いが手の届かないものなら、戦略的なアプローチがポイントになってきます。最終的な目的のために大きな魔術を働かせながらも、その足がかりとなる小さな魔術を実践していくことで実現の可能性は高まります。巨大なものにいきなり手を伸ばすのではなく、いくつかの段階を踏むことが大切なのです。最終的な願いを叶えるまで、それにつながる小さなことから一つ一つ実現していきましょう。

そして最後の重要な要素は、その願いに対する自分の熱意を確認することです。自分自身に、その願いに対してどれだけの熱意を持っているのか問いかけてみてください。もし、そこまで大した熱意がないのなら、どうして魔術にその願いを託すのかを自問自答してみましょう。馬鹿馬鹿しく思えるかもしれませんが、この自問自答は重要です。もしそこまで熱意がないのであれば、魔術が成功するようにという願望や意志が明らかに欠けていることになります。熱意は魔術の力の一部です。熱意とは、あなたがそこにどれだけのエネルギーを注いでいるかを示しています。熱意がなければ、宇宙や霊的存在に働きかけることはできないのです。

「熱意と誠意」の項でも触れましたが、熱意には力があります。もしその願いに対する熱意がないのであれば、そもそもなぜその願い魔術に託すのかを考え直す必要があるでしょう。

ジェイソン・ミラーは著書『The Elements of Spellcrafting』の中で、魔術における熱意の重要性を完璧に要約してこう説いています。〝良い目的というのは、インスピレーションを与えてくれる。腹の中に火が灯されるのだ。それは夜明けに礼拝堂に出向いたり、午前三時に墓地に向かったりする原動力となる。偉大な目的に挑むということは、不可能や無理難題に挑むことではない〟

◆願望と意図、そして意志

たとえなにか考え（意図）があっても、脳が神経系を通じて電気信号を送り、それを行動に移さない限りはいつまでも思考のままです。思考と行動の間にある脳の電気活動は、比喩的に言えば意志の力です。それは思考から行動へと移行する間にあるステップだと言えます。意志そのものは自らに疑念を抱いたり、行動を躊躇したりはしません。決断がなされたとき、思考を現実化するために行動を促しているのが意志の力です。

この比喩では意識が意志を動かしていることになりますが、これは必ずしも正しいとは限りません。意志は時として無意識に持っているもので、そこに意識を向けることによって、その力を自分の人生にどう役立たせるべきかを知ることができます。これは魔術においても特に重要な行為です。先ほどの比喩を使うなら、私たちの意図と意志がシンクロしてさえいれば、あまり深く考えずにＡ地点からＢ地点まで歩いて行くことができます。意図と意志が一致していないときは迷ってしまったり、体が意志による自動操縦になっていたりします。たとえば外で電話しているときに、気づかないうちに歩き始めていたという経験は誰しもあると思います。そうした行動は意識的なものではなく、無意識的な自動操縦と言えるでしょう。

意志はエネルギーであり、魔術の上達のためにはそのエネルギーを扱うことに慣れ、うまく活用できるようになる必要があります。自分の意志に目を向けることによって、私たちはその力を確かめることができます。そして意識的に自分の意志と向き合い、訓練し専心することによってその力を確固たるものにできるのです。そして自分の意志の力を理解し、同調することを覚えれば、私たちは次第により高位の「真の意志」を認識して、それを実行することを学び始めます。とはいえ、意図にもまた違った役割があります。魔術では、意図は自分の願いを決定づける大きな要因の一つです。

exercise 17 意志を確かめ強くする

【実践タイミング】

新月から満月にかけて。

【マテリア】
・ノートや日記帳
・ペン

【もたらされる効果】

これは単調で規律ある日課を持つことで意志を強くするエクササイズです。また、思考と行動のわずかな隙間を観察し、エネルギーとしての意志の力を確かめるのにも役立ちます。


【実践の手順】

新月から満月までの期間、毎日五分間のタイマーをセットして、日記を書いてみましょう。毎日同じ時間に書くのがおすすめです。

大切なのは、タイマーが鳴るまでの間は日記だけに集中することです。なにを書けばいいのかわからなくても大丈夫です。なにも思い浮かばなければ〝自分の意志の力を試すために日記を書いている〟とだけ書いても構いません。毎日日記をつけることが大切であって、内容は重要ではないのです。

私がエクササイズとしてこのジャーナリング【訳注／頭に浮かんだことを書き留めて自分の内

面と向き合う行為。「書く瞑想」とも呼ばれている】を選んだのは、魔女が毎日行える最も効果的なトレーニングの一つとして、ここで紹介してみなさんの毎日の習慣にしてもらえたらと思ったからです。では、書く内容が重要でないのなら、これにはどんな意味があるのでしょうか？　それは、なにかを書き留めようという思考からペンを走らせるという行動までの間に、自分の心がどのように動いているかを観察することにあります。日記を書くときは、思考と行動の間にあるものに注意を向けてみましょう。そこにあるものこそ、あなたが認識するべき意志のエネルギーなのです。

◆マテリアと協力する

マテリアの扱い方もまた、魔術を成功させる秘訣の一つです。魔術に用いるマテリアをただの材料としか見ないのは、とても横柄な考え方です。魔術とはつながりです。私たちは自己、精霊、自然、そして宇宙とつながっています。魔女は逆説的に、すべてを一つと見なしながらも、異なるものとして考えています。私たちは皆、一つでありながらもそれぞれが唯一無二の存在なのです。同じ種類のハーブやストーンでも、それぞれに個性があり、それぞれが微妙に違います。私たちは皆、尊重や敬意という力によってほかとつながっているのです。そうした観点を持つ魔女は、その多くがすべてのものに命があり、霊魂を宿していると考えるアニミスト（精霊信仰者）でもあります。

「アニミズム」とは、キリスト教の世界観に染まった西洋の人類学者による言葉で、無生物に見えるものにも霊魂が宿っているという原始的とも見なされるスピチュアルな信仰を表しています。詳しく調べてみると、アニミズムは文化に関係なく世界の至るところに見られることがわかります。キリスト教以前のヨーロッパの異教徒たちも、こうしたアニミズム思考を持っていたようです。そしてアニミズムは、世界で最も古い宗教的信念であると考えられています。

私の見解では、アニミズムは人間にとって自然な姿勢と言えます。現代でも、本人たちは無自覚のままほぼ毎日アニミズムを実践しているという例はたくさん見られます。たとえば自分の車やバイクなどに名前を付け、話しかけている人がいるのはその最たる例です。また、電子機器などが故障したり調子が悪くなったりすると怒鳴りつけたり、動いてくれと頼み込んだりと、まるで人間のように話しかける光景もよく目にします。

車や電子機器などを考えてみると、自然界から遠く離れたものであり、しかも多数の部品から構成されているのでとても霊魂が宿っているとは思えないかもしれません。でも、いくつもの部品で構成されているから、原材料が加工されて自然界から離れたものになっているからと言って、そこに霊魂が宿っていないわけではありません。自分たちに目を向ければ、人間もさまざまな要素から構成されています。私たちも単体の細胞バクテリアから何兆もの細胞まで、さまざまな生命体から構成されている生物ですが、一人の人間としての意識を持っています。アップルパイをつくるときはいろいろな材料を使いますが、いざ焼き上がれば、もはやいろいろな材料の集合体ではなくアップルパイになります。魔術もそれと同じなのです。魔女は魔術やまじないにさまざまなマテリアを用いますが、それらは通常、全体の中に新たに加えられたもの、精霊を宿したものとして働きます。たとえばスペルオイルをつくるなら、さまざまなエッセンシャルオイルがマテリアとして使われますが、完成したオイルはもはや個々のエッセンシャルオイルではなく、新しいもの、つまりスペルオイルになります。私はマテリアを小さな精霊（全体を支える細胞のようなもの）として、そして完成したものを大きな精霊として尊重して扱うことが、魔術を実践する上での大切なアプローチだと考えています。

また、子どもたちが自然にアニミズムを持ち、おもちゃなどに話しかけて生きているかのように扱っている姿もよく見かけます。子どもたちに目を向け、子どもは世界とどう関わっているかを観察することは魔術と霊能力の両方にとって鍵となりますが、これはまさにその好例と言えるでしょう。アニミズム的な視点から世界を見ることは、目に見える世界と見えない世界の両方との対話を試みることになるので霊能力も大きく高まります。あなたが扱うマテリアは、単なる材料や道具ではないということを忘れないでください。マテリアは内と外の世界の架け橋となり、あなたに力を貸してくれる協力者なのです。

魔術の実践の際にマテリアとつながる最も簡単な方法は、それぞれが魂を宿していることを認識し、その力を求め、感謝することです。このシンプルな働きかけ一つで、あなたとマテリアとの関係性は変わります。マテリアを単なる材料と捉えるのと、霊魂を宿す存在として認識するのとでは、その効果が変わることに気づくはずです。また、それらがオーガニックなどの自然環境に優しい栽培法で育てられたハーブであること、動物実験などを行っていない商品であることをできる限り確認するのも大切です。これは難しいときもあるとは思いますが、なるべく良い選択をするように努めましょう。これから紹介するのは、私が初めて用いるマテリアとつながるときに行っているエクササイズです。

exercise 18 マテリアとつながる

つながりたいマテリアを手に持ってください。まずはグラウンディングとセンタリングを行い、アルファ波の状態に入りましょう。へその下辺りにある「温の大釜」（三つの大釜については第3章で説明しています）に意識の焦点を当てます。柄杓《ひしゃく》やスプーンでかき混ぜられているかのように、温の大釜の中でロウアーセルフのエネルギーが渦を巻いているのをイメージしてください。そのエネルギーが大釜から溢れ、まるで体の中が空洞であるかのように流れ始めるのを想像してください。大釜から溢れ出したエネルギーはあなたの足の先から頭の頂点までを完全に満たしていきます。

声に出して、または心の中で唱えてください。〝完全なる愛と完全なる信頼のもと、（マテリアの名前）の精霊との調和を願う〟

あなたの内なる意識に集中してください。なにかイメージが見えますか？　もしかしたら、なにかの匂いや味がするかもしれません。なにかの感触があったり、聞こえたりするかもしれません。魔女の目でマテリアの精霊を視覚化してみましょう。その精霊にあなたの存在を知らせ、時間をかけて語りかけてみてください。

ここまでを終えたら、マテリアの精霊に感謝を伝えます。そしてあなたの体を満たしているエネルギーがすべて大釜に戻っていくのを視覚化してください。

次はあなたの心臓の辺りにあるミドルセルフの「動の大釜」と、頭にあるハイヤーセルフの「知の大釜」でもこのプロセスを繰り返してみましょう。それぞれの大釜での感覚の違いに注意を向けてください。大釜によってマテリアの精霊は姿を変えましたか？　それとも同じ姿でしたか？　伝わってきたことや感触にも違いが見られたのではないでしょうか？

exercise 19 テレサ・リードによる、タロットカードの浄化とチャージ

【実践タイミング】

満月の日と新月の日に分けて行う。

【マテリア】

・タロットカード
・サンダルウッド・インセンス（スティックタイプを推奨）
・シルクの布
・ブラックトルマリン
・ドラゴンズブラッド・インセンス
・ローズクォーツ
・セレナイト

【もたらされる効果】

二部構成のこのエクササイズでは、あなたのタロットデッキからネガティブなエネルギ

ーを祓い、ポジティブな癒しの波動で満たしていきます。タロットデッキの浄化が必要になる原因はさまざまです。

一般的な浄化のタイミングをいくつか挙げてみましょう。

・同じデッキで何度もリーディングを行ったとき。
・特にネガティブなリーディングを行ったとき。
・新品のデッキをプレゼントされたとき。
・他人のデッキを受け継いだとき（祖母の形見のトート・タロットなど）。
・リーディングが冴えないと感じるとき。
・何年も触っていないデッキを使うとき。

正直なところ、タロットの浄化とチャージを行うのに特に理由は必要ありません。機械に定期的に油を注すのと同じように、タロット・リーディングを冴え渡らせるためのスピリチュアルなメンテナンスとして捉えてください。

【実践の手順】

満月の日に、あなたのタロットデッキ、サンダルウッド・インセンス、シルクの布、ブラックトルマリンを用意します。部屋の窓を開けて、その近くに座ってください。インセンスに火をつけて、その煙にタロットデッキをかざします。

両手でタロットデッキを包み、目を閉じてください。声に出して、または心の中で次のように唱えます。

〝満月の明かりもと
すべてのネガティブなエネルギーが払われる〟

言葉はあなたの好きな言い回しに変えても問題ありません。重要なのはタロットデッキに命じてネガティブなエネルギーをすべて解放させることです。シルクの布を広げてタロットデッキを置き、その上にブラックトルマリンを載せてきれいに包み込みます。包んだデッキを月明かりに照らされる場所に置いて、新月の日までそのままにしておきます（その間に占いをする際は、別のタロットデッキを使うようにしてください）。

新月の日になったら、ドラゴンズブラッド・インセンスとローズクォーツを用意します。シルクの包みを開けてデッキを取り出し、インセンスに火をつけて一、二分ほどゆっくりと煙をカードの周りに漂わせます（ドラゴンズブラッドには保護の力と、良いエネルギーを引き寄せる効果があります）。

そしてタロットデッキを両手に持って、あなたの第三の目にかざします。声に出して、または心の中で繰り返し唱えてください。

〝新月が新たなエネルギーをもたらし
このタロットは整えられた〟

繰り返しになりますが、唱える言葉は自由に変えてください。大切なのはポジティブな意図を込めることです。デッキを窓辺に置いて、その上にローズクォーツを載せてください。そのまま新月の明かりの下で一日休ませたら、すべて完了です。リーディングを行った後は、セレナイトをデッキの上に載せるようにしましょう。セレナイトにはほとんどのエネルギーを中和する力があり、デッキをいつでもクリアに保つことができます。

exercise 20 占いによる魔術のチェック

【実践タイミング】
いつでも。

【マテリア】

・タロットカード

【もたらされる効果】

魔術の実践の前に助言を得るのは賢明なことです。そして魔女にとって、占いほどすばらしい相談相手はいないかもしれません。占うことでその魔術を実践すべきなのか、それとも再検討が必要なのかを判断することができます。最も簡単なのは、ペンデュラムを使ってイエスかノーかを問いかける占いです。ペンデュラムは自分の直感を信頼し、耳を傾けることを学ぶための偉大なる補助輪です。しばらくペンデュラムを使っていると、占う前にはもうペンデュラムがなにを示すかがわかってくるようになるでしょう。

とはいえ、魔術をより深く理解したいのであれば、より複雑な占いに挑戦することも大切です。それによってベストな実践計画を思いついたり、トラブルシューティングに役立ったりすることもあるからです。今回は、魔術を成功させるために私がどのように事前のチェックをしているかを紹介したいと思います。

【実践の手順】

まずは瞑想状態に入り、タロットカードをシャッフルしながら自分の願いに集中します。

たとえば、職場での昇進を願って魔術を実践したいのであれば、昇進という目標に意識を集中し、心の中で次の祈りの言葉を唱えながらカードを切ります。これはあくまで私のやり方ですので、あなたのスピリチュアルな信念に合わせて自由にアレンジしてください。

〝神性に導かれ
明晰さを求めてこのカードを切る
神々と導き手のすべてを見通す目によって
最善の道が照らされる〟

そして、タロットをフォーカード・スプレッドで並べます。
一番目のカード：実践すべき魔術のタイプ。
二番目のカード：実践に対する助言。
三番目のカード：起こり得る障害。
四番目のカード：もたらされる結果。

一番目のカードは、そのスートをもとに実践すべき魔術のタイプを占います。カードが示唆しているものを正しく読み取り、実践に役立てましょう。また、カードそのものからもさらなるヒントが得られます。大アルカナのカードが出た場合は、占星術の属性を参照してそれを支配する元素に置き換えます。参考までに、四大元素と魔術のタイプの関連性の一例を紹介します。

ペンタクル（地）：ハーブ、ストーン、ポペット、結び目を用いる魔術。

カップ（水）：ポーション、エリクサー、フラワーエッセンス、ウォッシュを用いる魔術。

ワンド（火）：キャンドルを用いる魔術、性にまつわる魔術。

ソード（風）：チャンティング、インカンテーション、請願やアファメーション、瞑想にまつわる魔術。

これはあくまでも対応関係の一例です。直感を働かせて、カードが示唆しているものをしっかりと読み取ってください。そのカードが持つ伝統的な意味にとらわれ過ぎてもいけません。タロットはイメージの象徴化など、さまざまな方法であなたに語りかけます。

真理の追究

第3章

『魔術の教科書』では三つの魂、錬金術の三原質、三つの大釜、魔女の木の三つの領域といった三位一体の概念について解説しました。これらは私が霊能力や魔術の力にアプローチする上で欠かせないもので、四大元素、惑星の力、占星術の影響などと同じくらい重要な基礎を築いています。そのため、この章ではこうした概念についておさらいし、あまり馴染みがない方はもちろん、すでに知っている方にも新たな視点で理解や洞察を深めていただきたいと思います。これらは本書のエクササイズを通じて魔術の真理とつながり上達するために重要なだけでなく、そこで体験したことがなんなのかを見極め理解するための手引きとなります。また、自分が現実のどの界層から働きかけているのか、どの魂がその界層とつながっているのかを理解するための礎となるでしょう。三位一体のこれらの概念を理解することで、自己のさまざまな側面の概要を摑み、自分と非物質の宇宙とのつながりや関係性を捉えることができます。スピリチュアルやオカルトという分野では、意識、エネルギー、現実、神性との関係について理解すべき重要な基礎概念はほかにもあります。それらを最もうまくまとめているヘルメスの七つの原理は、神智学やニューソートの革新的な洞察によって補完された、古代のオカルティズムの叡智の結晶とも言えるものです。ヘルメスの七つの原理は、真理を追究し、精神の潜在的な力を知るためのマスターキーとも呼ばれています。私の魔女術の師の一人であるローリー・カボットは、ヘルメスの原理こそ魔術がどのように、なぜ働くのかの根幹を成すものだとして、その重要性を説いています。私がこれまでオカルティズムを研究してきた過程でも、ヘルメスの原理と同様の考えがさまざまな概念の中に見られました。

◆三つの魂

魔女の多くは、自己を三位一体の存在であると考えています。普段から意識しているかは別として、魔女はそれらが自分たちの神性であることを強調して三つの魂と呼んでいます。魔女の流派によって三つの魂の呼び方は異なり、それぞれの魂がなにを体現し、どう定義されるかという細かな部分にも若干の違いが見られます。そして基本的には、この三位一体の自己はハイヤーセルフ、ミドルセルフ、ロウアーセルフの三つに分けられる傾向があります。ハイヤーセルフというのは、現代の言葉で一般的に霊魂と呼ばれているものです。それは私たちの神性であり、純真無垢で、ソース（源）の輝きそのものを映しています。ミドルセルフは私たちの人格、思考、自我を司《つかさど》る魂、ロウアーセルフは私たちの本能的な魂です。魔女の流派によって肉体はミドルセルフに含まれるとされていたり、ロウアーセルフに含まれるとされていたりとさまざまです。同様に、感情をロウアーセルフの側面と見なす流派もあれば、ミドルセルフの側面とする流派もあります。私の見解はその間を取っていて、ロウアーセルフが持つ感情とは脳で処理されていない体で感じる生の感情、そしてミドルセルフの感情とは、その生の感情を脳が処理することにより言葉で表現したり、ある程度自制できたりするようになったものだと捉えています。

オカルティズム全般に言えることですが、こうした考え方は私たちが向き合っているエネルギーや概念を理解するための地図や雛型《ひながた》に過ぎず、どれも完璧なものでも絶対的なものでもありません。そのため、その言葉通りのものと捉えたり、絶対的な真実だと考えたりすると、地図を見て実際の土地を見ないことにもなりかねません。こうした地図は本質的に、ハイヤーセルフとロウアーセルフから伝わる情報をミドルセルフが整理・理解するために必要なものです。また、私たちの三つの魂はそれぞれ人間の三つの意識に対応していると考えることもできます。つまり、ミドルセルフは顕在意識、ロウアーセルフは潜在意識、ハイヤーセルフは超意識または集合意識と捉えることができるのです。主流のスピリチュアリティでは、三つの魂はもっと一般的な言葉を使ってマインド（心）、ボディ（体）、スピリット（精神）と表現されています。

◆三つの大釜

三つの魂をよりわかりやすく表しているのが、三つの大釜という概念です。これはエネルギーの処理、変化、変換を行う器官のようなものと捉えてください。この概念の由来となっているのはアイルランドに伝わる『大釜の詩（The Cauldron of Poesy）』という詩で、その内容は人の体の中には三つの大釜があることを示唆しています。私はこの三つの大釜はさまざまなエネルギーを処理し、混ぜ合わせ、さらに濾過《ろか》することで元の性質とは異なる新たなエネルギーを生み出していると考えています。三つの大釜は人体の三ヵ所にあるエネルギーの器官であり、三つの魂が宿るところでもあります。そのため、魔女はそれぞれの大釜に意識の焦点を当てることによってそれぞれの魂に働きかけています。

一つ目の「温の大釜」はへその下辺りに位置しています。この温の大釜は周囲の環境や運動、性行為、自然とのつながりなどからエネルギーを得ています。そしてそのエネルギーを処理することで、エーテル、創造力、生成力、生命力など、新たなエネルギーが生み出されます。二つ目の「動の大釜」は心臓の辺りに位置しています。アイルランドの大釜の詩では、人が生まれたときにはこの大釜は横向きになっていて、大きな喜びや悲しみによって上向きになったり、逆さまになったりするとされています。この大釜は私たちの感情のエネルギーを処理するところで、芸術や映画、音楽、詩などに触れたときに湧き上がる感情からアストラル・エネルギーなどを生み出します。そして三つ目は、頭の中にある「知の大釜」です。大釜の詩では、人が誕生するときには逆さまになっているこの大釜が、人生の中で偉大な叡智と霊的なつながりを培うことで横向きになるとされています。この大釜は知識の蓄積と統合、神とのつながり、霊的な修練によって活性化し、霊や天界、神性にまつわる超越的なエネルギーを生み出します。

フェリ派の〈ブルーローズ〉や〈ブラックローズ・ウィッチクラフト〉という魔女の団体では、三つの魂のそれぞれにシンボルが与えられています。ロウアーセルフには月のシンボルが与えられていて、月は占星術で人の潜在意識を象徴しています。ミドルセルフには人の顕在意識を表す太陽のシンボルが与えられていて、占星術では太陽は人それぞれの人格と自己意識の象徴です。そしてハイヤーセルフには自己意識を超えた意識の象徴である星のシンボルが与えられています。この三つのシンボルは的確にそれぞれの魂の特徴を示していて、私には完璧なシンボルセットに思えます。

詳しく解説すると、ロウアーセルフと温の大釜はサブルーナーと呼ばれるエネルギーを扱っています。サブルーナーというのは、アリストテレスの天動説で語られる月下のエネルギーからきた言葉です。現代では天動説が正しくないことはわかっていますが、魔術の実践者の多くは自分のいる場所を宇宙の中心と見なして儀式を行います。サブルーナーと呼ばれるエネルギーは、古典的な四大元素である地、風、火、水のエーテル・エネルギーです。ミドルセルフと動の大釜の太陽のシンボルは、太陽の影響下にあるすべてのもの、つまり私たちの太陽系と七つの惑星のアストラル・エネルギーを示しています。そしてハイヤーセルフと知の大釜の星のシンボルは、十二星座やプレアデス星団のような遥か彼方の星系からの天体エネルギーを示していると捉えることができます。知の大釜は神の意志、神の愛、神の叡智を具現化した三位一体のエネルギーである「三光線」によって活性化します。占星術では、この三光線は柔軟宮《ミュータブル》、活動宮《カーディナル》、不動宮《フィックスド》の三区分《モダリティ》として表されています。また、占星術では十二星座を四大元素と三区分の組み合わせによって分類します。たとえば、水の元素に分類される十二宮の星座は、蠍座（不動）、魚座（柔軟）、蟹座（活動）となっています。

◆錬金術の三原質

錬金術には三原質という概念があり、プロセスの鍵となる要素だと考えられていました。錬金術は超自然的な技術ですが、かつてはそうしものを探求する者は異端と見なされ、宗教的な権力者によって処刑される時代がありました。そこで権力者たちの目を欺《あざむ》くために、錬金術の叡智は隠喩によって暗号化されたのです。錬金術の三原質とは、水銀、塩、硫黄を指します。この三つはあらゆる物の中に存在し、それらが相互作用することで変成がもたらされると考えられていました。この三原質をエネルギーとして捉えると、神の三光線や占星術の三区分、そして三つの魂との類似性が見えてきます。この三原質の概念はバフオメット【詳しくは『魔術の教科書』２０６―２０９頁を参照】にも表され、上部の燃える松明《たいまつ》が硫黄（魂の火）、下部のカドゥケウスが水銀、そしてその二つの間にある意識と思考の

錬金術	占星術	三光線	三つの魂
硫黄	柔軟宮	神の叡智	ハイヤーセルフ
塩	不動宮	神の愛	ミドルセルフ
水銀	活動宮	神の意志	ロウアーセルフ

頭が塩を象徴しているとされています。

◆魔女の木の三つの領域

「世界軸（アクシス・ムンディ）」も極めて重要な概念の一つです。これは「世界樹」とも呼ばれ、存在の主要な三つの領域の地図を大樹に見立てたものです。伝統的に世界樹は巨大な樫の木と見なされていますが、これはペイガンの宗派や魔女の流派によっても異なります。主な考え方としては、世界は巨大な宇宙の木で成り立っているというもので、枝が天界、幹が地上、根が冥界を表してます。これら現実の三つの領域がすべてつながっているということが、一本の大樹に喩えられているのです。天界は集合的無意識、超越的神性（私たちの物理的な世界を超越した神性）、そして偉大なる宇宙の力の領域です。地上は私たちの物理的な現実とそこに重なるエーテルの現実、マイティー・デッド（聖人）、領域間をつなぐ門、物理的な世界に内在する神性の領域です。冥界は祖先の領域であり、アストラル、冥界に関連する神性、原初の力を持つ神々、そして私たちの内なる世界がここに含れます。それぞれの領域には、さまざまな特徴を持つ精霊たちや神々がいます。この三つの領域はケルトの領域である陸、空、海にも類似していて、陸は地上、空は天界、海は冥界と一致します。また、魔女はこの世界樹を自分たちの心の中に見ることができます。それは「魔女の木」と呼ばれ、精神的に天界や冥界を旅するためのものです。つまり魔女の木と世界樹は、ヘルメスの原理である〝内の如く、外も然り〟によって表される関係にあると言えます。

exercise 21 世界樹への旅

邪魔の入らない場所で、無理のないリラックスした姿勢をとってください。目を閉じて、アルファ波の状態に入り、グラウンディングとセンタリングを行います。

あなたの足元の地面に、銀色の霧がかかっているのをイメージしてください。その霧があなたの足元で渦を巻き始め、ゆっくりと体の周りを螺旋状に昇り、さらに空に向かって上昇していきます。霧はあなたを完全に包み込み、視界を覆い、周りの景色が見えなくなりました。そして霧がゆっくりと消え始めると、あなたは自分が森の中にいることに気がつきます。

あなたの目の前には巨大で力強い樫《かし》の木があります。それは宇宙の世界樹です。その太い幹は、まるで天界を支える巨大な柱のようです。その幹からは長い枝が空高く、どこまでも無限に伸びています。枝の先には銀や青い色の星が装飾のようにぶら下がっていて、天空のような別世界の輝きを放っています。木の根元は巨大な根がいくつも張り巡り、互いに絡み合っているのが見えます。あなたの体よりも大きな根があるかと思えば、ビルよりも大きな根もあります。しばらく心の目でこの木を観察してみてください。細部までじっくりと見てみましょう。

樫の木にはドライアドという精霊が住むとされていますが、この世界樹も例外ではありません。世界樹のドライアドは、アニマ・ムンディという世界霊魂です。あなたは世界樹に近づいて、幹に手を当て、樹皮の感触を確かめます。そして幹に手を当てたままアニマ・ムンディに呼びかけると、あなたはすぐにその存在を感じます。でも、あなたには彼女の姿は見えません。そのエネルギーとつながり、アニマ・ムンディの存在を感じながら、心にメッセージやイメージなどが浮かぶまでしばらく待ってみましょう。最後に、世界樹の精霊に感謝を伝えてください。振り返って世界樹から離れると、銀色の霧が見えてきます。あなたが霧の中に入ると、視界が覆われ、周りの景色が見えなくなります。霧が消えていくのを待ちながら、指や足を動かすなどして身体的な意識を取り戻しましょう。準備ができたら目を開けて、もう一度グラウンディングとセンタリングを行って終了します。

◆ヘルメスの原理

『キバリオン（The Kybalion）』は、古代のヘルメスの叡智を公開するとして物議を醸した書籍です。この本は「三人のイニシエイト（Three Initiates）」という匿名の著者によって書かれたものですが、これは出版者であるウィリアム・ウォーカー・アトキンソンのペンネームだと考えられています。実際、彼はさまざまなペンネームで本を書くことでも知られていました。

この本は古代の純粋なヘルメス主義に忠実ではないという見方があり、私もそれは正しいと思います。ヘルメス主義の伝統とされる著作物のほとんどはヘルメス・トリスメギストスによって書かれたものだという前提がありますが、キバリオンはそうではなく、むしろヘルメスに捧げて書かれた本だからです。タロット書籍の作家として知られるメアリー・K・グリーアをはじめ、キバリオンを研究している人たちによって、この本にある原理の多くは、神智学者のアンナ・キングスフォードとエドワード・メイトランドの翻訳による『Kore Kosmou』の序文に基づいたものだと指摘されています。つまり神智学とニューソートの考えが融合することで、キバリオンの骨格がつくり上げられたのです。

キバリオンが古代からのものであるかどうか、純粋なヘルメス主義に忠実であるかどうかはさておき、この本は決して完璧なものではなく、所々にかなり疑わしい点があります。そのため、ほかのオカルト書と同様に絶対的な真理として受け止めるべきではありません。ヴィクトリア時代やポストヴィクトリア時代のオカルト書の多くがそうであるように、私たちはこの本から価値のある知識を拾いながら、透明性と誠実な姿勢を持ってどの考え方、解説、意見が疑わしいものかを見極める必要があります。とはいえ、そうした欠点こそあれ、特にオカルティズムや魔術を初めて学ぶ人にとって、キバリオンは洞察に富んだ本であることは確かです。キバリオンでは、封印されたという意味で「hermetic」という言葉が使われていますが、この用法が当時は一般的だったのは事実です。現代では、隠された知識を表すなら「occult（オカルト）」という言葉を使うのが通例です。それを踏まえると、私はこの本が古代のヘルメス主義からきたものなのか、それとも近年のものなのかは議論する余地があるのではないかと感じています。この本は簡単に言えば、宇宙がどのように動くか、どうすればそれを理解して現実を共に創造することができるのか、というオカルト哲学を説いたものです。私がこれまで師事してきた賢明で力のある魔女たちも、キバリオンのヘルメスの原理を魔術の道の重要な基礎として取り入れています。

◆メンタリズムの原理

キバリオンで最初に説かれているヘルメスの原理は「メンタリズムの原理」です。この原理は、宇宙はメンタルであり、それはあらゆるすべて（THE ALL）の意識の中にあるとするものです。オカルティズムにおいて現実のあらゆるものを構成する要素である元素の力は、このあらゆるすべての意識の中にあります。この原理は、すべての存在は大いなる神の意識によって創られていることを説いています。そしてこれは、あらゆるものが根底ではすべてつながっていることも意味します。意識というのは生物やエネルギー、霊などあらゆる存在の基盤となるものです。つまり私たちは大いなる神の中に存在すると同時に、その一部でもあることを示唆しているのです。大いなる神の中に存在し、その一部でもあるということは、あらゆる存在が本質的には神であることを意味します。それは個々の意識を持つ私たち人間も例外ではありません。そして神の意識の一部でありながら個々の意識を持っているということは、大いなる神と同じように、私たちも自らの神性のエネルギーによって現実を創造できるということになります。なぜなら、この原理に従えば私たちの思考はエネルギーであり、そのエネルギーを使いこなすことができれば現実を共に創造する者として自らの神性を認識するはずだからです。この原理は、魔術とは意志に応じて意識に変化をもたらすサイエンスにしてアートであるというダイアン・フォーチュンの定義にも反映されています。

◆照応の原理

第二のヘルメスの原理は「照応の原理」です。この原理は次のように説かれています。〝上の如く、下も然り。内の如く、外も然り。小宇宙の如く、大宇宙も然り〟これは、現実の一つの界層にあるすべてのものが、別の界層にも影響を及ぼしていることを示唆しています。また、メンタリズムの原理と同じように、すべてはあらゆるものの中にあり、あらゆるものはすべての中にあることも示しているのです。もっとわかりやすく言えば、あらゆるものが神の意識の中にあり、神の意識はあらゆるものの中にあるということです。あらゆるものは大いなる神の一部であり、大いなる神のすべてがあらゆるものの中にあるのです。これはホログラムのような、全体の一部でありながらもその中に全体像を含んでいるというフラクタルの性質です。つまり小宇宙は大宇宙の地図であり、その逆もまた然りであると示しているとも言えます。

さらに、この原理は現実の異なる界層にあるものが、その界層間に対応するエネルギーによって結びつけられていることも示唆しています。これは魔術を実践する際に植物やストーンを用いることが、それらに結びついている元素、惑星、天体の振動の大きなエネルギーに働きかけ、活用することにつながっているのを裏付けています。また、この原理は私たちの内面が外の世界や高い界層の現実と複雑にリンクしていること、そしてその逆もまた然りであることも意味しています。

◆極性の原理

第三のヘルメスの原理は「極性の原理」です。この原理は、宇宙のあらゆるものにはその対極となるものがあるが、それらは実際には同じもので、程度が異なるに過ぎないことを説いています。温と冷、光と闇、静と動、正義と悪、喜びと悲しみ、生と死など、すべてはその対極と結びついているだけでなく、お互いがあることによって全体が成立しているという相補的な側面を持っています。キバリオンではそれを〝すべては二つから成る。すべてのものには極がある。すべてのものには対がある。好きと嫌いは同じである。正反対のものは程度が異なる同じ性質のものである。両極は出合う。すべての真実は片割れに過ぎない。いかなる対立も和解する〟と表しています。最後の一文は錬金術やオカルティズムの主な目的の一つである、異なるものに見えても実は表裏一体のエネルギーの調和と統一を意味しています。

私が子どもの頃に大好きだった映画の一つにジム・ヘンソン監督の『ダーククリスタル』という作品がありますが、そのストーリーにはこの極性の原理がうまく取り入れられています。この映画には邪悪で攻撃的、利己的で愚かなスケクシス族と、穏やかで平和主義、無私無欲で聡明なミスティック族という、正反対でありながら補完し合う二つの種族が登場します。そして重要なポイントは、この二つの種族はかつてウルスケク族という単一種族だったという点です。

◆振動の原理

第四のヘルメスの原理は「振動の原理」です。キバリオンではこの原理を〝休止するものなどなにもない。あらゆるものは動いている。あらゆるものが振動している〟と説いています。これは、完全に静止しているものはなにもなく、あらゆるものがそれぞれの速度で振動または移動していることを意味しています。科学によって、どんなに硬そうに見える物質も実際には動き振動している原子や分子で構成されていることが証明されています。振動の原理は物理的、非物理的を問わず、宇宙に存在するすべてのものが振動していることを示唆しているのです。メンタリズムの原理を振り返ると、すべてのものは意識と思考から成っていると説かれていました。それはつまり私たちの思考にも振動があるということとになり、その振動については多くのスピリチュアルやオカルトの実践者たちが言及しています。残念ですが、これは時として物事に良い波動、悪い波動というレッテルを貼り、いろいろな問題を引き起こすこともあります。

◆リズムの原理

第五のヘルメスの原理は「リズムの原理」です。この原理は〃あらゆるものは流れ出し、流れ入る。あらゆるものには潮流がある。あらゆるものは浮き沈む。あらゆるものが振子のように揺れる。右へ揺れるだけ左へも揺れる。リズムはそれを補うものだ〃と説かれています。極性の原理は、すべてのものはその対極のものと同じであり、その両極の間に程度があることを示していました。このリズムの原理では、すべてのものは一方の極からもう一方の極へと流れていることが示唆されています。この原理は映画『スター・ウォーズ』シリーズの「フォースのバランス」という言葉になぞらえることができます。それは、エネルギーは一方の極からもう一方の極へと流れているため、いずれは対極のものに移り変わるという考えを表した言葉です。この考えは月の満ち欠けのように象徴的に捉えることもできます。月は輝きを増しながら満ちては、やがて暗く欠けていくというサイクルを繰り返しています。この原理は最後の原理と対になっているのですが、つまり変わらないものなどなにもなく、振り子が左右に揺れるように、何事もいずれはその反対のものへと移り変わるということを示唆しているのです。この原理と深く結びついているのが、時間や季節、月の満ち欠け、命の輪廻《りんね》など、万物は循環しているという魔女の考え方です。

◆原因と結果の原理

第六のヘルメスの原理は「原因と結果の原理」です。これは〝すべての原因には結果があり、すべての結果には原因がある〟と説かれています。つまり、何事も原因があって結果が生じるが、その結果もまた新たな原因となることを意味します。今起きたことは原因となって、いつか必ずその結果がもたらされるのです。これは良いことをすれば良いことが返ってくる、悪いことをすれば悪いことが返ってくるという意味ではありません。この考え方はそういった道徳的なものではないのです。この原理は、あらゆる物事には動きがあり、それは複雑に絡み合っているということに帰結します。池に石を投げれば波紋が広がるのと同様に、思考や言葉、行動は完全に独立しているものではありません。すべてはほかのなにかに反応して生じるもので、その結果、良いことにせよ悪いことにせよなんらかの変化をもたらします。キバリオンはこの原理を法則と呼び〝偶然とは認識していない法則の名前に過ぎない〟と説いています。つまり、偶然によって起こることなどなにもなく、すべてなんらかの原因があって起きているということです。

◆ジェンダー（性）の原理

ここからはヘルメスの最後の原理となる「ジェンダーの原理」に触れていきます。この原理は議論を呼ぶこともありますが、それには当然とも言える理由があります。ジェンダーの原理は次のように説かれています。〝どんなものにも性があり、どんなものにも男女の性の原理がある。性はあらゆる次元に表れる〟これを理解するにはたくさんのことを一つ一つひもといていく必要があります。古いオカルトや古典とされる書物に触れる際には、優れた見識と誠実さを持って瓦礫《がれき》の山の中から使える知識を拾い上げていかなければなりません。昔は洞察に富んだ役立つ本でも、時代が変わって大きな問題点が取り上げられることはよくあります。それはオカルティズムの基礎となっている書物も例外ではありません。現代の読者として私たちがすべきなのは、そうした古い書物の中から問題となる個人的、文化的な偏見や、時代錯誤のイデオロギーといったガラクタを選り分けながら、財宝、つまり現代でも通用する知識を発掘することです。それはもちろん、この『キバリオン』にも言えます。

ヴィクトリア時代初期のオカルティズムには、形而上学的な概念にジェンダーの原理を用いて、より文学的に表現したものが多くありました。キバリオンはヴィクトリア朝以降にそうした流れの影響を受けて書かれたもので、性は男女の二つしかないという考えに基づいた言葉が多く見受けられます。キバリオンの著者が影響を受けたであろう書籍などに比べれば少しは進歩的であるものの、現代の考え方からは完全に離れていることは確かです。キバリオンには、ジェンダーの原理における性とはなにか（または誰か）の性別を意味するのではなく、生成と創造のエネルギー的な機能を指すと書かれています。その上で、性別とはあくまでジェンダーの原理が物質的に作用して現れたものに過ぎないとも説いています。これはジェンダー本質主義に根ざした間違った考え方で、著者が説いていることをむしろ不明瞭にしてしまっているように思えます。オカルティズムの文脈で、宇宙のあらゆるものの中に存在する相補的でありながら正反対の力の比喩として性別を用いるのは無理があります。なぜなら、科学的には性と性別は同じでも正反対のものでもなく、むしろ人間も含む自然界独自のスペクトルだからです。また、一方の性別がもう一方に比べて本質的に受動的だったり陰の性質を備えていたりするわけではないことからも、性別を比喩として用いるのは不十分で、完全に固定観念や性差別に基づいた考えと言えます。

現代とは考え方が異なる時代ならではの欠点があるとはいえ、キバリオンの著者は進歩的な考えも取り入れようとしていたようです。たとえば、キバリオンには第七原理の焦点に類似するものとして、原子の「引力と斥力」や化学親和力、原子粒子の「愛と憎しみ」、物質の分子間の引力や結合を挙げ、さらには〝まさに重力の法則〟に近いとも書かれています。こうした文章を文字通りの意味を超えて考察するのは骨が折れますが、一度はまり込むとその解釈は無限大に広がります。生と死、創造と破壊、受容と投射、正電荷と負電荷――こうした両極にある補完と対立の力は常に私たちの身近にあり、魔術の中にもあるものなのです。

魔女の観点から考えると、キバリオンのジェンダーの原理は「I Am（我）」という概念を具体化したものとして捉えることができます。キバリオンによれば、この概念は「I（私）」と「me（自分）」の二つに分解ができ、それにより「I Am（我）」を知ることにもつながると書かれています。これは、外面的な「I（私）」という概念を顕在意識（魔女にとってのミドルセルフ）、そして内面的な「me（自分）」を潜在意識（またはロウアーセルフ）と結びつけた考え方です。また、キバリオンは「I（私）」を意志の力、そして「me（自分）」を肉体や肉体的な欲求と関連づけています。これを三つの魂に当てはめると、「I Am（我）」はハイヤーセルフと捉えることができ、その中にミドルセルフとロウアーセルフが含まれると考えればすんなりと理解ができます。この三つが同調してバランスがとれているとき、私たちは魔術と霊能力の両方に働きかけることができます。そして潜在意識から伝わるイメージを顕在意識が解釈、翻訳することで、心の中に思い描いたものを顕現させることができるようになるのです。

exercise 22 精神的変容をもたらす瞑想

【実践タイミング】

いつでも。

【マテリア】

・月光の鍵のネックレス（オプション）

【もたらされる効果】

これは『キバリオン』の本文中で述べられている「精神的変容」を目的に、ヘルメスの原理を用いて考案した能動的な瞑想法です。月光の鍵のネックレスを取り入れれば、鍵の力を強化しながら瞑想をより効果的にすることができます。

【実践の手順】

まずは、自分自身のどんなところを変えたいかを決めることから始めましょう。感情や信念、思考パターン、悪い習慣など、変えたいところは人それぞれにあると思います。次にアルファ波の状態に入り、グラウンディングとセンタリングを行います。ここからは例として、自分の霊能力は眠ったままだという意識を、霊能力が覚醒しているという意識に変換していきます。あなたが実践する際は、自分が変換したいことに自由に置き換えてください。

それでは目を閉じて、あなたが変えたいと思っているところを意識していきます。今回の例では、自分の霊能力が眠っていることに焦点を当てます。それをイメージとして心に思い浮かべてください。少し時間をかけて、霊能力が眠った状態をあなたの体内の波動や音、色などで表すならどんな感じかを想像してみましょう。可能であれば、それらを組み合わせて表してみてください。

あなたが思い描いていたイメージや波動、音などが消えていきます。今度は、先ほどとは正反対のものに対するあなたのイメージを思い浮かべてください。今回の例であれば、覚醒した霊能力です。霊能力が覚醒するのはどんな感じでしょうか？　その感覚を想像して、心の中で少しだけロールプレイをしてみましょう。そして、覚醒した霊能力をイメージとして思い浮かべてください。少し時間をかけて、その感覚を波動や音などで表すなら、どんな感じかを想像してみましょう。眠った霊能力のときとはどう違いますか？

そのイメージや波動、音などが再び消えていきます。ここで魔女の目にこれまでの二つのイメージを並べて思い浮かべ、あなたが変えたい方のイメージに鍵穴、望ましい方のイメージに鍵を思い描きます。あなたが変えたい方（この例では眠った霊能力）と望ましい方（覚醒した霊能力）が両極であるように、鍵穴と鍵は正反対でありながら相補的なものと捉えてください。

ここでもう一度、眠った霊能力をあなたの体内の波動として思い浮かべてください。目を閉じたまま、首から下げた月光の鍵（このエクササイズに取り入れる場合）を手に取ります。心の中でその鍵を鍵穴に差し込み、回してみましょう。あなたが錠を開けると、変容の波動が解放されていきます。元の波動と、錠が開けられ解放された波動が同時に感じられます。二つの波動はゆっくりと合わさり、やがて同調し、そして望ましい波動へと変化していきます。たとえば、音であれば望ましい音程に、色であれば望ましい色調に、波長であれば望ましい周波数に、そして感情であれば望ましい気分に整っていきます。

この精神的変容を終えたら、心の中で、または声に出して宣言を行いましょう。〝私の霊能力は覚醒した状態へと変換された〟など、自由に宣言してみてください。ここまで終えたらもう一度センタリングを行い、アルファ波の状態から抜けてゆっくりと目を開けてください。このエクササイズを行う前と、今の感覚の違いに注意を向けてみましょう。

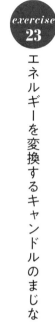

exercise 23 エネルギーを変換するキャンドルのまじない

【実践タイミング】

いつでも。

【マテリア】

・白いチャイムキャンドル
・黒いチャイムキャンドル
・グレーのチャイムキャンドル
・目的に沿ったスティック・インセンス（オプション）

【もたらされる効果】

このまじないには、あらゆる物事を反対の状況へと変換する効果があります。私の知る限り、極性の原理を最もうまく応用したまじないはドロシー・モリソンの名著『Utterly Wicked』で紹介されている「The Swifting of Energy」です。私のお気に入りの一つでもあるそのまじないは、誰かが送ってきた呪いや念などのマイナスのエネルギーを自分にとってプラスのエネルギーに変換するというものです。そこからヒントを得て、私がさらにシンプルに練り直したものがこのまじないです。

【実践の手順】

まずは安定した場所にキャンドルを並べていきます。あなたの左手側に現在のエネルギーを表す黒いキャンドルを置き、右手側に望ましいエネルギーを表す白いキャンドルを置いてください。そしてエネルギーの変換の始まりから終わりまでの推移を表すために、その間にグレーのキャンドルを置きます。ここでは例として、霊能力の明晰さを得るためにこのまじないをやってみましょう。まずは、黒いキャンドルに現在の状況を表す役割を与えましょう。キャンドルを指差しながら口頭で〝このキャンドルは明晰さの欠如を表す〟と指示するだけです。次に、白いキャンドルに指を差しながら〝このキャンドルは明晰さを表す〟と指示します。そして真ん中のグレーのキャンドルを指差して〝このキャンドルは推移を表す〟と指示しましょう。

黒いキャンドルに火を灯し、次のチャームを唱えます。

〝このキャンドルが燃えて蠟が滴るように
意志と言葉によってここに確約する

この光と炎は変わらずとも
それぞれの蠟燭《ろうそく》を灯す度に、それは変化する
始まりと終わりは片割れ同士
炎の動きと共に、それは移りゆく
三つの蠟燭が燃え尽きるとき
エネルギーは変化を遂げる〟

黒いキャンドルが燃え尽きる（チャイムキャンドルの多くは二時間程度）直前で、次のグレーのキャンドルに炎を移します。その際は、目的に合ったスティック・インセンスを使って炎を移せばより効果的です。今回の例であればレモングラスのインセンスが良いでしょう。黒いキャンドルの炎でインセンスに火をつけ、そのままグレーのキャンドルに火を移します。グレーのキャンドルに火を灯すときは、先ほどのチャームを繰り返し唱えてください。グレーのキャンドルが消えそうになったら、また同じようにインセンス（または炎を移す手段）を使って白いキャンドルに火を移し、チャームを繰り返して終了します。

浄化と保護

第4章

〝清潔は敬神に次ぐ美徳〟という言葉がありますが、これは魔術にも当てはまります。料理や手術、科学実験などと同じように、作業を行う場所や使用する道具は汚染されないように洗浄や消毒を行うことが大切です。魔術を実践する上で鍵となる道具は自分自身の心と体、そして精神です。私たち自身がエネルギーのクリアなチャンネルであること、高めたエネルギーを清らかな状態に保てる環境で実践を行うことが重要なのです。第3章では自己の三つの側面について学びました。この章では、それらの自己は浄化が必要なのか、どのように浄化するのかということに加え、周囲の環境に蓄積された負のエネルギーの浄化法も解説していきます。

まず、私たちのハイヤーセルフは決して浄化を必要としません。すでに説明した通り、私たちのハイヤーセルフは常に純真無垢な存在だからです。ミドルセルフは瞑想、集中、意識の変化を通じて浄化されます。つまり心を清め、開かれた受容的な状態にすることで浄化されるのです。魔術の文脈では多くの場合、浄化とはロウアーセルフの側面である体、感情、エネルギーを清めることを指します。ロウアーセルフは周囲のエネルギーをスポンジのように吸収することから「執着の魂」とも呼ばれています。マイナスのエネルギーにはいろいろな呼称がありますが、魔女の多くは「ミアズマ（瘴気《しょうき》）」という古代ギリシャ語に由来する名前で呼んでいます。ミアズマは基本的に、重いエネルギーの塵《ちり》のようなものと見なされています。

私はミアズマが必ずしも悪いエネルギーであるとは思っていませんし、宗教でいうところの罪の概念とも無関係だと考えています。これは身なりが汚いからといって悪い人というわけではないのと一緒です。また、生活していれば体が汚れるのは当たり前であるように、エネルギーが汚れるのも避けられないことです。私たちは日々の生活の中で、肉体的にもエネルギー的にも自然に汚れを蓄積していきます。特に魔女はエネルギーワークに深く携わるので、一般の人よりもミアズマに晒《さら》される機会が遥かに多くなります。魔女は肉体的にもエネルギー的にも、汚れることを厭《いと》わず魔術に取り組んでいるのです。では、なぜこのミアズマの浄化が必要なのでしょうか？　それは先ほど説明したように、このエネルギーは重く、ほかのエネルギーの流れを詰まらせる原因になるからです。魔術や霊媒、アストラル投射などはエネルギー的にクリーンな環境で行う必要があり、ミアズマによってその流れが滞ってしまうと実践が難しくなるのです。

ミアズマは、埃《ほこり》のように人の周りに集まるだけでなく、物などの周辺にも蓄積されます。私の個人的な感覚で言うと、ミアズマは物質の表面に膜を張るように付着します。それが大量に蓄積されると、ヌメッとしたスモッグのような感じになるのです。みなさんは霊媒師がエクトプラズムの撮影に成功したとされる、昔の白黒写真を見たことがありますか？　あれが本物かどうかは正直なところ疑わしいものですが、そこには私が感覚的に捉えているミアズマの蓄積にとても近いものが写っています。

身なりが汚れやすい行為や活動があるのと同じで、ミアズマも特定の出来事や行動によって多く集まってきます。とはいえ、庭仕事やゴミ出しで手が汚れるのが悪いことではないのと同じように、ミアズマが集まりやすい行動にも良い悪いの意味合いはありません。大雑把に言えば、手を洗いたくなったり、シャワーを浴びたくなったり、物理的に汚いと感じるようなことをしたときはミアズマも付着しています。それは体の汚れ、衣服の汚れ、生活環境の汚れなど多岐にわたります。そんなときはどう感じるかを考えてみてください。シャワーを浴びたり、洗濯した服を着たり、家をきれいに掃除したりすると、心理的にもすっきりして前向きで健全な気分になります。私の経験上、ミアズマはロウアーセルフに直接関係しているため、自分の体調や感情をチェックすることでミアズマが溜まってくる時期を把握することができます。ネガティブな感情を持っているときはミアズマを引き寄せたり、発生させていたりもしているのです。でも、それは必ずしも良いことでも悪いことでもなく、そういうときは誰にでもあります。

伝統的には、誕生や死などの通過儀礼に直接関わることはミアズマを大量に蓄積させるとされています。病気もそうですし、エネルギー・ヒーリングなどにも同じことが言えます。私の見解では、魔術や占い、アストラル投射、霊媒などを行うことでも外界のエネルギーが埃のように集まってくるため、ミアズマの蓄積につながります。幸いなことに、ミアズマの浄化はとても簡単で、体や衣服、物や空間などを物理的にきれいにするだけでも半分程度は清めることができます。

◆クレンジングとピュリフィケーションの違い

エネルギーの浄化はその効力の強さによってクレンジングとピュリフィケーションの二種類に区別できます。特に分けて考える必要があるわけではないのですが、それぞれの効力や行う間隔の違いを理解することが肝心です。魔術の文脈においてのクレンジングとピュリフィケーションの違いは、クレンジングは手軽な浄化法、ピュリフィケーションは徹底した浄化法であることです。家事で言えば、クレンジングは埃を払ったり、床を掃いたり、散らかったものを片付けるような日常的な掃除です。ピュリフィケーションの方は、床にモップがけをしたり、家具を磨いたり、カーペットをスチームクリーナーで洗浄したりする大掃除のようなものです。洗顔に喩えるなら、クレンジングは洗顔料と水で顔を洗うこと、ピュリフィケーションはスパでディープクレンジングフェイシャルをするような感じです。

クレンジングとピュリフィケーションはどちらも魔術には必要不可欠ですが、それぞれどんなタイミングで行うべきかを覚えておく必要があります。私の場合は日頃から自分自身と居住空間のクレンジングを行っているので、ピュリフィケーションは月の満ち欠けの周期ごとに一度ということがほとんどです。クレンジングは魔術や霊能力の実践の前や、エネルギーが淀んできたと感じるときにも行うようにしています。浄化のタイミングに神経質になる必要はありません。クレンジングは手を洗うのと同じような感覚で行いましょう。食事の前にはいつも手を洗うという人はたくさんいると思いますが、毎回シャワーを浴びるという人はおそらくいないでしょう。シャワーは定期的に浴びるとしても、手を洗うほどの頻度ではありません。そんな手洗いやシャワーと同じように、スピリチュアルな実践を行う前には自分自身を清めることが大切です。実際に行ってみれば、浄化によってエネルギーの流れや自分とのつながりが大きく変わることを実感できるはずです。

exercise 24 クレンジングの万能薬《エリクサー》

【実践タイミング】

いつでも。

【マテリア】

・グラス
・飲料水

【もたらされる効果】

これは「カラ（Kala）」【訳注／古代ハワイの神秘体系フナ（Huna）で行われる浄化の儀式】の儀式に私なりのアレンジを加えた浄化法です。私はストーム・フェリウルフから伝統的なカラの儀式を学びました。彼は著書『Betwixt and Between』や、彼の魔女術の学校である〈Black Rose Witchcraft at the Modern Witch University〉でも数種類のバリエーションのカラの儀式を教えています。

この儀式は、フェリ派の実践の基礎となるもので、基本的には自分のエネルギーを解放するのではなく変換することを目的としています。この儀式によって、自分にとって妨げとなっているものや精神的・感情的な負のエネルギーは活力や癒しのエネルギーに変換されます。

【実践の手順】

まずはグラスに水を注ぎます。そのグラスをロウアーセルフの大釜のある腹部に当ててください。ロウアーセルフは感情や霊的なエネルギーを吸収して蓄える執着の魂とも呼ばれています。水の入ったグラスを腹部に当てながら、あなたのすべてのネガティブな感情や負のエネルギーが体の中から湧き上がってくるのを感じてください。

呼吸をゆっくりと一定のリズムに整えます。有毒なヘドロや真っ黒な煙のようなネガテイブな感情エネルギーが、あなたの意志の力を込めた呼吸によって体から滲《にじ》み出て、グラスの水に溶けていくのをイメージしてください。

次に、偉大なる源《ソース》／聖霊《スピリット》に呼びかけます。フェリ派の魔女たちはこのとき「星の女神（the Star Goddess）」という名で呼びかけます。呼びかける名はあなたにとっての偉大なる神に自由に置き換えて構いません。

ネガティブなエネルギーの入ったグラスをあなたの心臓の辺り、つまりミドルセルフの動の大釜の辺りに当てます。意志を込めたはっきりとした声で、次のように呼びかけてください。

〝星の女神よ
その体で現実を構成し
昔も今もこの先も
永遠であり無限である者よ〟

あなたの体が源の力に包まれていくのを感じてください。あなたという存在はあらゆるすべてであり、そして無でもあるその力から成っています。

次にあなたのハイヤーセルフ、つまり源そのものであり、源を離れることのないあなたの魂に意識の焦点を合わせてください。
心臓の辺りに当てているグラスに意識を戻しましょう。エネルギーを変換させるという意図に集中しながら、意志を込めたはっきりとした声で、次のように呼びかけてください。

〝聖霊よ
その神聖な光で
この水を清め、補完し
黒い鉛からまばゆい金へと改めたまえ〟

聖霊があなたに呼び込まれて力を与え、あなたのオーラを神性の炎のようなエネルギーで輝かせるのをイメージします。その力をさらに強いものにするために、ここで「魂の同調《ソウル・アライメント》と魔女の火」（『魔術の教科書』exercise 60を参照）を行っても良いでしょう。あなたの中で魔女の火が燃えているのを感じながら、次はグラスをハイヤーセルフの大釜のある額に当てます。

〝いにしえの魔女の火が灯された
宇宙の力が流れ出すと

行くべきものは解放され
水は願いのままに変化する〟

あなたの意志と想像力で、黒く濁っていた水が澄み始め、ゆっくりと癒しの水に変わっていくのをイメージしてください。そしてその水を飲み、最後にこう唱えて終了します。

〝不純は癒され
封印される
上の如く、下も然り
私の意志によってそう然らしめる〟

exercise 25 アダム・サートウェルによる、浄化のための入浴法

【実践タイミング】

この浄化法は必要に応じていつでも行うことができます。月が欠けていく間に行えば、より浄化の効力は高まります。また、このタイプの浄化法は月が水の星座である蟹座、蠍座、魚座にあるときにも効力を増します。

【マテリア】

・ヒソップ　大さじ1杯
・レモングラス　大さじ1杯
・ラベンダー　大さじ1杯
・大きめのメイソンジャー（蓋付きのガラス瓶）
・沸騰させたお湯
・エプソムソルト　一摑み
・ラベンダーのエッセンシャルオイル（オプション）

【もたらされる効果】

霊能者は時に、周囲のエネルギーに対してとても敏感になってしまうことがあります。職場や会合で接した人や霊視を行った依頼者などから、相手の負のエネルギーをもらってしまうことも珍しくありません。この浄化法はそんなエネルギーを払い、心身共にリラックスするのにとても役立ちます。

【実践の手順】

大きめのメイソンジャーを用意して、お湯を沸かします。ハーブをすべて手に握り、それが光やエネルギーで満たされていくのをイメージしてください。心の中で、または声に出して、それぞれのハーブの精霊があなたを浄化してくれることを願いましょう。ハーブをメイソンジャーに入れ、そこに沸騰したお湯を注いでください。ジャーに蓋をして、蒸気と一緒にハーブの成分が逃げてしまわないようにします。そのまま15分以上寝かせますが、丸一日は放置しないように注意してください。寝かせ終わったら蓋を開け、茶漉《ちゃこ》しでハーブを取り除いて完成です。このまますぐに使うこともできますし、二日程度なら冷蔵庫で保存することもできます。

浴槽にお湯を張り、そこに完成したハーブティーを入れます。全部入れれば強力な浄化作用が得られますし、薄めが好みであれば三回ほどに分けて使用することもできます。一度で強いクレンジングを行うか、三回に分けて軽いクレンジングを行うかは、そのときの気分で決めましょう。そしてエプソムソルトも一掴み入れて、さらに浄化の効果を高めます。お好みでラベンダーのエッセンシャルオイルも6滴ほど加えてください。

浴槽の前で両手を広げて、お湯が浄化の光で満たされているのをイメージします。次のチャントか、あなた自身が考えた言葉を唱えてください。

〝老女《クローン》、母《マザー》、乙女《メイデン》によって
私が抱えるものは清められ、浄化される

ハーブ、ソルト、ディヴァイン
私のものだけを残したまえ〟

では、浴槽に浸かりましょう。あなたのエネルギーの汚れがお湯に流れ出て、中和されていくのをイメージしてください。お湯に浸かりながらもう一度チャントを唱えて、心身共にリラックスしてください。浄化のための瞑想はこのお湯に浸かりながら行うことでより高い効果が得られます。浴槽から出たら栓を抜いて、最後にエネルギーの汚れが排水溝に流れていくのをイメージしながらチャントを唱えて終わります。

exercise 26 霊的な感覚を高めるバスソルト

【実践タイミング】
満月の日／月曜日。

【マテリア】
・エプソムソルト　１カップ
・海塩　１カップ

・ラベンダーのエッセンシャルオイル　10滴
・ジャスミンのエッセンシャルオイル　10滴
・マグワートのエッセンシャルオイル　5滴
・ペパーミントのエッセンシャルオイル　3滴
・ミキシング用ボウル（大）
・保存用の16オンス（またはそれ以上）のメイソンジャー

【もたらされる効果】

このマジカル・バスはエネルギーを浄化するだけでなく、あなたの体とオーラに特定のエネルギーを呼び込む効果があります。霊的な感覚を高めたいときには特にこのバスソルトが頼りになります。スピリチュアル・バスやマジカル・バスに関しては、いくつかの伝統的な作法があります。まず一つは、石鹸《せっけん》やシャンプーなどを使わないことです。このバスに入るときは、あらかじめシャワーを浴びて体をきれいに洗っておくようにしましょう。その理由はいくつかありますが、主に儀式的な意味合いで、スピリチュアルな入浴と普段の入浴を切り離すためです。また、マジカル・バスではタオルを使わずに体を自然乾燥させるのも伝統的な作法の一つです。これはバスのエネルギーを拭き取ったりタオルに染み込ませたりせず、そのまま体に吸収させるための行為と捉えてください。私は入浴後に浴槽の栓を抜いて、体が乾くまで数分間瞑想をするようにしています。もし、理由があって浴槽に浸かれない、あるいは自宅に浴槽がない場合には、このバスソルトを溶かしたお湯を浴びることでも効果が得られます。その際はゆっくりと頭からお湯をかけ、体全体を濡らすようにしてください。

【実践の手順】

まずはボウルにエプソムソルトと海塩それぞれ1カップを入れてよく混ぜ合わせます。そこに正確に量を確認しながら各エッセンシャルオイルを加えていきます。まずはラベンダーのエッセンシャルオイルを、あなたの願いを込めながら加えてください。たとえば〝精霊よ、このバスソルトに力を与えたまえ〟というように願ってください。そして、ジャスミン、マグワート、ペパーミントのオイルも同じように加えていきます。スプーンで時計回りにかき混ぜて、ボウルの中身をよく混ぜ合わせてください。その際は次のように唱えます。

〝三つの魂と共に
この塩をかき混ぜ
四つの草木の精霊の力を借りて

〝感覚は高められる〟

直感的に混ぜ終わったと感じるまで、繰り返し唱えながらかき混ぜてください。混ぜ終わったものをメイソンジャーに移して完成です。両手一杯分のバスソルトを浴槽に入れながら、こう唱えてください。

〝この塩によって水は変化する。水は霊感を高める万能薬となり、浸された如何《いか》なるものにもその力が与えられる〟

では、ゆっくりと浴槽に浸かりましょう。

exercise 27 クリストファー・ペンチャクによる、スピリチュアル・ヴァーミフュージ

【実践タイミング】
晦《つごもり》かそれに近い欠けゆく月の日／火曜日または土曜日。

【マテリア】

・ガーリック（パウダーまたは生）を入れた小さなボウル
・チャコールタブレット
・チャコールトング
・香炉（小さな釜や真鍮《しんちゅう》のボウルなどに砂や塩を入れて香炉として使うこともできます）

【もたらされる効果】

肉体が病原菌に感染することがあるように、私たちのエネルギー体にも感染症があります。初心者の方には恐ろしく聞こえるかもしれませんが、それは誰にでも起こり得ます。とはいえ、自分のエネルギー体の存在を知らない一般の人であれば、物理的な感染がない限りはエネルギー体の感染には気づきません。物質世界に細菌やウイルス、そして寄生虫が存在するのと同じように、非物質世界にもそれらは存在しています。こうした生物は不快ではありますが、悪いものとも限りません。私たちのエネルギー体が持っている免疫力が低下し、効果的に対処できなくなったときにだけ問題を引き起こすのです。霊能者や魔女、ヒーラーなどはスピリチュアルな力を使うことによって多くの生命エネルギーを消費しているため、エネルギー体の感染を受けやすくなる傾向があります。

人から人へと伝染するエネルギー体のバクテリアは、最初に人間の中でつくられます。アンバランスで不健全な思考や思想から生まれた負の思考回路が心に根付き、感情エネルギーを糧《かて》に増殖したものがこのサイキック・バクテリアです。それは思考ウイルスとも呼ばれていて、人の群集心理を支配しています。ソーシャルメディアの時代である現代においては、かなり厄介な存在ともなり得るものです。一般的なウイルスに相当するエネルギー体のウイルスは、人間以外の元素の領域、元素の精霊、地霊、妖精の類のエネルギーから来たものです。そのウイルスに感染するのは、たまたままずい時にまずい場所に入ってしまったとき、自然の中で間違ったことをしたとき、故意または無意識に霊的存在を冒瀆《ぼうとく》したときなどが考えられます。

そしてエネルギー体の寄生虫は、人の強い感情を察知して寄生し、生きるために必要な生命力や霊的なエネルギーを奪います。生物で言うとサナダムシやダニ、ヒルのような存在と思ってください。サイキック・パラサイトと呼ばれるこのエネルギー体の寄生虫は、霊視やヒーリングなどを行った相手から知らず知らずのうちに感染することがあります。また、憂鬱《ゆううつ》、恐怖、怒りなどの感情を長く引きずり、このパラサイトを引き寄せてしまうこともあります。そしてそうした感情から薬物やアルコールを乱用すれば、感染する可能性も高まります。幸い、私たちの身近にある抗菌・抗寄生虫作用のあるハーブはエネルギー的にも似た性質を持っています。そうした作用を持つハーブには、アグリモニー、ブラックコホシュ、ブラックウォールナット、ペパーミント、タンジー、タイム、ターメリック、そしてニガヨモギなどがありますが、使いやすくてとても効果的なのがガーリックです。生ニンニクやガーリックパウダーは簡単に入手できる上に、エネルギー体のあらゆる感染症に驚くほど効果的です。

【実践の手順】

この有害な力を祓うまじないは、晦《つごもり》かそれに近い欠けゆく月の間に行うのが理想的です。すぐに行う必要がある場合は、火星の日（火曜日）か土星の日（土曜日）に行うとガーリックの力を最大限に引き出すことができます。生のニンニクは皮を剝《む》いて細かく包丁で刻む必要がありますが、ガーリックパウダーなら手軽に使うことができます。

チャコールタブレットに火をつけ、火傷に注意しながら砂や塩を入れた香炉に載せます。こうした作業にはチャコールトングが便利ですし、香炉は持ち運びができる取っ手の付いた釜がおすすめです。小さなボウルに入れたガーリックを持ち、あなたの手の微かなエネルギーがガーリックの生命力と混ざり合い、暖かく燃えているのをイメージしながら次のように唱えてください。

〝精霊の力によって

既知なるもの、未知なるもの
霊的な感染、寄生は祓い清められ
癒しがもたらされる
かくあれかし"

チャコールタブレットにガーリックをふりかけてください。生ニンニクのみじん切りを使用する場合は少しずつ載せていきましょう。このときは煙よりも放出されるエネルギーが重要です。煙にはかなり刺激性があるので、直接吸い込まないように注意しながら、反時計回りに円を描くようにゆっくりとガーリックをふりかけていきます。円を一つ描くごとに香炉から少し離れ、煙とガーリックの火のようなエネルギーを螺旋状に立ち昇らせていきます。香炉を下に置いて、あなたの体に煙を纏《まと》わせてください。深く息を吸って、力強く吐き出します。病原体や寄生虫を、あなたを包んでいるガーリックの霊気の中に吐き出しているのイメージしてください。ガーリックの霊気によって病原体が分解され、消えていくのを思い描きます。深呼吸を三回繰り返したら、体の感覚の変化に注意を向けてみましょう。

チャコールタブレットにガーリックを少量追加して、腕を伸ばして届く距離まで香炉から離れてください。時計回りにゆっくりと香炉の周りを歩き、螺旋を描くように徐々に香炉との距離を縮めていきます。香炉のすぐ前まで来たら足を止めて、あなたの体が霊的な保護膜に包まれたのを思い描いてください。最後に次のように唱えます。

〝精霊よ
このオーラにさらなる力を注ぎ
霊的な感染、寄生から護り
祝福を与えたまえ〟

必要であれば、水を少し飲むなどしてエネルギーのバランスを整えてからグラウンディングを行ってください。

このまじないは、直感的に必要性を感じたときに行うようにしましょう。

exercise 28 海塩の炎によるピュリフィケーション

【実践タイミング】
いつでも。

【マテリア】

・海塩
・耐熱性のある台
・魔女の釜《コルドロン》【訳注／日本でも魔術用品店などで購入することができます】または耐熱皿
・度数の高いアルコール
・マッチ

【もたらされる効果】

海塩を用いたピュリフィケーションは、私が部屋の中を徹底的に清める際に行っている浄化法です。この技法はミアズマだけでなくエネルギーも除去するので、その空間内の物にかけられている魔術やまじないが無効になる可能性があります。そのため、必要に応じて後で再度の術がけを行ってください。この浄化法は霊を祓うのに苦労している場合にも有効です。なぜなら徹底した浄化によって、霊がこの界層に顕現するためのエネルギーの供給を断ち切ることができるからです。

塩は魔法のような浄化作用を持つという印象を持っている人も多いと思います。確かにその通りです。でも、塩はとても用途の広いミネラルで、その作用は扱い方によって変わってきます。塩は結晶であり、水晶と同じようにさまざまな方法でプログラミング【訳注

／パワーストーンに願いを記憶させることを指す用語】することができます。塩の結晶構造は小さな立方体で、地の元素に関連する正多面体（プラトン立体）のため、この物質界とエーテル界に強い影響力を持ちます。また、塩は錬金術の三原質の一つでもあり、ミドルセルフに対応しています。

この儀式は常に細心の注意を払って安全に行ってください。火気を扱うので、決して途中で放置してその場を離れたりしないようにしましょう。この技法は普段の浄化ではなく、エネルギーの大掃除のようなものだと考えてください。日頃から浄化の習慣があれば、頻繁に行う必要はないはずです。重い病気や死、激しい感情エネルギー、憑依などに関わったとき、ネガティブなエネルギーが極端に蓄積された場所を清めるときなど、強力な浄化が必要なときに行うようにしましょう。

【実践の手順】

手のひらに海塩を盛り、そこに意識を向けます。必須ではありませんが、効力を高めるためにここでソウル・アラインメント（『魔術の教科書』exercise 60 を参照）を行い、あなたの魔女の火を海塩に送りながら次のように唱えます。

〝精霊よ

ここにある瘴気を祓い、清めたまえ〟

大釜に塩を入れ、その上からアルコールを注ぎます。塩が完全に浸らない程度にアルコールを注いだら、マッチを擦ってこう唱えてください。

〝この言葉が明白に示すように
この塩が燃え上がるように
この界層に不調和なエネルギーは
跡形もなく焼き尽くされる〟

火のついたマッチを釜の中に落とします。塩とアルコールに火がつくと、炎が真空のように周囲の不調和なエネルギーを引き寄せ、燃やしていきます。この炎はあらゆるエネルギーも焼き払ってしまうことを忘れないでください。あなたは今、部屋の空気が完全に変わったことに気づいたはずです。では窓を開けて、外から新鮮なエネルギーを取り込みましょう。

exercise 29 シナモンを用いたピュリフィケーション

【実践タイミング】
いつでも。

【マテリア】
・シナモンパウダー

【もたらされる効果】
挽《ひ》いたシナモンだけを用いるこのシンプルな浄化法はかつて私がジャック・グレイルの講座や著書から学んだもので、儀式や魔術の実践の前に素早く空間を清めることができます。ジャックはPGMからヒントを得てこの浄化法を考案したそうです。PGMとは紀元前三世紀のローマン・エジプシャンの多岐にわたる魔術を集めた書籍『Greek Magical Papyri（ギリシャの魔術のパピルス）』の略称です。シナモンには浄化と聖別の力があり、PGMには〝神はこれに喜び、力を与えた〟と書かれています。この神とは「アイオンの中のアイオン（Aion of Aions）」、または私たちがスピリット（頭文字が大文字のSpirit）

や源《ソース》（Source）と捉えているもの、そして現代のオカルトの文脈ではバフォメットや宇宙の最高の力を概念化したものと考えられています。

ここで紹介するのは私が実践に取り入れている修正版で、大幅にアレンジを加えたものです。この浄化法がすばらしいのは、なにも燃やさず、持ち運びに便利なシナモンパウダーだけで手軽に行えるという点です。シナモンパウダーは食料品店で買えますし、車の中に常備しておいたり、ポーチやリュックに入れて持ち歩いたりすることもできます。

また、この浄化法を継続的に行えばクレアタンジェンシー（霊的触覚）が高まり、物に触れて霊的な情報を得るサイコメトリーの力も強化されるようです。

【実践の手順】

手のひらにコイン大のシナモンパウダーを載せます。そのままグラウンディングとセンタリングを行ってください。

シナモンを載せたまま両手をこすり合わせ、次のように唱えます。

〝精霊よ
神々にふさわしい存在となるよう、この肉体を清めたまえ〟

ここから、あなたのオーラの周りで両手についたシナモンを払っていきます。次の言葉を一行ずつ唱えながら、頭の周りから足元に向かってシナモンを払ってください。

〝この肉体の如く、穢《けが》れなきエーテルを〟
〝このエーテルの如く、穢れなきアストラルを〟
〝このアストラルの如く、穢れなきエモーショナルを〟
〝このエモーショナルの如く、穢れなきメンタルを〟
〝このメンタルの如く、穢れなきサイキックを〟
〝このサイキックの如く、穢れなきディヴァインを〟

次に両手のひらを胸の前で合わせて、こう唱えます。

〝すべての界層において私を清めたまえ。ロウアーセルフはミドルセルフの如く、ミドルセルフはハイヤーセルフの如く、ハイヤーセルフは神々の如く清らかにあることを〟

シナモンのついた指を一本使って、首の後ろにギリシャ十字（線の長さが等しい十字）を描いていきます。まずは次のように唱えながら上から下へと縦の線を引いてください。

〝上の如く、下も然り〟

そして次のように唱えながら左から右へ横の線を引きます。

〝内の如く、外も然り〟

そして最後にこう宣言します。

〝私は清められた〟

手のひらのシナモンはあまり残っていないはずですが、もし汚れていたら手を拭いたり洗ったりして構いません。

◆防護《シールディング》と結界《ワーディング》の重要性

自分自身の思考、感情、力、そして行動に責任を持つことは、外に目を向けるよりもむしろ重要です。時として、自分自身は最大の敵にもなり得ます。私はこれまで、無意識に自分自身を呪いながらも、誰かに呪われているのかもしれないという被害妄想に陥っている人を大勢見てきました。何事に対しても誠実さを持って倫理的に生きることを心掛ければ、感情が乱れたままになってしまったり、アンバランスなエネルギーを溜め込んでしまったりする原因は減っていきます。誠実に生きるということは、魔術の道を歩む上で私たちが持てる最大の防御策の一つなのです。

これは自分の身を守ることに固執するなという意味でも、善人やポジティブ思考の人なら心配いらないという意味でもありません。どんな善人にも悪いことは起こり得ますし、根拠もなく自分は大丈夫だと言う人は愚かです。ポール・ヒューソンは、一九七〇年代の古典『Mastering Witchcraft』の中で〝あなたが魔術の道に足を踏み入れたとき、見えない世界では新たな者の到着を告げる鐘が鳴り響いている〟と読者に忠告しています。ドリーン・ヴァリアンテも同様に、魔術に潜む危険性をこのように述べています。〝多くの人は、オカルティズムやウィッチクラフト、魔術は危険なものだと言うでしょう〟でも、そこには価値があると断言した上で、彼女はこう続けています。〝確かにそうかもしれません。でも、道を渡るのと同じです。それを恐れていては遠くへ行くことはできません。向こう見ずに猛進して渡るのか、常識を働かせて慎重に渡るのかは、自分自身で選択することができます。それは魔術の道にも言えることなのです〟彼女はさらに、魔術の力は電気や原子力、メディアなどの力と同じように、危険性がある半面、扱い方次第で私たちの生活を豊かにするものであると説いています。

つまり、安全への配慮もなく、やみくもに魔術や霊能力などのエネルギーワークに取り組むべきではないのです。魔術などの実践は慎重に、敬意をもって行われるべきです。そこには自分の身を守る手段を講じることも含まれます。ケーキを焼いても、オーブンから取り出す際にミトンをはめていないと大やけどをします。慢心や過信から、素手で熱いケーキ型を取り出せると考えるのは危険です。同様に、自分は熟練しているから大丈夫などと思い上がり、プロテクションなしでエネルギーワークを行うのも危険なのです。いくら運転が上手な人でも、シートベルトはしなくてはいけません。

他者や霊から身を守る必要などないというのが理想ですが、残念ながら、この世界ではなかなかそうはいきません。私の最も大きな教訓の一つは、こちらが善意を持っていて、相手を傷つけたり支配したりするつもりなどないからと言って、向こうも同じとは限らないということです。世の中には攻撃的な人がたくさんいますし、目に見えないものも含めて多くの危険が潜んでいます。自衛も時には必要であり、それを怠るのは脇の甘さでしかありません。

魔女の中にも「シールディング」と「ワーディング」を混同して使う人がいますが、この二つには大きな違いがあります。シールディングとは、自分自身や物、場所を守るための盾のような防護壁を築くことです。一方、ワーディングとは、負のエネルギーや望ましくないものを寄せ付けない結界を張ることです。シールディングは亀の甲羅のようなもの、ワーディングは毒を持つ生き物が鮮やかな色で敵に警告するようなものだと考えてくださ い。また、城の堀は侵入者を防ぐためのシールディングであり、城に設置されたガーゴイル像は人や霊を威嚇し、遠ざけるためのワーディングのようなものと捉えることもできます。

exercise 30　ベネベル・ウェンによる、九天玄女の印章

【実践タイミング】

できるだけ晦《つごもり》に近い、欠けゆく三日月の時期。これは陰のエネルギーと関連し、霊の力が最も高まる時とされています。

【マテリア】

・赤いキャンドル（夜の時間帯に儀式の空間を十分に照らせる数が必要です）
・サンダルウッドまたはシダーウッドのインセンス
・朱色の墨汁

・印章を描く円盤状の木材や石

【もたらされる効果】

このエクササイズでは、中国の女神である九天玄女《きゅうてんげんにょ》の名前を甲骨文字【訳注／漢字の前身である中国最古の象形文字】で表した印章を作成します。九天玄女は陰の女神とされる西王母に次ぐ地位にあり、呪術と戦術を司る女神です。九天玄女は黄帝に魔術と兵法を授けたという言い伝えもあります。さまざまな時代を通じて異なる力を発揮してきた九天玄女は、儀式魔術や魔女術にも関連性があることからオカルティストたちにも愛されています。師である西王母と同様に、九天玄女は陰の女神と見なされる、因果応報を厭わない女神です。その一方で観音（Kuan Yin）との関連性もあることから、寛大で慈悲深い女神という見方もあります。

あなたが誠実さと敬意、慈悲、忠義、道徳心を持った上で他者からの霊的な脅威に晒されていると感じているのであれば、九天玄女の印章を通じて女神の加護を受けることができます。また、この印章はあなたの内面に染み付いたあらゆる害悪を断ち切る効果もあります。印章の芸術性はそれをつくるあなたの誠意ほど重要ではないので、文字の美しさや線の正確さを気にする必要はありません。

【実践の手順】

この作業は遅い時間に暗い部屋で、キャンドルの光だけで空間を照らして行ってください。キャンドルの炎でインセンスに火をつけましょう。インセンスの煙は地上と天界をつなぐものです。これから次のデザインの印章を描いたお守りをつくっていきます。材料としては円盤状の木材や平らな丸石、カボションなどが良いでしょう。

まずは九天玄女の最初の文字である「九」を描いていきます。描きながら心の中で、または声に出して〝九〟と唱えてください。

そして感情を込めて、あなたが悩んでいることや九天玄女に求めるものを言葉や祈りで伝えましょう。言葉はあなたの母国語で伝わります。

九

最初の「九」の文字の下に、天界を意味する二番目の文字「天」を描いていきます。描きながら心の中で、または声に出して〝天〟と唱えてください。

そして尊敬と敬意を表す言葉で、女神の加護を求めましょう。ここでは、なぜあなたは加護を受けて危険を回避しなければならないのかも伝えてください。これは見返りのない契約ではありません。むし

九天

九天玄

九天玄女

ろ、あなたがこれからも善い行いをし、あなたの力を必要としている人の助けとなることを新たに誓うべきです。

二番目の文字の左側に三番目の「玄」の文字を描いていきます。この文字には神秘や超自然的という意味があります。また、目で見ることができないものや闇を示す言葉でもあります。描きながら心の中で、または声に出して〝玄〟と唱えてください。

あなたのあらゆる感情が一つにまとまり、一本のエネルギーの糸が縒《よ》られていくのをイメージしてください。

そのエネルギーを正当な力に変換します。神聖な力があなたの頭頂部からつま先までを波打つように流れ、体を包み込み、力が与えられます。今あなたの中には、召喚された九天玄女の不滅の霊力の波が流れています。

最後は女性を意味する「女」の文字を描いていきます。描きながら心の中で、または声に出して〝女〟と

九天玄女の印章

唱えてください。リラックスして心身の緊張を解きほぐし、九天玄女が加護を与えてくれたことに心から感謝を伝えましょう。

四つの文字を囲う円を時計回りで描きながら〝急《きゅう》急《きゅう》如律令《にょりつりょう》〟と唱えます。これは密教や道教で締めに唱えられる言葉で、魔女の言葉では〝かくあれかし(So mote it be)〟に相当します。描いた印章をあなたの祭壇に置いて、完全に乾くまで待ちましょう。

あなたが描いた印章にはすでに九天玄女の加護が宿っています。この印章はあなたに向けられた邪悪な力の矢を払い除けるでしょう。また、悪い霊が憑いている場合にもこの印章を持つことでそれを祓う効果があります（祓った後は、周りの環境からも完全に追放する儀式を検討してください）。

たとえ今まで九天玄女に働きかけたことがなくても、あなたが誠実さと敬意、慈悲、忠義、道徳心を持っていれば、女神の加護が与えられることでしょう。

exercise 31

ストーム・フェリウルフによる、意識の結界

【実践タイミング】

夜から日の出にかけて。

【マテリア】

・小さな水晶
・白いキャンドル
・マッチまたはライター
・5センチ四方の紙
・ペン
・空のティーバッグまたは茶漉し
・ローズマリー、ラベンダー、マグワート、塩、ブラックペッパー（ホール）
・水を半分まで入れたボウル（中サイズ）
・魔女の釜《コルドロン》または灰皿

【もたらされる効果】

これは夜から日の出までの間だけ意識に半透過性の結界を張り、余計な影響を遠ざけながらスピリチュアルワークに集中できるようにするまじないです。

【実践の手順】

すべてのマテリアを用意したら、グラウンディングとセンタリングを行ってください。次にキャンドルを立て、水晶をレンズのように目の前にかざし、それを通してキャンドルの芯を見つめます。キャンドルに火をつけて、次のように唱えてください。

〝暗闇から呼び起こされた光は
私の中で輝き、道を示す〟

キャンドルの炎の光が水晶によって変化し、あなたの中の神性の光と同じものになるのをイメージしてください。その内なる光に意識を集中しながら、紙にあなたの名前を書いていきます。神に祈りを捧げるような気持ちで、敬虔な姿勢で名前を書きましょう。次に、その紙を小さな正方形に折ってペンタクルを描いてください。そしてその上に水晶を載せ、キャンドルの蠟を慎重に垂らして封印します。水晶と紙が完全に覆われるように蠟を垂らしましょう。

蠟が固まったら、それをティーバッグまたは茶漉しに入れて、さらにハーブ各一つまみと塩を加えます。水の入ったボウルにホールのブラックペッパー（マイナスの力を表す）一摑みを、ラベンダー（プラスの力を表す）、ローズマリー（浄化と保護を表す）、マグワート（心眼を表す）と一緒に入れてください。そして塩を一つまみ、水の入ったボウルの上から反時計回りに円を描くようにふりかけます。では、ティーバッグをボウルの中央に入れてください。水晶はまだ、あなたの内なる光で発光しています。次のチャントを唱えながら、ティーバッグで水をかき混ぜましょう。

〝私の奥深くで輝く光
私を導きたまえ
すべての陰を照らし、恐れを払い
この夜が明けるまで、私の魂を守りたまえ〟

チャントの最後の二行を繰り返し唱えて、水の力を高めていきます。ティーバッグはあなたの内と外の両方にあるプラスの力を象徴しています。水をかき混ぜるほど、マイナスの力は打ち消されていきます。水の力が十分高まったと感じたら、ティーバッグを持ち上げて滴る水を少し手のひらで受けてください。それをあなたの第三の目、喉、うなじ、そして両手に塗ります。そしてティーバッグを再びボウルに浸して、引き上げたらまた手のひらで水を受け、今度はあなたの周りに撒いてください。ティーバッグから蠟に覆われたお守りを取り出して、夜の間は手元に置いておきましょう。日の出と共に、このまじないの効力は解けます。ボウルの水は家の周りに撒いても良いですし、ハーブもどのように処分しても問題ありません。翌日になったら蠟から水晶を取り出し（また使うことができます）、紙はコルドロンで燃やしてください。

exercise 32 イーヴィルアイ・ボトルのまじない

【実践タイミング】
土曜日。

【マテリア】
・青いガラス瓶

【もたらされる効果】

邪視《イーヴィルアイ》信仰は、多神教、一神教を含めて世界中の宗教に広く見られます。邪視とは、嫉妬や悪意を込めて人を睨《にら》むと、その負のエネルギーが相手に伝わり災いをもたらすというものです。邪視に関する文献は古代ウガリットにも見られることから、おそらく邪視信仰の起源はさらに古い歴史に遡《さかのぼ》ると思われます。一方、邪視に関して最も多くの文献を残しているのはギリシャの古典作家たちです。

興味深いことに、どうすれば邪視の呪いを防げるのかというテーマはさまざまな宗教、宗派、文化の間で幾度となく論じられていたようです。そして目や手のシンボル、深い青色には邪視を除ける効果があると考えられてきました。ナザールビーズのような邪視除けのお守りにはそのうち二つが取り入れられていて、深い青色のビーズに目が描かれています。ほかにもハムサチャームのように、三つの要素をすべて取り入れたお守りもあります。ナザールやハムサは地中海や中東のユダヤ教、ヒンドゥー教、イスラム教、ギリシャの異教などさまざまな文化圏に見られるため、その起源を辿るのは非常に困難です。

私は子どもの頃にスピリチュアル用品店でたまたま見つけて、邪視除けのお守りの存在を知りました。そして大人になってから、邪視除けとよく似たものは私が子どもの頃にもあったことに気がつきました。私の家族は特にスピリチュアルに関心があったわけではありませんが、ただの迷信だと言いつつも行っていた昔ながらの習慣がありました。そうした習慣のおもしろいところは、信じていようが信じていなかろうが、用心するに越したことはないという考えで行われていることです。迷信というのは何世代にもわたって続いてきた古い民間魔術の名残だと言えますが、それは私の家族が信じていた現代の宗教の信念とは相反するものです。

そんな我が家の習慣の一つが、陽の光が差し込む窓辺に青いガラスの空き瓶を置いて、災いが入ってくるのを防ぐというものでした。私はこの習慣にアレンジを加え、まじないとして行っています。

【実践の手順】

ガラス瓶が汚れていないか、なにも入っていないかを確認します。瓶を両手に取り、次のように唱えてください。

〝祝福された深い蒼の瓶よ
真実の歌を謡《うた》いたまえ
向けられた敵意を除け
私を護る歌を〟

瓶の口に下唇を当て、息をゆっくりと吐くように吹いて、長い共鳴音を発生させます。何度か吹いたら、こう宣言してください。

〝この蒼は
海や空のように深く
邪視の力を
決して通すことはない〟

この瓶を窓辺に置いて、邪視除けのお守りにしましょう。

exercise 33 念を断ち切るスクレイピング

【実践タイミング】
いつでも。

【マテリア】
・鋭くない刃物、できれば鉄か鋼でできたボリン

【もたらされる効果】

これは私がエイダン・ワハターの著書『Six Ways: Approaches and Entries into Practical Magic』から学んだスクレイピングと呼ばれる技法です。私は長年このスクレイピングを使い続け、時間をかけて改良を重ねてきました。この技法は基本的に、自分でどこかから拾ってきてしまったり、誰かが悪意を持って送ってきたりした念や負のエネルギーのつながりを切り離すためのものです。特に誰かが意図的に、または無意識にあなたのエネルギーを奪っていると感じたときに効果を発揮します。

このエクササイズには魔術用品店で購入できる儀式用の短剣《アサメイ》や、私が好んで使うボリン（魔女が植物を切るのに使う手鎌）のような鈍い刃物が必要です。肌に近いところで刃物を扱うので、刃が鋭利でないことを確認してケガのないように注意しましょう。エイダンはこのスクレイピングを実践する際、刃を体から二～三センチほど離して行うことを勧めていますが、これはとても理に適っています。なぜなら、体からそのぐらい離れたところには私たちのエーテル体、つまり物理的な肉体に続くオーラの第一層があるからです。エーテル層は、エネルギーが最も強く形となり、時間の経過と共に定着するところです。そしてこのエーテル層をスクレイピングすることで、自ずとほかの層もクリアになります。

【実践の手順】

このスクレイピングを行っている間は、あなたが手にしている刃物が黒いオーラに包まれているのを視覚化してください。黒は土星を象徴する色であり、保護や除去、エネルギーの境界などと関連しています。では、右手に刃物を持って、まずは体の左側から始めていきましょう。頭からつま先まで、刃を肌から二〜三センチほど離してオーラの表面を削っていきます。オーラに付いている余計なものを切り離すという意志と意図に集中しつつ、次のように唱えながら刃を動かしてください。

〝土星の鎌で切り離すのは
つながれたもの
望まざるもの
私の意図と意志によって
そのつながりは切り離される
不和の思考と
それがもたらす影響は
清められ、澄み渡り、解かれてゆく〟

今度は刃物を左手に持ち替えて、体の右側でも同じように繰り返します。すべて終えたら、オーラがクリアになった感覚をゆっくりと確かめてみましょう。あなたのエネルギー体がぼんやりと白く発光して、明らかに力が高まっているのをイメージしてください。体がウイルスを退治した後と同じで、今はエネルギー体の免疫力も高まっています。最後に次のように唱えてください。

〝オーラが澄み渡り
憑りつこうとするもの
つながろうとするものを
祓う力は高められた〟

終わりにシールディングによる保護を行うことを推奨します（『魔術の教科書』exercise 43「基礎となる保護」など）。

exercise 34

デヴィン・ハンターによる、魔女の紐《ウィッチ・コード》

【実践タイミング】

新月の時期。

【マテリア】

・自分の身長と同じ長さの紐
・糸（黒、青、紫、銀、金など）
・黒い布の小袋
・マグワート
・ルー
・ブラックペッパー
・自分の髪の毛
・青い布の小袋
・ラベンダー
・ヤロウ

・ローズ
・ビスマス鉱石（小さなもの）
・白い紙
・小瓶（紐に結びつけれるように取っ手があるものや口の大きなもの）
・ローズマリー
・ローズヒップ
・ベルや鈴

【もたらされる効果】

「魔女の紐《ウィッチ・コード》」は、長い歴史を通じて多くの呼び名やバリエーションの違いが見られるまじないで、魔女の梯子《はしご》や悪魔の尻尾、妖精のロープとも呼ばれています。基本的には力を与えたロープや麻紐にいくつものタリスマン、チャーム、アミュレットなどのお守りを結んだり編み込んだりした吊り下げ式の魔除けの一種で、さまざまな理由でつくられます。

魔女の紐は、願望成就にも多角的にアプローチし、小さな（そして互換性のある）力をいくつも束ねて大きな働きを得る優れものです。今回は霊能力を高める魔女の紐をつくっていきます。これは生まれつきの霊能力を高める効果はもちろん、アストラル界の邪悪なものを除けたり、守護霊とのコミュニケーションを促したりする効果もあります。

【実践の手順】

魔女の紐をつくるにはまず採寸をする必要があります。この採寸は魔女の古い習わしからきています。かつてはカヴン【訳注／魔女のグループのことを指す言葉】に新たな参入者を迎える際は、身代わりの人形をつくるという名目で採寸が行われていました。この人形はカヴンを主宰する司祭長によって管理され、後々その参入者に魔術で働きかける必要があるときに使用されます。ではこれから、アミュレットなどを結ぶための紐を作成していきます。

魔女の紐の核となる部分をつくるために、自分の身長と同じ長さの紐を用意します。この紐は太さが1.3センチを超えないものを用意してください。それより太いものだと、結び目の問題で長さが短くなり過ぎてしまいます。私は黒い紐をおすすめしますが、自分の霊的なエネルギーを表していると感じる色であればどんな色でも構いません。紐はほつれないように両端を結んでおきましょう。この作業が採寸の第一段階を表します。

紐の片方の端を持ち、手首に一周巻き付け、端が紐に接するところで結びます。これが二回目の採寸です。三回目の採寸は、先ほどと同じ端を持ち、腰に一周巻き、端が紐に接する位置で結びます。胸と首でも同じように採寸して結び目をつくってください。紐に六つの結び目ができたら、これで採寸は完了です。次は、紐をお好みのインセンスの煙にかざして、次のように唱えて祝福します。

〝身の丈からすべて
私の寸法はここにある
自由に与えられ、魔法のように動かされる
この力は決して解かれない〟

紐を半分に折って真ん中に輪を結び、フックやドアノブなどに吊せるようにします。
次はあなたのお好みのものを魔女の紐に結んでいきます。アクセサリー、魔除けの瓶、お守り袋、タロットカードやパンチアートなど、どんなものでも構いません。私は貝殻や樹皮に穴をあけてつくったオリジナル・ビーズを通したりもします。創造力を働かせることが大切です。今回は霊能力を高める魔女の紐というテーマなので、自分がその力に求めているものを具体的にすることがヒントになります。そこで、ここからはおすすめの四種のアミュレットを紹介していきます。これらはあなたのニーズの変化に応じて交換して、いつでも魔女の紐をアップデートできることも忘れないでください。それぞれをつくったら、黒、青、紫、銀、金の糸や毛糸で紐に結びます。紐に直接に結んでも、工夫を凝らして編み込んでも良いでしょう（アミュレットは手持ちの材料に合わせて自由に選んでください）。

A 霊能力による保護のアミュレット

1 黒い布の小袋に、マグワート3つまみ、ルー2つまみ、ブラックペッパー1つまみ、そして自分の髪を一本入れます。

2 次の言葉を唱えてアミュレットに力を与えます。

〝マグワート、ルー、ブラックペッパー
如何なるものも通さぬ盾となれ〟

B クレア能力を高めるアミュレット

1 青い布の小袋に、ラベンダー7つまみ、ヤロウ5つまみ、ローズ3つまみ、そして小さなビスマス鉱石を入れます。

2 次の言葉を唱えてアミュレットに力を与えます。

〝視界は晴天のように澄み渡り
決して私を迷わせることはない〟

C　守護霊のアミュレット

1　小さな白い紙に、あなたの守護霊のイメージを描きます。それを丸めて小瓶（できれば紐に結びやすいように、取っ手などが付いているもの）に入れます。自分の守護霊が誰なのかわからない場合は、あなたのイメージで描いて構いません。さらにローズマリー2つまみ、ローズヒップ1つまみも小瓶に加えてください。

2　瓶の口にそっと息を吹きかけ力を与え、次のように唱えてください。

〝この息を私を守護する霊に
すべての障壁を破り、扉を開きたまえ
成すべきことのために
私と共にあることを〟

D ESP（超感覚的知覚）を呼び覚ますベル

1 周囲のエネルギーの変化に対する知覚を研ぎ澄ますために、小さなベルや鈴を浄化します。

2 次の言葉を唱えてベルや鈴に力を与えます。

〝微かな変化にも敏感になり
そのすべてを知る力をもたらせ〟

魔女の紐を完成させたら、結びつけたすべてのアミュレットが調和しているのをイメージします。今回は霊能力を高める魔女の紐なので、すべてのアミュレットがその願いに対して連動し、働いているのを想像しましょう。そしてあなたの第三の目から白い光が発せられて、それが紐に吸収されていくのを視覚化します。十分に光を取り込んだ魔女の紐は、やがて白く輝き始めます。ここで次のチャントを唱えてください。

〝魔女の紐に加わり

私を護りたまえ
その力と祝福
外《ほか》ならぬ魔女の意志によって
ここに織り成されたものは
すべての時を耐えてゆく〟

では、魔女の紐を祭壇の上や普段過ごしている部屋に吊しましょう。満月の時期に先のチャントを唱えて祝福すれば、紐と再度つながりエネルギーを与えることができます。

exercise 35

リリス・ドーシーによる、ラベンダーとレモンの浄化水《ウォッシュ》

【実践タイミング】
いつでも。

【マテリア】
・レモン果汁　1個分
・乾燥または生のラベンダー　15グラム

・乾燥マグワート　大さじ1
・ミルラパウダー（没薬）　大さじ1
・ガランガルパウダー　大さじ1
・生の生姜の根（小）　1個
・天然水　1カップ
・水道水　1カップ
・大きめのガラス瓶
・手鍋
・天然素材の白い布

【もたらされる効果】

まじないにもさまざまな形式がありますが、その多くは四大元素の力を活用しています。地、風、火、水にはそれぞれ特別な力があり、霊能者なら誰もがそれらを利用し自分の力を高める方法を知っています。これから紹介するのは、水の元素の偉大な力を活用した浄化水のつくり方です。

マテリアの調合は、メインとなるレモンとラベンダーから始めます。どちらもキッチンや庭で見かける身近なものですが、レモンは異世界とつながるときに必要な浄化と保護をもたらすことで、そしてラベンダーはその美しい花の香りで有益なエネルギーを引き寄せることでも知られています。マグワート、ミルラ、ガランガル、生姜には霊的なエネルギーの解放を促す効果があります。そして最後のマテリアは二種類の水です。地中深くから湧き出る天然水は力をリフレッシュさせ、活性化します。水道水は地味な存在ですが、実はあなたが暮らす土地の精霊を表しています。

【実践の手順】

すべてのマテリアを用意したら、手鍋に二種類の水を入れて火にかけます。沸騰したら火を止め、そこにレモン果汁、ラベンダー、マグワート、ミルラ、ガランガル、生姜を加えてください。そしてこれを一晩寝かせますが、その際は月明かりが差し込む窓辺に置くことでさらに効果が高まります。翌朝、鍋の中身を白い布で濾《こ》しながらガラス瓶に注いで完成です（ハーブは堆肥にするか土に埋めましょう）。この浄化水の主な使い方としては、掃除用洗剤などに混ぜれば部屋の浄化になりますし、浴槽のお湯に混ぜて入浴すれば霊能力を解放し、より深い土地とのつながりを得ることができます。

第5章

スピリチュアルな図形と空間

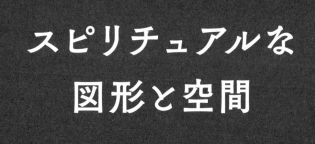

姿形が異なれば、そこに宿るエネルギーの流れや状態も異なります。重要なのは、その形が持つ特性をどう働かせ、どのように活用したいかを明確にすることです。これは石や植物が持つスピリチュアルな性質にも当てはまります。石や植物が持つ力にはさまざまな側面があるため、魔女はそれらを扱うときに求める働きを指示するのです。英語には〝bane and balm grow on the same stalk（毒も薬も同じ茎に育つ）〟という言葉がありますが、これは一つの植物が相反する性質を備えていることを意味します。薬草が毒になることもあれば、その逆もあるのです。つまりその植物のどの部分を扱うかが問題で、それは図形にも同じことが言えます。図形もまた、相反する二つの方向に働く力を併ち持っているのです。そしてこれは、あらゆるものが対極の性質を備えていて、その間で程度を変えることができる（そして実際に変えている）と説いているヘルメスの極性の原理とも一致しています。

神聖な空間の形は、それを設ける意図や、そこで実践する魔術の目的や動機を熟考した上で決めることが大切です。そうすることでほかの空間から切り離すことができるのです。神聖な空間は魔術のエネルギーを取り込み融合させるエネルギーの部屋とも言えるものであり、そうした場所を設けることで自分自身を現実とは異なる時間と空間に適応させることができます。つまり、霊的な世界のことが感覚でわかるようになり、自分がどこから働きかけているのか、そして宇宙の根源的なエネルギーとどう関わるべきなのかという基準がもたらされるのです。なにかに働きかけるときは、それが存在する場所を把握する必要があります。そこで神聖な空間という枠組みをつくることで、それが明確に示されるのです。

神聖な空間をつくることが重要なもう一つの理由は、魔女はその中にいる限り守られるからです。実践を行っている際に守られる必要性を感じないという人もいるかもしれませんが、神聖な空間は霊的存在から術者を守るだけでなく、扱っているエネルギーを調整する役割も果たします。魔術の儀式を行うのは海に入るようなものだと考えてください。簡素な水着や裸でも充分しれませんが、シュノーケルやゴーグルが要るかもしれません。状況によっては潜水服や酸素ボンベが必要になることもあります。シャークケージが必須になることもあり得ます。もしかしたら潜水艦まで必要になることだってあるかもしれません。それらはすべて、空腹のサメだけでなく、さまざまなものから人を保護するためのものです。酸素を供給し、水中での移動を容易にし、深い海の水圧から人を守ります。さらにレーダーがあれば、自分がどこにいて、どこへ向かっているのかもわかるでしょう。

神聖な空間は、異なる世界との境界域となります。海で泳ぐことに喩えるのは極端に聞こえるかもしれませんが、人間の肉体がどれだけデリケートかを考えてみてください。人間は温度、圧力、酸素濃度など、かなり限定的な条件下でしか生きられません。快適な環境を求めるとなると、条件はさらに限定されます。真冬や真夏に暖房や冷房を止められたらどうでしょうか？　生きていくことはできますが、とても過ごしにくくなるでしょう。ここまでは単純に私たちの物理的な肉体の話です。では、私たちが魔術の儀式を行っているとき、非物理的なエネルギーや影響に対してどこまで敏感になっているかを考えてみましょう。海の喩えで言うなら、神聖な空間は私たちが潜水病に悩まされたり、酸欠に陥ったりすることなく無事に帰ってくるためのものなのです。

◆円

『魔術の教科書』でも詳しく解説しましたが、円は魔女にとって最も身近な図形です。円にはエネルギーの流れや動きを促し、循環させる働きがあります。円による循環は無限の広がりを生み出すため、自らを時間と空間から切り離しながらもそのすべてを利用する魔術の儀式においては完璧な働きを持つ図形と言えます。また、円にはエネルギーの焦点を絞って一点に集中させる働きもあります。渦巻きや竜巻、あるいはカメラレンズのズームなどを思い浮かべればこの性質が理解できると思います。エネルギーの流れを維持したり、エネルギーの的を絞ったりする円の働きは、魔術の実践には欠かせないものです。たとえば魔術人形《ポペット》を扱う際、魔女の多くはエネルギーの循環と集中の両方の理由から、人形を円の中心に置きます。スクライングによく球体の水晶が用いられることや、スクライングミラーは円形のものが良いとされるのもこうした円の特性からです。円には角がなく完全に均等なため、どこにも弱点のない最も防御能力の高い形でもあります。ローラ・テンペスト・ザクロフも著書『Weave the Liminal』の中で、円にはエネルギーを停滞させる角がないため、完全な流れが生まれるのだと述べています。

exercise 36 指輪を用いた魔法円の構築《サークル・キャスティング》

【実践タイミング】

いつでも。

【マテリア】

・石や装飾のないシンプルな指輪（人差し指のサイズ）

【もたらされる効果】

これは私のお気に入りの技法の一つで、素早く魔法円を描いて泡状の結界を張ることができます。この技法の最も優れたところは、周りの目を気にせずにこっそり行うことができる点です。必要なのは、あなたの人差し指にフィットするシンプルな指輪だけです。人

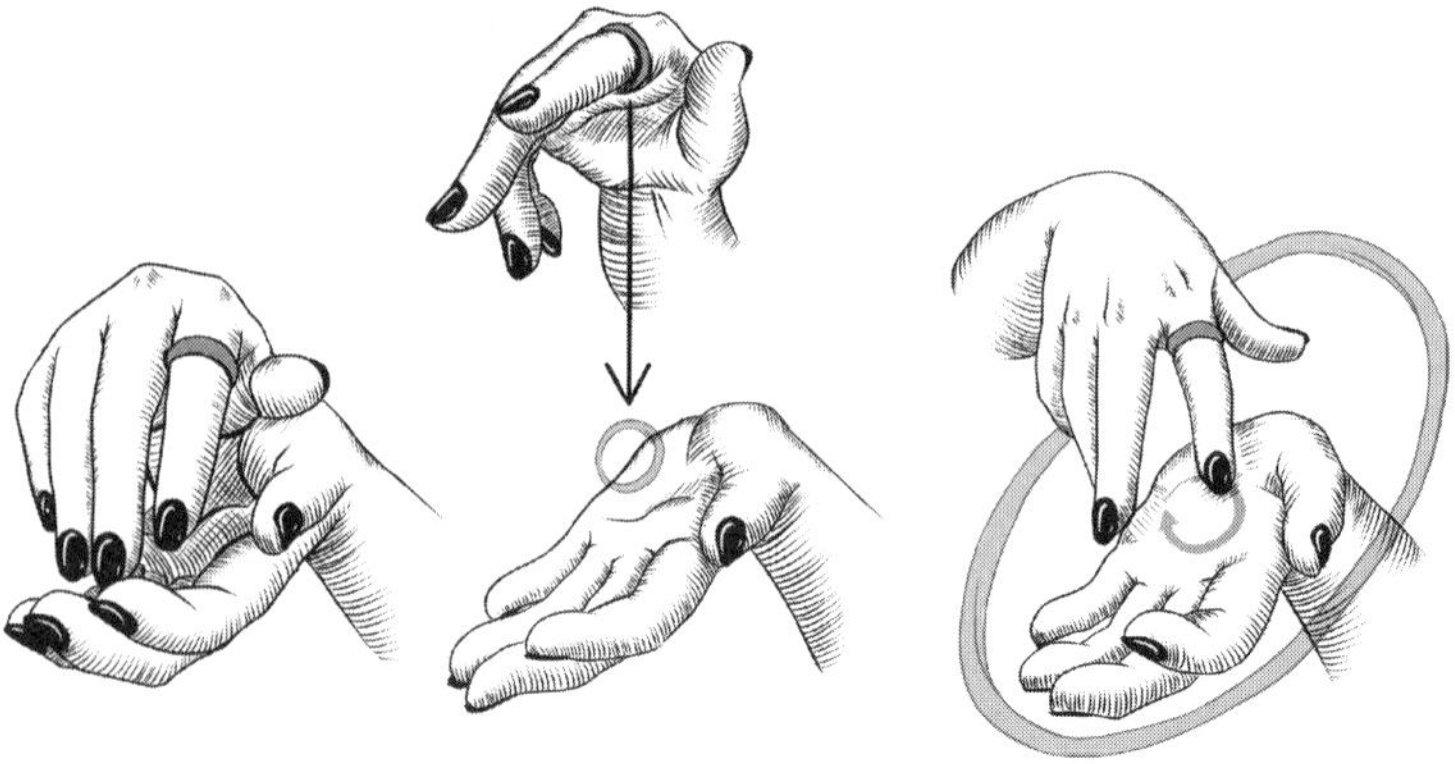

差し指は、主権、霊的な力、儀式、拡大などの象徴である木星に関連する指です。私が使っている指輪はウロボロス（自らの尾に食いついて環になった蛇）のデザインで、この蛇は魔法円のシンボルでもあります。外出しないときは指輪を祭壇に置いて力を充塡《じゅうてん》しておきましょう。

【実践の手順】

指輪をはめて、グラウンディングとセンタリングを行ってください。指輪をしている方の手（利き手が望ましい）を上にして、なにかを包むように両手を合わせます。指輪に電気のような青い光が走り、そのエネルギーがリングを形成しているのを視覚化してください。エネルギーのリングが両手の中にすとんと落ちて、人差し指の指輪が時計回りに回転し始めたのを思い描きます。合わせていた両手をゆっくりと開いてください。その際、手の中のエネルギーのリングが拡大していくのをイメージします。利き手を使って、もう一方の手のひらに時計回りに円を描きます。円を描きながら、エネルギーのリングがどんどん広がっていくのを視覚化しましょう。あなたの周りを、あなたの望むところまでリングが広がっていくのを思い描きながら、声に出して、または心の中で次のように唱えてください。

〝円が描かれ、空間を超えた空間と時間を超えた時間がつくられる〟

もう一度同じプロセスを繰り返していきます。二つ目のエネルギーのリングを両手の中に落として、そのリングが拡大していくのを思い描いてください。今度は利き手でない方の手に円を描きながら、声に出して、または心の中で次のように唱えます。

〝この円は、望まないエネルギーと霊を寄せ付けない〟

もう一度、同じように繰り返しながら声に出して、または心の中で次のように唱えます。

〝この円は、ここに生み出されるすべてのエネルギーを封じ込める〟

三つのリングが融合して一つの巨大なリングになり、やがてあなたを包み込む巨大な泡に変わっていくのを視覚化してください。次のように宣言することで、あなたは泡の結界に密封され、護られます。

〝上の如く、下も然り。円は密封された〟

ここで両手の指をパチンと鳴らして、これを成立させます。

円を解くには、指輪をした方の手のひらを上に向けて腕を伸ばします。あなたを包み込んでいた泡が電気のような青いのエネルギーのリングに戻り、指輪に還っていくのを視覚化してください。このとき、泡の中のすべてのエネルギーが宇宙へと解き放たれたのをイメージします。

exercise 37 ヒーリングの円

【実践タイミング】
いつでも。

【マテリア】
・封入する対象物（ポペットなど）
・対象物に被せるベル・ジャー（オプション）

【もたらされる効果】
これは円で対象物を囲うことで、そのエネルギーの循環を保持する技法です。特に対象物のエネルギーの流れを一定に保ち、隔離したまま置いておきたいときに役立ちます。私は主にヒーリングの目的でこの技法を使っていて、その効果を実感しています。今回はポペットを使ったヒーリングの例を紹介していきますが、ほかにもいろいろと応用の幅があるので想像力を働かせてみてください。

【実践の手順】
ポペットを棚やキャビネットの上など、邪魔にならない場所に置きます。魔法円を描くように、指先でポペットを囲うエネルギーの円を三周描きながら、次のように唱えてください。

〝三つの円で囲い

これを封じる
休息と祝福が与えられる場所
力の流れと共に癒され、高められる場所に〟

次に、ポペットの北側から時計回りに、内側に向かう螺旋を描きながらこう唱えます。

〝力は入り、そして出てゆく〟

そしてポペットの中心から螺旋を反転させて、今度は反時計回りで外に向かって元の螺旋をなぞっていきます。螺旋がポペットの北まで戻ったら、こう唱えてください。

〝力は流れ、高められる〟

最後にポペットの上にレムニスケート（無限大を表す∞の記号）を描きながら、こう宣言します。

〝汝は癒され、力が密封される〟

私の場合はここでポペットにベル・ジャーを被せます。そうすることで、レイキなどのヒーリング・エネルギーを一定期間ポペットに送り続けることができます。

exercise 38 古代の魔女の目によるスクライング

【実践タイミング】

夜間。

【マテリア】

・スクライング用の真っ黒なボウル（できれば石でできたもの）
・ボウルに注ぐ水
・月と蛾の透視ポーション（レシピは次のエクササイズを参照）
・インセンス（オプション）

【もたらされる効果】

スクライングとは、透視能力を働かせて対象物を見つめることによって内面的、外面的、またはその両方の情報を得る行為です。すでに説明しましたが、スクライングの技法のほとんどは鏡や水晶玉など光を反射し、エネルギーを循環させる働きのある円形や球体の対象物を用います。スクライングと聞くと水晶玉を思い浮かべる人がほとんどだと思いますし、確かに代表格ではありますが、私はウォーター・スクライングという技法を好んでいます。この技法が優れているのは、ほかのスクライングよりも早く簡単にオフにして終了することができる点です。スクライングミラーや水晶玉は普段はカバーをかけて覆っておくのが伝統的ですが、ウォーター・スクライングではボウルの水を捨てるだけですぐに透視の窓を閉じることができます。水はどんな種類でも構いませんが、天然水を使うのが通例です。私の知る限り、ほとんどの人が湧き水を使っているようですが、水道水などでも全く問題ないことがわかっています。

　今回のエクササイズは、古代の予言者たちの力を借りるスクライングの技法です。黒いボウルはその霊の魔女の目としての役割を果たし、それを見つめることで透視を行います。部屋の照明は控えめに、できればキャンドルの明かりだけで実践しましょう。また、光源が直接水面に映り込まないように注意してください。霊能力や占いに関連したインセンスを焚いたり、リラックスできる神秘的なムードの音楽をかけたりするのも効果的です。

【実践の手順】

まずはグラウンディングとセンタリングを行い、アルファ波の状態に入ります。私の個人的なやり方では、ここで魔法円を描いて私の導き手である霊を呼び出すようにしています。まだ彼らとの関係を築いていない場合は口頭で〝このスクライングの間、私の最高位のスピリット・ガイドによる加護を与えたまえ〟と唱えるだけで構いません。たとえあなたが彼らの存在を知覚できていなくても、誠意さえあればきっと応えてくれるでしょう。

空のボウルを平らな面に置いたら、水をいっぱいになるまで注ぎます。古代の予言者たちに、次のように呼びかけてください。

〝いにしえの先見者
占う者
時の流れの中でその名を失った者
ベールの向こうを覗き見ることができた者
隠された真実を見抜くことができた者
災いをもたらさず助力となる者
その才覚と力を分かち合うことを願う者
秘められたことが

その魔女の目に映し出される〃
（ここでなにを占いたいのかを述べてください）

月と蛾の透視ポーションをスポイト3滴分、ボウルの水の中央に落とします。スポイトを使って水を反時計回りにかき混ぜながら、声に出してこう唱えてください。

〃その魔女の目から
この魔女の目へ
知られざるもの
狭間にあるもの
覆われたものを
ここに映し出せ〃

ここからはスクエア・ブリージング（『魔術の教科書』exercise 9を参照）を行っていきます。そしてオーラを見るときのように瞼の力を抜いて、リラックスした視線でボウルの渦巻く水の中を見つめてください。ここで重要なのは無理に集中しようとしないことです。リラックスした状態で、ぼんやりと水の中を見つめましょう。

このスクライングで起こり得ることはいくつか考えられます。渦巻く水に雲のようなイメージが見え始めるかもしれません。なにか思考が浮かんでくることもあります。それらは全く問題ありません。あなたの心にどんなイメージや思考が浮かんでくるかに注意を払ってください。慣れてくれば、水面に映るイメージを見ることができるようになります。最初のうちは、水の上に白や灰色っぽい靄《もや》が見えるだけのことがほとんどです。そのまま展開を見守ってみましょう。やがて白や灰色だった靄に色がつくようになると思います。そしてしばらくすると、その靄が鮮明な映像に見えてきます。

最後にこう唱えてスクライングを終えてください。

〝いにしえの先見者に祝福を
その名は忘れられても、その力は失われてはいない
ここに不変の友好があらんことを〟

魔法円を解いて、グラウンディングとセンタリングを行います。水を捨てたら、ボウルは乾かして逆さまにして保管してください。このエクササイズで体験したことは日記に記録しておくのがおすすめです。

exercise 39

月と蛾の透視ポーション

【実践タイミング】

満月の時期。

【マテリア】

・レインボームーンストーンの欠片（スポイト瓶に入る大きさのもの）
・15ミリリットル（1／2オンス）のガラス製スポイト瓶
・コーパル（粒の小さいものか、小さく砕いたもの） 大さじ2杯
・シナモンパウダー
・ジンジャーパウダー
・パール顔料パウダー（白） 小さじ3／4
・ウォッカなどの無色の蒸留酒（高級アルコールで代用も可）

【もたらされる効果】

ポーションというと飲むものを想像しがちですが、魔術では使い方に関係なく液体全般

を指すことがほとんどです。私がセーラムの魔術用品店〈エンチャンテッド〉で働いていた当時、買い物客や店を訪れた観光客から「ローリー・カボット特製ポーション」は飲むものかとよく訊かれましたが、答えはいつもノーでした。なぜなら、ローリー・カボットは自身がブレンドした魔術用のマジカルオイルにポーションと名づけているからです。

今回作成するポーションは飲むものでも、なにかに塗るものでもありません。前回のエクササイズで扱った、水を張ったスクライング・ボウルに入れて使うものです。また、お守りとして持ち歩くこともでき、瓶を振ることでその効果が現れます。その際はキャップがしっかり閉まっていることを確認するようにしましょう。

このポーションは、月明かりの視覚を持つ蛾の精霊の力を宿しています。これは顔料パウダーを蛾の鱗粉《りんぷん》に見立てた、一種の類感呪術と言えるものです。類感呪術とは、儀式的に宣言することで対象物を別の物に見立て、間接的に働きかける呪術です。カルロス・カスタネダの著書に、ヤキ族の呪術師ドン・ファン・マトゥスとの体験を綴った有名な一冊があります。一般的にはドン・ファンという人物は実在せず、カスタネダのフィクションと考えられていますが、小説の中で彼は深い精神世界の真理を語っています。そしてドン・ファンは今もなお、さまざまなスピリチュアルの道を歩む人々にインスピレーションを与え続けています。カスタネダの著書『力の話』の中で、呪術師ドン・ファンは蛾は永遠の使者であり守護者であり、その羽の粉は知識そのものだと語っています。また、蛾は古来、呪術師の味方であるとも述べられています。この話はおそらく完全にフィクションで、蛾の鱗粉も今日では羽の表面の毛が変化したものであることがわかっています。とはいえ、蛾の鱗粉は時を超えて魔術の実践者たちをつなぐ永遠の知識である、という詩的なアイデアにはインスピレーションを感じます。このポーションに蛾の鱗粉を象徴的に取り入れたのもそのためです。本物の蛾を傷つけたくはありませんし、そもそも鱗粉をたくさん集めるのはとても大変なので、それを連想させるものとして顔料パウダーを使います。

パール顔料パウダーは手芸店やオンラインで簡単に手に入ります。スクライングに使用した後で外に廃棄することもあるので、無害な生分解性の顔料パウダーを選ぶようにしましょう。私はパール顔料パウダーの中でも特に青く輝くものを使っていますが、それはレインボームーンストーンにも似た輝きで、さらに青は魔女の火とも同じ色だからです。

【実践の手順】

まずは空のスポイト瓶にレインボームーンストーンの欠片《かけら》を入れます。次に、コーパル大さじ2杯、シナモンパウダー3つまみ、ジンジャーパウダー3つまみを瓶に加えてください。そして顔料パウダー小さじ3／4を3回に分けて、小さじ1／4ずつ瓶に入れましょう。これは三相一体の月の女神を象徴しています。さらに瓶に蒸留酒を入れます。入れ過ぎるとキャップをしたときにこぼれてしまうので注意してください。

キャップをする前に瓶に手をかざし、美しい白い蛾の魂があなたの手を通して瓶に力を与えているのをイメージします。
ここで次のように唱えてください。

〝夜の蛾の精霊よ
その第二の目の力を授けたまえ
白銀の蛾の鱗粉が
この精霊の川に混ざる
月長石よ
周辺視野を超えた視覚と
透視の視力によって
語られることのないものを見せたまえ
動きと共に働くように
この薬に力を宿す
コーパル、ジンジャー、シナモン
この意志のままに、それは成された〟

瓶にキャップをしてください。蛾の精霊の祝福が与えられたのをイメージして、瓶をよく振りましょう。振っている間は、あなたの手から電気のように青白く煌めく炎が流れ、ポーションに力を与えているのを視覚化します。よく振ることでこのポーションは活性化するので、できれば毎日振って、直射日光の当たらない場所に保管してください。次の満月の周期（約一ヶ月後）まで寝かせれば完成です。このポーションは時間の経過と共に変化するため、作成してすぐには本来の効果が得られません。使用する際は、よく振ってから水を張った黒いボウルに数滴垂らしてください。

◆十字と斜め十字

円の次に魔女によく用いられる図形は、二つのエネルギーの道が交差することの象徴である十字です。十字は伝統的な古い魔術に取り組む魔女にとってはとても馴染みのあるもので、単独で描かれるだけでなく、円の中に描かれることもあります。十字は基本的に、二つのものが接続・統合する地点を表しています。また、十字には破壊と切断という側面もあり、二つのものが分離して送り出されることを意味します。本書で紹介する図形の中では唯一、魔女が高めたエネルギーを蓄積する性質を持たないのがこの十字です。代わりに、この図形には力の源としての役割があります。十字はエネルギーの交差路をつくり、領域と領域をつなぐ境界域を生み出します。その中心点は召喚にも使われますが、エネルギーの交差路は界層や領域を超えて見ることができるため、さまざまな存在の注意を引くようです。

exercise 40 十字路《クロスロード》の構築

【実践タイミング】

いつでも。

【マテリア】

・スタング（オプション）

【もたらされる効果】

十字路《クロスロード》は神聖な空間の一種で、ある二つの領域を接続・統合して行き来することを目的とした儀式で用いられます。魔術では、スタングと呼ばれる杖を使ってクロスロードの構築を行います。この杖の先端は二又に分かれていて、一方は世界樹を、そしてもう一方は伝統的な魔女術における「魔女の父（Witch Father）」を表しています。また、このスタングという杖そのものが、すべての霊的存在が存在する世界軸であるアクシス・ムンディを象徴しています。さらにスタングは「星の女神（Star Goddess）」とも呼ばれるアニマ／アニムス・ムンディの杖でもあります。アニマ／アニムス・ムンディとは、世界軸の生きる魂、つまり宇宙の精神そのものです。世界軸とアニマ／アニムス・ムンディは共にあらゆるものを接続・統合する力であり、まさにそれを体現しているのがクロスロードの働きです。スタングはクロスロードを構築するのに最適な魔術道具ですが、入手が困難であればほかの杖で代用しても、シンプルに手を使っても構いません。ここで紹介するクロスロードの構築は、私の〈セイクリッド・ファイアーズ・トラディション・オブ・ウィッチクラフト〉で行っている手法をベースに大幅に簡略化したものです。

【実践の手順】

北を向いて立ち、スタングを両手で持って腕を伸ばします。そのままスタングをしっかりと地面に突き立ててください。

そしてこう宣言します。

〝私は時の道の中央に立っている〟

左手にスタングを持ち、そのまま左を指して唱えます。

〝左に伸びるのは過去の道〟

唱えながら、あなたの左に道が伸びていくのを視覚化してください。スタングをまた両手で持ち、しっかりと地面に突き立てます。今度は右手にスタングを持ち、右を指して唱えます。

〝右に伸びるのは未来の道〟

唱えながら、あなたの右に道が伸びていくのを視覚化してください。スタングをまた両手で持ち、右と左の道を同時に視覚化しながら唱えます。

〝私は二本の道が交わるところに立っている〟

深呼吸をして、次のように宣言してください。

〝私は形の道の中央に立っている〟

右手にスタングを持ち、前方に向けて、あなたの前に道が伸びていくのを視覚化しながら唱えてください。

〝前に伸びるのは物質の道〟

スタングを体の中央に戻し両手で持ちます。そして左手にスタングを持ち、あなたの後方に向けて唱えます。

〝後ろに伸びるのは力の道〟

スタングを体の中央に戻して、両手で持って唱えます。

〝私は二つが交わる場所に立っている〟

次は、あなた自身を世界樹に見立てた視覚化を行います。スタングを両手で持って空に掲げ、世界樹の枝が天界へと伸びていくのをイメージしながら唱えます。

〝上に伸びるのは天球の枝〟

スタングを体の中央に戻してから、今度は地面に向けます。あなた自身を世界樹に見立てて、その根が深く冥界まで伸びていくのをイメージしながら唱えます。

〝下に伸びるのは冥界の根〟

スタングを体の中央に戻して、こう宣言します。

〝内と外の幹
私はその間に立っている〟

では、このクロスロードであなたが望む魔術やまじない、または儀式などを実践してみましょう。実践を終えたら〝それぞれの時とそれぞれの場所に戻れ〟と唱えてクロスロードを解いてください。

exercise 41 放免の十字

【実践タイミング】

新月か欠けてゆく月の時期。

【マテリア】

・小さな正方形の紙と筆記用具
・エネルギー的に分解する対象物
・コルドロンまたは耐熱ボウル

【もたらされる効果】

このまじないには、物に宿った負のエネルギーを堆肥化する効果があります。エネルギーの堆肥化とは、不要なエネルギーを分解しながら浄化して、別の実践に再利用できるようにすることです。

このまじないの主な使い道は、あなたに向けられた呪いや念、あるいはもっと一般的な恨みなど、負のエネルギーを蓄積している物を浄化することです。たとえば、あなたが身

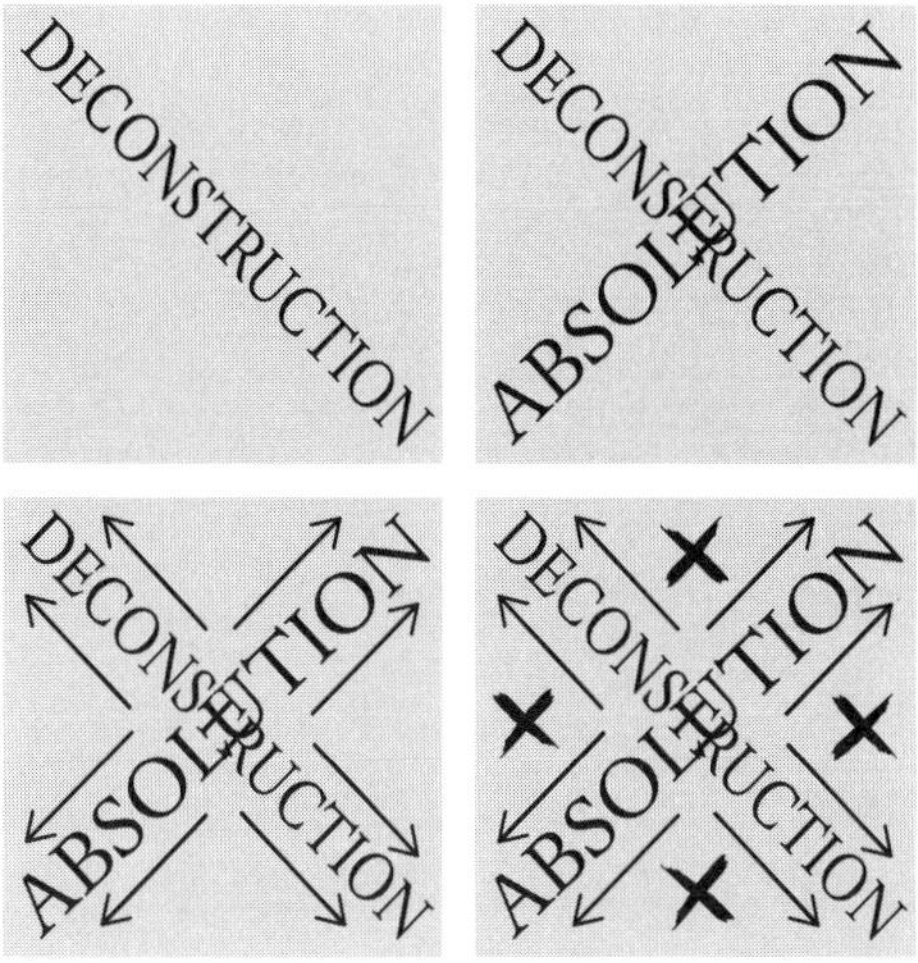

放免の紙

に着けている魔除けのお守りや、邪視除けのチャームなどがそれに当たります。このまじないは対象物に籠《こも》ったエネルギーを分解して、最も純粋なエネルギーに変化させます。そして、その純粋なエネルギーはほかの魔術やまじないのために使うことができます。他人を憎む人はどこにでもいます。だからこそ、誰かがあなたを苦しめたり、あなたの目標の邪魔をしたりするために送ってきた無償のエネルギーは有効活用してしまいましょう。

【実践の手順】

小さな正方形の紙に、左上の角から右下の角に向かい斜めに「DECONSTRUCTION（脱構築）」という言葉を書きます。次に、先ほどの文字とクロスするように、左下の角から右上の角に向かい斜めに「ABSOLUTION

（放免）」という言葉を書いてください。これで上下左右に文字で仕切られた四つの三角形のスペースができるはずです。続いてそれぞれのスペースの中に、文字が重なる頂点から外側に向かって二本の矢印を描きます。そして三角形のスペースの中央にXを書いてください。

完成した放免の紙の上に対象物を載せます。魔法円を構築するときと同じく、指先でエネルギーを操るように、対象物の上にXを描いていきます。下に敷いた紙をガイドに、右上の角から左下の角に向かって線を描き、続いて左上の角から右下の角に向かって線を描きます。ここで次のように唱えてください。

〝地が分解し、水が溶かすように
火が燃え、風が侵食するように
その力と記憶は
最も純粋なものへと還る
集められた力は
この正方形の中に
運命の魔女の祈りを捧げる
タブラ・ラーサ、タブラ・ラーサ、タブラ・ラーサ〟

「タブラ・ラーサ（Tabula Rasa）」とは白紙、消された白板、削られた石板などを意味するラテン語の言葉です。では、対象物のエネルギーが自然に分解されるまでその場を離れて待ちましょう。時間を見て定期的に戻り、ペンデュラムを使ってエネルギーが分解されたかどうかを確認します。まだ分解を終えていなかった場合は、もう一度指先のエネルギーでXを描き、言葉を唱え直しても良いでしょう。うまく分解できていたら、紙の上から対象物を引き上げます（魔除けのお守りは目的に応じた再チャージを行ってください）。使用後の放免の紙は文字に沿って切り、四つの三角形に分解します。次に魔術やまじないを行うときは、その紙をコルドロンか耐熱ボウルに入れて燃やすことでエネルギーを再利用できます。その際は、紙を燃やしながらこう唱えてください。

〝この力が加わり
成功へと導かれる〟

◆三角形とピラミッド形

三角形は力の顕現と増幅の図形です。三角形にはエネルギーを高める性質があり、ウィ

G.O.D	Generative《創造》	Organizing《編成》	Destructive《破壊》
三つの魂	ロウアーセルフ	ミドルセルフ	ハイヤーセルフ
錬金術	水銀	塩	硫黄
占星術	活動宮	不動宮	柔軟宮
月相	満ちゆく月	満月	欠けゆく月
世界樹	冥界	地上	天界
三つの大釜	温	動	知
顕現	エネルギー	空間	時間
運命の三女神	ラケシス	クロートー	アトロポス

ッカの多くの宗派が行う「力の円錐」もそれを応用したものと言えます。この図形の魔法の幾何学は、二つの点が結ばれることで三つ目の点が現れるというもので、顕現と創造こそがこの図形の核となる力です。母親と父親が一緒になることで子どもが誕生するように、錬金術では水銀と硫黄が合わさることで塩が生まれます。この水銀、硫黄、塩という錬金術の三原質は、魔女の三つの魂とも類似性があり、硫黄はハイヤーセルフ、水銀はロウアーセルフ、塩はミドルセルフに対応していると捉えることができます。つまりハイヤーセルフとロウアーセルフがつながることで、ミドルセルフという人格が形成されるのです。三角形は顕現と創造によってエネルギーを増幅する性質を備えていますが、これはピラミッドの形状の秘密でもあり、魔女が物体のエネルギーを高めるときに用いる「顕現の三角形」のメカニズムでもあります。

その一方で、三角形はエネルギーをミュートしたり、一定レベルに抑えたりする正反対の性質も備え、さらにはその中にエネルギーや存在を封じ込める力もあります。魔導書《グリモワール》の魔術で危険な存在を呼び出す際に、魔法円の外に描いた三角形の中に召喚するのはこのためです。グリモワールの魔術の実践者はこの三角形を「顕現の三角形」と呼びますが、これは魔女が用いる同名の技法とは異なります。顕現の三角形についてはこのあと詳しく解説していきます。三角形の三点に割り当てられる三位一体の概念には、時間、空間、エネルギー、そして占星術の柔軟宮、活動宮、不動宮などがあります。重要なのは、三つのものが互いに結びつき、調和して働くという関係性です。

exercise 42 顕現の三角形

【もたらされる効果】

古典的な魔女術やオカルティズムには、手で三角形をつくることでエネルギーを指示、覚醒、増幅させたり、対象に祝福を与えたりする技法があります。この三角形の三つの点は、時間、空間、エネルギーを象徴しています。

この技法は、時間、空間、エネルギーの三つの要素を用いることで顕現が起こる、という魔女の教義から「顕現の三角形」と名づけられました。それは簡単に言えば、時間を活

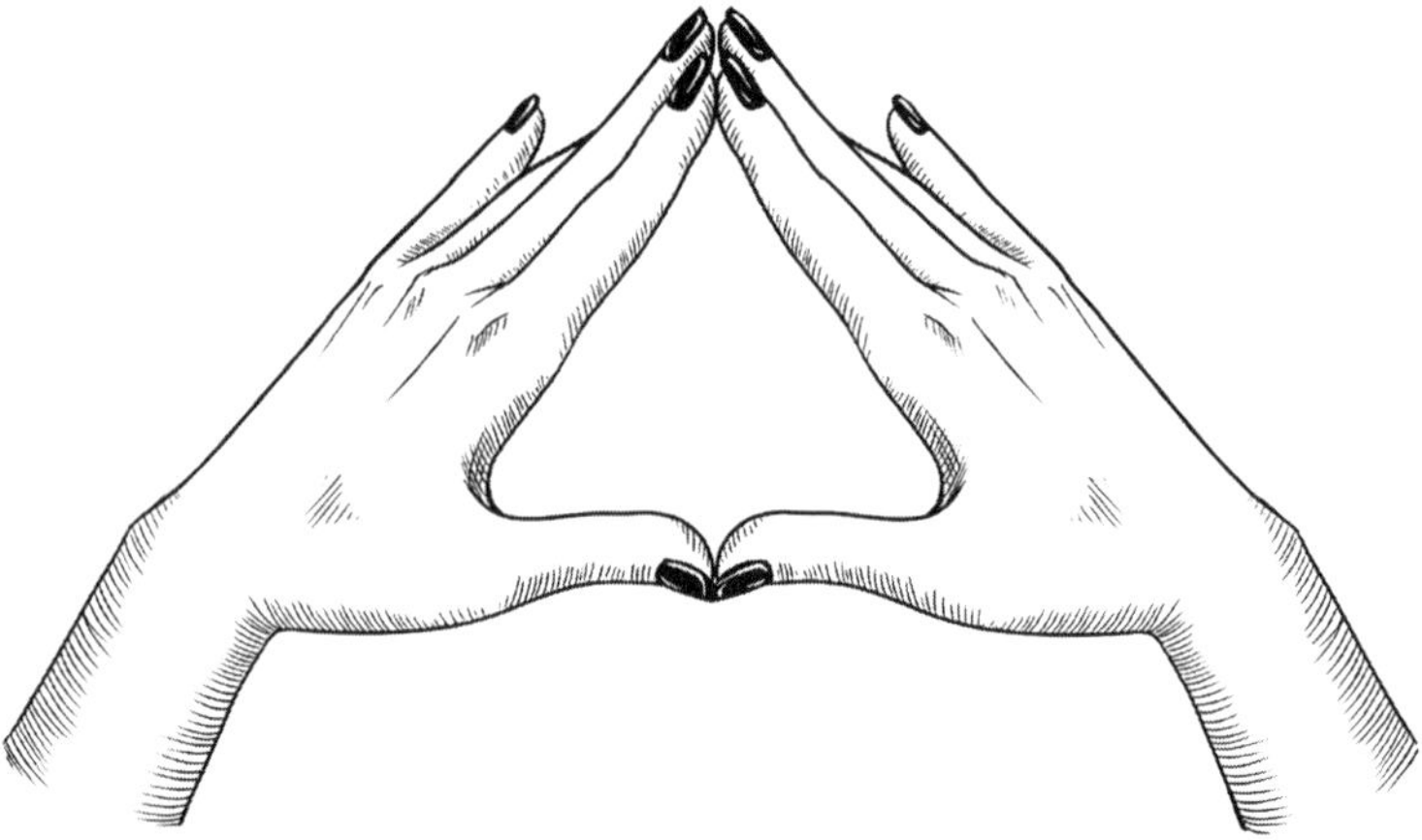

顕現の三角形のジェスチャー

用し、空間を創造し、エネルギーの流れを操れば、意図するものを顕現させることができるという考えです。私はこの教えを信じている一方で、これはあくまで基本的なもので、実際にはもっと多くの要素が必要だと感じています――正確に言えば、三つの要素にもいくつかの側面や段階があります。このジェスチャーはその三つの主要な要素を象徴的に表し、呼び起こす技法です。

【実践の手順】

手のひらを前方に向けて両手を揃えてください。両手の親指と人差し指を合わせて三角形をつくります。三角形を顔の前に持ってきて、両目が三角形の中に入るように構え、魔女の目がある眉間にその頂点を合わせます。あなたの両目と魔女の目が指の間の空間をエネルギーで満たしていくのをイメージしながら、三角形を通して力を与えたい対象物を見つめてください。ここでは例としてキャンドルを対象物としましょう。意志の力と意図を込めて、あなたのエネルギーをキャンドルに送ります。両手の三角形をキャンドルに近づけることによって、エネルギーを送ることができます。さらに効果を高めるために、次のように唱えてください。

〝顕現の三角形によって三つが一つ、一つが三つに〟

exercise 43 増幅のピラミッド

【実践タイミング】

いつでも。

【もたらされる効果】

これは自分の周りに三角形を構築し、ピラミッド形に形成することで自分の内面的なエネルギーを増幅させ、内なる導きを得る技法です。視覚化は外にイメージを投影している一方で、働きかけている焦点は自分の内面にあります。私は深い瞑想やトランスワーク、霊視、霊媒に取り組む際に、完全に没入できるようにこの技法を取り入れています。私自身の経験やほかの魔女たちの意見も踏まえると、この増幅のピラミッドは実践者を守りつつ深い体験へと導き、霊の世界からのメッセージをもたらすことがあります。

この技法は増幅効果がとても高いため、実践する前後のグラウンディングが大切です(グラウンディングはどんなエネルギーワーク、魔術、瞑想の前後にもすべきです)。このエクササイズを行うことでエネルギーの知覚が研ぎ澄まされ、その感度が長く保たれます。

【実践の手順】

あぐらをかいて座り、目を閉じてアルファ波の状態に入ってください。次に、グラウンディングとセンタリングを行います。あなたの前方、そして右後ろと左後ろに一点ずつ白い光が灯り、三角形にあなたを囲っているのを視覚化してください。それぞれの白い光は、あなたの頭の真上にある頂点に向かって線を描いて伸びています。その線の間にエネルギーの壁が張られ、白い光のピラミッドとなってあなたを囲っているのをイメージしてください。

ピラミッドの頂点には、オパールのような遊色効果を持つ白い球体が浮かんでいます。それはあなたのハイヤーセルフです。深呼吸を始めて、ハイヤーセルフから照射される白い光がまるで水のようにピラミッドの中を満たしていくのを思い描いてください。この白い光のエネルギーがゆっくりとあなたを包み込み、やがて体の中にも浸透していきます。そしてあなたのエネルギー体は整えられ、活性化し、霊的な知覚も研ぎ澄まされていきます。

ここで、あなたのお好みの瞑想を行いましょう。形式に沿った瞑想でも、自由なメディテーション・ジャーニーでも、またはシンプルな呼吸法やマインドフルネスのエクササイズでも構いません。私はこの増幅のピラミッドは瞑想だけでなく、霊視や霊媒に取り組む際にも非常に効果的だと感じています。瞑想を終えたら、ピラミッドを満たしていた白い光のエネルギーがハイヤーセルフに戻っていくのを視覚化してください。そして、ゆっくりと周りのピラミッドも消えていきます。最後は必ずグラウンディングとセンタリングを行うようにしましょう。

exercise 44 トライアングル・チャージャー

【実践タイミング】

いつでも。

【マテリア】

・浄化／チャージする対象物

・セレナイトスティック３本（均等な長さで研磨されていないのもの）
・ワンド（オプション）

【もたらされる効果】

セレナイトは私が最も好きな石の一つです。霊能力の向上やエネルギーの浄化のための石であるだけでなく、あらゆるエネルギーを増幅したり、異なるエネルギーを融合して相乗効果をもたらしたりする性質も備えています。私は数年前までセーラムでプロの霊能者として霊視を行っていましたが、あるとき先輩から、空間を浄化しながらエネルギーを増幅して良い流れをつくるために、セレナイトのグリッド【訳注／天然石を図形や曼荼羅などの形に並べたもの。石の力の相乗効果が生まれて空間を浄化し、パワースポットをつくり出す効果がある】をワークスペースに置くことを勧められました。その通りにやってみたところ、私のワークスペースには大きな変化がありました。セレナイトという名前はギリシャ神話の月の女神セレーネに由来し、月と同じく除去とチャージ、そして特に霊能力を高める力を宿しています。前回のエクササイズで行った増幅のピラミッドの三点にセレナイトを置き、手にも一つ持ちながら瞑想すれば効果がさらに高まることに気がつくと思います。

このトライアングル・チャージャーは、セレナイトのグリッドをシンプルに凝縮して考案したものです。この技法によって手間をかけずに素早く対象物を浄化し、活性化させ、力をチャージすることができます。用途はいくらでもありますが、今回はジュエリーを使って試してみましょう。

【実践の手順】

研磨されていないセレナイトスティックを三本並べて、三角形をつくります。ワンドか指先で三角形の頂点から右下、左、また頂点へとなぞりながら、エネルギーを流すのをイメージします。次にネックレスなど、浄化・チャージしたいものを三角形の中心に置いてください。そしてセレナイトの精霊を呼び出すために、次のように唱えます。

〝月が満ちるように、力が満ちる
月が欠けるように、澄み渡る
セレナイトの名が示す力を
三本の槍に囲われたこの首飾りに〟

両手で三角形をつくり、セレナイトの三角形に合わせたら「顕現の三角形」を行います。
これで浄化とチャージは完了です。

exercise 45 三区分《モダリティ》の空間の構築

【実践タイミング】

いつでも。

【マテリア】

・ティーライトキャンドル　3個

【もたらされる効果】

この神聖な空間は、ポペットやシジルに力を与えたいときや霊的存在の顕現を助けたいときに強力な効果を発揮します。この空間を構築することで、占星術の三区分《モダリティ》である活動《カーディ》宮《ナル》、不動宮《フィックスド》、柔軟宮《ミュータブル》が持つ創造、顕在、破壊の力を呼び起こします。この技法は基本的に、三区分の力を一つの空間に召喚することで、それぞれのエネルギーを空間内に保持し増幅させるというものです。魔法円の中や外にこの空間を構築してみて、エネルギーがどのように変化するかを試してみてください。三角形のどの点を活用するかは、魔術やまじないの意図に応じて決めましょう。創造を目的とするものであれば、三角形の活動宮の点で、

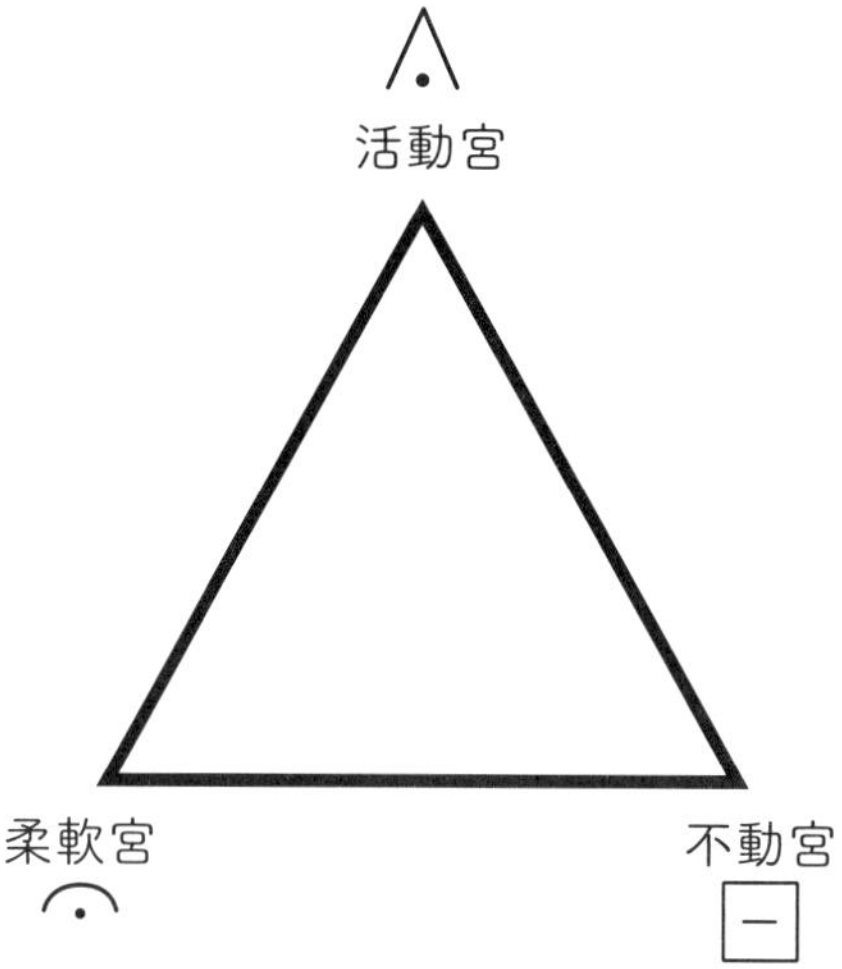

三区分の空間

エネルギーや力を与える目的であれば不動宮の点で、そしてなにかを解くのであれば柔軟宮の点で実践を行います。

【実践の手順】

火のついていないティーライトキャンドルを三角形に配置します。魔法円を構築するときのように、指先でエネルギーの光を投射して線を描いていきます（『魔術の教科書』exercise 62「光で描く」を参照）。まずは活動宮の点のキャンドルに火を灯して、こう唱えてください。

〝活動宮の創造の力〟

活動宮の点から不動宮の点へエネルギーの光で線を引きます。次に不動宮の点のキャンドルに火を灯して、こう唱えてください。

〝不動宮の顕在の力〟

不動宮の点から柔軟宮の点へエネルギーの線を引きます。続いて柔軟宮の点のキャンドルに火を灯して、こう唱えてください。

〝柔軟宮の破壊の力〟

最後に柔軟宮の点から活動宮の点へエネルギーの線を引き、こう唱えます。

〝ここに三区分の空間を構築する〟

ここからは同じプロセスを繰り返します。キャンドルにはすでに火が灯っているので、それぞれの点で次の各行を唱えてください。

〝エネルギーの回路

三つが一つであるところ
一つが三つであるところ
ここに三区分の空間を構築する〟

そしてもう一度同じプロセスを繰り返し、またそれぞれの点で次の各行を唱えます。

〝力が凝縮される点
あらゆる矛盾が解決される点
私の意志の坩堝《るつぼ》として
ここに三区分の空間を構築する〟

この三区分の空間を解くときは、次のように唱えながらそれぞれのキャンドルを吹き消してください。

〝事は成され
三つの力は降ろされる
炎が闇へ還るように

◆正方形と立方体

正方形はエネルギーを安定させ、蓄積し、保持する働きを持つ図形です。ほかの図形がエネルギーの流れをつくり増幅するのとは対照的に、正方形にはエネルギーを安定させる性質があります。また、正方形は地の元素に関連するプラトン立体のため、自然のエネルギーを静止させるのも特徴の一つです。そして正方形はエネルギーを情報として蓄積、保持する性質も備えていて、これはある意味、データ記憶装置のように捉えることもできます。あらゆる図形（十字を除く）にエネルギーを蓄積する性質があるとしても、エネルギーの情報まで保持できるという点で正方形は最も優れた図形と言えます。

exercise 46　厄介な霊をブロックする

【実践タイミング】
土曜日。土星が支配する時間帯。晦《つごもり》か新月の時期。

【マテリア】

・黒いインクのペン
・正方形の小さな紙
・黒い紐
・大きな四角い製氷器（ウィスキー用のものなど）
・アルミホイル

【もたらされる効果】

何度も経験があるという方もいるかと思いますが、魔女や霊能者は一般の人に比べ、あまり良くない霊に遭遇する可能性が高くなります。もし、あなたやあなたの大切な人（子どもやペットなど）が霊から嫌がらせをされている場合には、このまじないが効果的です。これは、霊による干渉を氷のキューブでブロックしてしまうというものです。

凍結のまじないは、ヨーロッパ、アメリカ、ロシアなど多くの地域に見られ、さまざまな文化と習慣の中で長い歴史を持っています。こうしたまじないは本来、ストーカーや嫌がらせをしてくる隣人など、悩みの種である相手の行動を縛るためのものです。考え方としては、相手の行動全般ではなく、特定の行為を凍結するのです。そんな凍結のまじないのベストな応用法の一つは、人に対してではなく、こちらに不健全な執着を持ち、害を及ぼしてくる霊や念に対してかけるという使い方です。今回のエクササイズでは、伝統的な凍結のまじないをベースに、厄介な霊をブロックできるようにアレンジした技法を紹介します。

このまじないは、あなたに危害を加えようとする霊にのみ効くものなので、悪意のない霊はこの影響を受けません。まじないをかけた後もしつこく嫌がらせをしてきたり、近づいてきたりしたとしても、その霊の力は確実に弱まっています。四角い容器には魔術的な性質があるので、私は真四角の大きなアイスキューブの製氷器を使っています。これはウイスキー用のロックアイスをつくるためのもので、手頃な価格で売られています。

【実践の手順】

正方形の小さな紙に〝私に害を及ぼす霊〟と書きます。その際は、頭の中でその霊、あるいはあなたが思い浮かべる霊のイメージを想像しながら書いてください。書き終えた紙を小さな巻物《スクロール》のように巻いて、黒い糸で縛ります。製氷器にその紙を入れて水を満たします。製氷器の上に手をかざして、次のようにはっきりと宣言してください。

〝その力は私にいかなる影響も及ぼさない
陰であれ、幻であれ、亡霊であれ

あるいはどんな存在であろうと
私の意志に背くことはできない
その行動を縛り
その影響をここに凍結する
去らない限り、これを解くことはできない〟

製氷器を冷凍庫に入れて凍らせます。凍ったら、氷を取り出してアルミホイルで包んでください。アルミホイルは光を反射する上に自分の姿も映らないので、このようなまじないには最適なのです。

〝私を狙うその視線は曲げられる
その震える手は
自らの足を打つ
ここから退かない限り
その力は封じられる〟

アルミホイルで包んだ氷を冷凍庫の奥に置いてください。私なりのやり方では、そのまま三ヶ月は放置します。そしてその後はどこかの土に埋めることにしています。水と紙と紐はすべて生分解性なので、環境にも影響はありません（アルミホイルはリサイクルします）。氷の中に霊の魂が宿っている可能性もあるので、家から離れた場所に埋めるのが良いでしょう。または、そのまま冷凍庫に放置したままにしておくこともできます。

exercise 47 サイキック・キューブ

【実践タイミング】

いつでも。

【もたらされる効果】

これは、私が霊的な情報をなにかに残しておく必要があるとき、そしてそれを読み取る際に行っている立方体を使った技法です。信じられないほどシンプルでありながら、驚くほど効果があります。このエクササイズには、情報を残しておく対象物と邪魔が入らず静かに瞑想できる場所のほかにはなにも必要ありません。まずは対象物への情報の刷り込みから始め、次に情報を読み取る方法を紹介します。

【実践の手順】

まずはグラウンディングとセンタリングを行い、アルファ波の状態に入ります。そして情報を刷り込む対象物を両手の間に軽く挟むように持ちます。次に、自分がエネルギーの立方体の中にいるのを視覚化してください。その立方体の中を、残しておきたい情報のエネルギーでゆっくりと満たしていきます。感情、イメージ、音、言葉など、あなたが残しておきたいと思う情報を思い浮かべることで、立方体は満たされていきます。たとえば、とても幸せな気分のときは、あなたを囲うエネルギーの立方体をイメージして、そこに自分から滲み出る幸せな感情が色のついた光となって立方体を満たすのを視覚化します。光の色は黄色やピンクなど、そのときの気持ちから連想されるものを選びましょう。ゆっくりと深呼吸をして、息を吐く度に立方体がどんどん小さくなっていくのを思い描きます。あなたの体を囲っていた立方体は、やがて対象物を持つ手の周りだけを囲うほどの大きさになります。立方体が小さくなるにつれて、あなたがその中に注いだ光の色がどんどん濃くなっていくのをイメージください。立方体が対象物をぴったりと包み込む大きさになると、それは何千もの小さなキューブに分裂して、対象物を分子レベルで包みます。

ここで〝固定〟と唱えてください。

このプロセスを経て情報を刷り込んでいなくても、物に残留した思念を読み取ることは可能です。たとえそれがとても古い物であっても、なんらかの情報が残っていることがあります。私は物体から霊的情報を読み取るサイコメトリーにもこの手法を使いますが、普段は霊媒の目的でこれを行っています。先ほどと同じように、対象物を軽く両手に持ちながらグラウンディングとセンタリングを行い、アルファ波の状態に入ります。自分がエネルギーに満ちた立方体の中にいるのを視覚化してください。今、あなたの手の中にある物のエネルギーを思い浮かべてみましょう。対象物を包む小さな立方体が、その物体のエネルギーで満たされているのをイメージしてください。そして、ゆっくりと深呼吸を始めます。息を吐く度に対象物を包んでいた小さな立方体が大きくなり、やがてあなたを囲っている大きな立方体もそのエネルギーで満たされていきます。

立方体が一つに重なったら、瞑想のように静かな心で情報を読み取ることを意識してください。どんな感情が湧いてきますか？　なにかイメージは浮かんできますか？　誰かの名前や顔が浮かんできたり、音が聞こえたり、温度や味、匂いなどが感じられたりしませんか？　浮かんできたことはなんでもメモしましょう。このプロセスは、圧縮ファイルを開いてデータを展開するようなものです。浮かんできたイメージを言葉にすることによって、情報が鮮明になることもよくあります。では、立方体が消えていくのを想像してください。最後にもう一度グラウンディングとセンタリングを行って終了します。

内なるツールと外なるツール

第6章

四大元素《エレメンツ》を言葉で説明するのは、とても簡単であると同時に極めて困難でもあります。なぜなら、それぞれの元素に付けられた名前も含め、その抽象的な性質は比喩的に言い表すしかないからです。四大元素の地、風、火、水は、それそのものではありません。これはエネルギーの性質を表す抽象的な名前に過ぎないと捉えれば、四大元素を理解しやすくなります。たとえば、火の元素は文字通りキャンドルに灯る炎というわけではではないのです。四大元素の名前にはとても古い歴史があり、それぞれを言葉で表現する試みとしてはとても適切なものです。エネルギーの構成要素である四大元素は比喩的に地、風、火、水と名づけられていますが、それはそれぞれの働きや性質がそれらを連想させるからです。まずは、各元素が象徴するものを正しく理解しなければなりません。四大元素は（第五元素と合わせて）エーテル・エネルギーと呼ばれるものを構成しています。エーテル・エネルギーは物質に最も近い微かなエネルギーです。それは物質の設計図や構造パターンのようなもので、物理的に対応するものがある場合とない場合があります。そして四大元素はエーテル・エネルギーを構成しているだけでなく、私たちを含め、あらゆるものが持つ性質を表しています。ヘルメスの照応の原理が〝上の如く、下も然り。内の如く、外も然り〟と説いているように、四大元素はあらゆるものにさまざまなレベル、さまざまなかたちで表れます。

魔女が魔術を実践する空間はリミナル、つまり、この世界と向こうの世界のどちらでもありどちらでもない、境界が曖昧で魔法の存在する矛盾と一致の空間です。その内なる世界と外なる世界の橋渡しをすることができれば、魔術の力はより高められ、より強力なものになるのです。いつの時代もオカルティストたちが目を向けてきたのは内なる世界であり、そこは私たちの秘められた能力がアストラル界に触れる場所です。魔女は内と外の境界域ともいえる空間で精霊に働きかけ、純粋に自分の精神だけで魔術を扱うことができるのです。内なる世界と外なる世界、魔術道具、精霊の力、マテリアが揃ったとき、魔術は真に生きたものになります。内なる世界へは、ガイデッド・メディテーションや集中的視覚化、トランス誘導、明晰夢、アストラル投射など、さまざまな技法でアクセスすることができます。

内なる世界にアクセスする技法の中でも、魔女をはじめとする多くの魔術の実践者が用いているのが「内なる神殿《インナーテンプル》」です。これは「記憶の宮殿《メモリーパレス》」という技法とも類似点があります。記憶の宮殿はロキ・メソッドとも呼ばれ、ギリシャの詩人、ケオス島のシモーニデースが成したとされています。言い伝えによれば、彼は宮殿での大宴会に出席した際、たまたま食事中に外に出たことで災難を免れたといいます。その災難というのは宮殿の屋根が崩れ落ちたという説や、大火事が起きて宮殿が焼失した説など諸説あるのですが、犠牲となった出席者の多くは遺体がひどく損壊されて身元がわからなかったそうです。そこでシモーニデースが宮殿の各部屋を回りながら心の中で宴会の様子を再現したところ、誰が出席していたのかを思い出すことができたのです。彼は後に、この技法を使ってロケーションの心象をさまざまな事柄と関連づければ、心が記憶している情報を引き出せるという発見をしました。この記憶術はイギリスのテレビドラマ『SHERLOCK』にも登場し、シャーロック・ホームズが大図書館のような記憶の宮殿を用いて、自身の膨大な記憶にアクセスするというかたちで描かれています。

インナーテンプルは記憶の宮殿のように意識的な情報を引き出すこともできますが、それだけのための場所ではありません。そこは、魔女が内なる世界につくり出す活動拠点と言える場所なのです。自分の嗜好《しこう》やスピリチュアルな道、精神性などに基づいてつくられるインナーテンプルは、その人の唯一無二のものになります。また、記憶の宮殿とは異なり、インナーテンプルはそれ自体が時間軸を移動します。イギリスの長寿テレビドラマ『ドクター・フー』シリーズを観たことのある方は、その作中に登場する「ターディス」のようなものだと考えてください。ターディスというのはこのドラマの主人公であるドクターの乗り物で、電話ボックスのような形をしていますがその内部はとても広くなっています。ドクターはこのターディスで時空を旅しながら、さまざまな事件を解決していきます。魔女のインナーテンプルは現実のいくつもの界層、神々、精霊、そしてあらゆる魔術の資源や道具、情報に直接アクセスすることを可能にします。それは常に自分の内にある最も重要で神聖な空間と言えるでしょう。そんなものは単に心の中に思い描いているだけだと思う方もいるかもしれません。確かに、そうとも言えます。でも、優れたオカルティストであるロン・マイロ・デュケットは〝すべては頭の中にある。そして、そこがどれだけ広いのかは誰にもわからない〟と述べています。思い出してください、『キバリオン』には〝宇宙はメンタルであり、それはあらゆるすべて（THE ALL）の意識の中にある〟と書かれています。

exercise 48
内なる神殿《インナーテンプル》への旅

まずは「世界樹への旅（exercise 21）」を行ってください。そこで木の幹に手を当てながら、アニマ・ムンディに呼びかけます。世界と世界の間にある、インナーテンプルというあなただけの聖域に連れて行ってくれるよう求めてみましょう。すると、あなたが触れている木の樹皮が金色に輝き、波動が伝わってきます。その輝きはあなたの手が触れているところから広がり始め、人がちょうど入れるほどの大きさの扉の輪郭を成していきます。そして輝いていた樹皮が消えて、木の中へと続く通路が現れました。金色の光に照らされた通路に一歩足を踏み入れてみましょう。世界樹への旅の銀の霧のように、金色の光があなたの視界を完全に包み込んでいくのを思い描いてください。

視界を覆っていた金色の光が消え始めると、あなたは自分が今、神殿の中にいることに気がつきます。そこはどんな神殿ですか？　どこかの時代を彷彿《ほうふつ》させますか？　周りは雑然としていますか？　それともきれいに整理されているでしょうか？　広々としていますか？　それとも狭い神殿でしょうか？　神殿のあちこちに、いくつもの扉があります。そこは後で探索することにして、しばらく周りを見回してみてください。あなたの目に、この神殿の主祭壇が留まりました。祭壇の上にはまだなにも置かれておらず、平らな面が広がっています。この内なる神殿を心の目でじっくりと探索して、細部まで理解するように努めてみましょう。ここはあなたの安全な避難所であり、あなたの力の源であり、あなただけの唯一無二の場所です。探索が終わったら、再び金色の光がどこからともなく差し込んで、あなたの視界を覆っていくのを視覚化してください。光が消えたとき、あなたは自分が世界樹の前に戻っていることに気がつきます。アニマ・ムンディの精神に感謝して背を向けると、現実に戻るための銀色の霧に包まれます。最後にもう一度、グラウンディングとセンタリングを行いましょう。

この方法で世界樹の扉をくぐれば、いつでもあなたのインナーテンプルに入ることができます。これは世界樹の精霊を知ることや、将来的に行うジャーニーワークの準備として理想的な方法です。そして、目を閉じて内なる神殿に入ることを意図して視覚化するだけでも、すぐにあなたのインナーテンプルにアクセスできることを覚えておいてください。

◆祭壇

魔女の祭壇は、自らの力と主権を具現化するためのワークスペースです。つまり魔術やまじないを実践し、万物の力とのつながりを深め、自分自身の内と外の神性と交わるための作業台なのです。さらに祭壇は魔女にとって、小宇宙と大宇宙の架け橋となるものでもあります。そういった意味では、祭壇は自分の内なる世界の大宇宙であり、より大きな外なる世界の小宇宙と言えます。祭壇では、魔女自らが神としての役割を担い、内と外の力をつなぎ融合させることによって万物の力を操ることができます。伝統的に魔女の祭壇には、四大元素を象徴する魔術道具である火の杖《ワンド》、風の短剣《アサメイ》、水の聖杯《チャリス》、地のペンタクルまたは祭壇石《アルターストーン》が置かれます。魔女とこの四つの魔術道具は切っても切れない関係で、魔女にとってそれらは単なる道具というより、元素の力を取り込むための自分自身の一部なのです。私が学んできた流派では、さらに精霊や第五元素である霊を象徴する道具としてコルドロンやペイトンも祭壇に置かれます。

祭壇は主にアルターとシュラインの二つに分類されます。アルターとシュラインは両方とも祭壇を指す言葉ですが、魔女の流派によってわずかにニュアンスが異なります。アルターは神々や祖先、四大元素の力など、ほかの霊的なエネルギーや存在とつながり魔術を実践するための祭壇で、平らな台であることがほとんどです。シュラインも似たものですが、こちらは礼拝や請願の魔術を実践する祭壇として扱われる傾向があります。シュラインは主に特定の神や精霊、または先祖に供物を捧げるための神聖な祭壇なのです。また、魔女はアルターやシュラインを複数持つこともあります。たとえば、私は今紹介した主祭壇のほかに、女神ヘカテのためのアルターも持っています。これはヘカテとその配下の精霊に関連する魔術専用のアルターです。さらにヘカテを祀《まつ》るシュラインも置いていて、そちらは信心と供物を捧げるためのものです。そしてヒーリング用のアルターもあり、これは特に癒しに関連した魔術やまじないを実践する際に使用しています。先祖を祀るためのものも置いていますし、我が家にはほかにもさまざまな神のシュラインがあります。いくつ持つかは人それぞれですが、放置してしまうような祭壇は持つべきでないというのが魔女の考え方です。せっかく持つのであれば、普段から献身的にその祭壇を維持、管理するべきなのです。

アルターには伝統的に、神々の極性に関連する二つのアイテムも置かれます。これはユニバーサル・スピリットがそれぞれの極性を通してどのように作用するかを示す様式です。ユニバーサル・スピリットとは、両極の間にありそのどちらにもなり得る力（スター・ウォーズ・シリーズのフォースによく似ています）であり、すべての現実を構成するものです。この力が持つ二つの側面は正反対でありながら相補的で、まさに真の極性をつくり上げています。一方は投射的で電気のような性質があり、光と創造に関連する側面です。そしてもう一方の側面は、受容的で磁気のような性質を備え、闇と破壊に関連しています。今では時代遅れのジェンダーを当てはめた表現ですが、オカルティズムの歴史の中でこの二つの力は大神（Great God）と大女神（Great Goddess）と呼ばれてきました。

西洋の多くの密教では両性具有の神は双生神として男女に分かれていますが、儀式の上で両者の力は統合し、性を超えた完全な存在である神の子が創造されます。この分離と統合のプロセスは、バフォメットの主要な原理を体現するものです。バフォメットの腕に書かれた〝solve et coagula（解体して統合せよ）〟という言葉は、両性具有の神々の普遍的な力は果てしなく分離と統合を繰り返していることを示しています。この二つの力を象徴してアルターに置かれるのは、神が持つ両極の力を表す黒と白のキャンドルや、実践者が高い敬意の念を込めた両極の神々の像などが一般的です。

祭壇の上も場所によってそれぞれ象徴的な意味があります。黒いキャンドルや受容的なアイテムは祭壇の左側に置き、白いキャンドルや投射的なものは右側に置くというのが伝統的です。四大元素の魔術道具は、それぞれに関連した方角に向けて祭壇上に置かれます。北にペンタクルまたは祭壇石、東にアサメイ、南にワンド、西にチャリス、そして祭壇の中央にはコルドロンというのが一般的な配置です。

祭壇の力は、そこに置かれる道具のエネルギーとそれぞれのつながり、そしてそれらが持つ象徴的な意味によって変化します。とはいえ、祭壇の形式に厳密なルールがあるわけではなく、魔女によって人それぞれ異なります。ただ、私自身は伝統的な形式が一番だと感じています。祭壇はあなたと魔術とのつながりを反映するものであるべきです。

四大元素とその魔術道具、そしてその配置についてはさまざまな考え方があります。それぞれの元素の道具がどの位置に置かれ、どの方角を向くかという方向性にしても同様です。魔女の中には、自分がいる場所に基づいて四大元素の魔術道具を配置する人もいます。たとえば、東に海、南に山があるところに住んでいるので、祭壇の東側に水のチャリス、南側に地のペンタクルを置くという配置です。私は昔から慣れ親しんできた形式にこだわる傾向があるので、やはり配置と言えば北に地、東に風、南に火、西に水がしっくりきます。私にとっての四大元素は、住んでいる土地など物理的なものの象徴ではなく、宇宙を構成する根源的な力である「叡智の元素《エレメント》」なのです。また、どの界層に働きかけるかによって四大元素の方角を変えるという考え方もあります。そうした界層と四大元素の方角との対応関係は〈テンプル・オブ・ウィッチクラフト〉でクリストファー・ペンチャクから学ぶことができます。

この表の配置の考え方としては、冥界に働きかける際は四大元素をこの方角に配置することで、向かい合った元素同士が補い合いバランスをとることができるというものです。そして錬金術の四性質で湿の元素同士、乾の元素同士が向き合う方角に置かれることで創

	地	風	火	水
天界	東（金牛宮）	北（宝瓶宮）	南（獅子宮）	西（天蝎宮）
地上	北（冬／真夜中）	東（春／日の出）	南（夏／正午）	西（秋／日没）
冥界	北（冷・乾）	南（熱・乾）	東（熱・湿）	西（冷・湿）

造のための相乗効果も生み出されます。錬金術では、冷・乾の（そして最も密度が高い）元素である地は、熱・乾の（そして最も密度が低い）元素である風と対極にあります。火は熱・湿の元素のため、冷・湿の水と対極の関係です。この表の地上の配置が伝統的な四大元素の方角で、地球と太陽の関係に基づいた生命サイクルと一致しています。太陽は東から昇り西に沈みますが、この表の方角も東は春と日の出と風、西は秋と日没と水、そして地は冬と真夜中という、伝統的な四大元素と季節の対応関係を残しています。天界に関しても、東の地は金牛宮《きんぎゅう》、北の風は宝瓶宮《ほうへい》、南の火は獅子宮《しし》、西の水は天蝎宮《てんかつ》と、十二宮と占星術の不動宮の性質に関連した配置となっています。この四大元素と方角の関係性を見ても、冥界は月のサブルーナー・エネルギーに、地上は太陽のソーラー・エネルギーに、天界は天上のセレスティアル・エネルギーに対応していることがわかります。

祭壇の配置に関しては、目的に応じていろいろと試してみるのがおすすめです。ハイヤーセルフや天界に関連する魔術を実践するなら、まずは天界の配置を試してみてください。内なる自己やシャドウワーク、ロウアーセルフ、冥界に関連する実践であれば冥界の配置、それ以外なら伝統的な地上の配置を試してみましょう。

正直なところ、基本的なことを理解してさえいれば、四大元素の魔術道具はどの方角に配置しても問題ありません。人それぞれの方角とのつながりや関係によって力は生まれます。

◆四大元素の魔術道具《エレメンタル・ツール》

四大元素の魔術道具は〈黄金の夜明け団〉の儀式魔術師たちによって用いられたのが始まりとされています。そしてそれぞれの道具が各元素に対応していることに加えて、アイルランドのケルト神話で語られるダーナ神族の四種の神器と深い関係があるとも考えられています。四大元素の力とダーナ神族の四種の神器は、詩人フィオナ・マクラウド（ウィリアム・シャープのペンネーム）によって関連づけられたとされていて、彼の作品は黄金の夜明け団と現代のウィッカのどちらにも影響を与えています。ダーナ神族が持つ四種の神器は「フォー・ハロウズ（Four Hallows）」という名で、Hallow には神聖なもの、聖なるものという意味があります。ダーナ神族は神話上の四つの都市からこれらの神器をアイルランドに持ち込んだとされ、彼らの一人がそのうちの三つを所有していたそうです。この四種の神器は、神話の都市ムリアスのダグザの大釜、フィンジアスのヌアザの光の剣、ゴリアスのルーの槍、ファリアスのリア・ファルから成っています。

運命の石とも呼ばれるリア・ファルは特定の神が所有するものではなく、アイルランドの土地と民のものでした。伝説によると、リア・ファルは正統な王が足を置くと轟音を発し、活力と長き在位の祝福を与えるそうです。リア・ファルは地の元素の象徴でもあり、魔術師や魔女の祭壇のペンタクルや祭壇石はこの神器から影響を受けています。ヌアザの光の剣は、一度鞘《さや》から抜かれれば誰もその刃から逃れることはできないと伝えられています。この剣は風の元素の象徴でもあり、魔術道具ではアサメイに相当します。魔女術や儀式魔術の流派では、アサメイとソードは霊に働きかける際に攻撃的にもなる道具です。悪い霊を追い払うのにも用いられますが、ある流派ではアサメイの存在だけで粗暴な霊を威嚇し寄せ付けないとされています。すべての魔女が霊をそのように扱うことを肯定しているわけではありませんが、アサメイが思考と言葉に関連する風の元素の魔術道具であることを踏まえると、そこに含まれる多くの象徴的な意味が見えてきます。言葉や思考には力があり、その力があるからこそ私たちは計画を立て、それを実行することができます。剣術を見たことのある方なら、剣を扱うときは思考スピードの速さと、相手の剣をさばきつつ攻撃する風に舞うような動きが求められることがわかると思います。

ルーの槍は、これを手にした者に対して優位に戦い続けることなどできないと伝えられています。クリストファー・ペンチャクはルーの槍に関して〝ルーという名前の解釈はしばしば論争になるが、彼は太陽、光、雷のイメージや活力に結びつけられている。火の元素とルーの槍が活力を象徴するのはそのためだ〟と述べています。また、槍は突き刺したり、構えて突進したりして使う武器だということにも注目すべきです。突き刺す攻撃は剣さばきの複雑な動きに比べてより直線的な動作です。魔術師や魔女が意志の力やエネルギーを操るワンドは、この神器から影響を受けています。

ダグザ（善き神の意味）の大釜は決して空になることはなく、誰もが空腹を満たすことができたと伝えられています。心の寛大さや気持ちの充足を表すこの大釜は水の元素の神器であり、スープやシチュー、酒やポーションなどの液体が入っていたとされています。同じく水の元素の魔術道具であるチャリスは、このダグザの大釜から影響を受けています。また、アイルランドのペイガニズムとフォークロアの研究者で作家のモーガン・ダイムラーは、リア・ファルは主権、ダグザの大釜はもてなし、ルーの槍は防御、ヌアザの光の剣は攻撃を象徴していると述べています。

◆短剣《アサメイ》と杖《ワンド》

アサメイとワンドは、それぞれが象徴する元素について魔女の間でも意見が分かれている魔術道具です。魔女によってワンドは風、アサメイは火を象徴するとしていて、この考えを取り入れている著名人にはレイヴン・グリマッシとその初期の教え子であるスコット・カニンガムがいます。ワンドは空高く伸び、風に揺れる枝を持つ木から生まれるものであり、アサメイは火によって鍛え造られるものであるというのが彼らの論理です。私もこの考えに対して全く反対意見はありませんし、四大元素と魔術道具を関連づける理由を理解している限り、各々の考えに従えばいいと思います。どの元素の力と捉えても長い間扱い続けることで意識に深く刻み込まれますし、それが儀式に使われる物理的な道具であればなおさらです。私は魔術道具が四大元素をどのように操るかということに着目するべきだと考えています。ワンドは木からつくられるので、火を運び、動かし、その燃料となる火の乗り物とも言えるものです。これはワンドが魔女の意志の力の延長であり、それを指示するための道具であるのと同じ理屈です。そしてアサメイは剣のように風を切り裂きますが、その風切り音は歌うと表現されることもあります。また、英語には言葉や思考と刃を結びつける言い回しや表現がたくさんあります。たとえば人の知性を言い表すときにあの人はsharp（鋭い）、あの人はdull（鈍い）と言ったりもしますし、なかなか話の核心に触れない人に対して使う〝get to the point（要点を言ってください）〟や〝cut to the chase（遠回しな言い方はやめてください）〟という言い回しも言葉と刃を結びつけたものです。

◆火の杖《ワンド》

杖《ワンド》は火の元素《エレメント》を象徴する魔術道具であり、伝説上の魔法使いや魔術師が持つものからファンタジー映画に登場するものまで、おそらく魔術と最も関係の深い道具です。特に『ハリー・ポッター』の人気によって、ワンドは再び魔術師の道具として世間に認知されるようになりました。伝統的な魔女の知恵として、ワンドの長さは肘から人差し指の先端までの長さであるべきとされています。これは厳密な決まり事ではありませんが、ワンドの性質や使い方を知るヒントになります。魔女は人差し指でエネルギーを投射するだけでなく、一点に集中させたり、自由にコントロールしたりします。ワンドは魔女の意志と力、活力、情熱、生命力の延長とも言えるものです。それは君主が持つ杖や鎚矛《メイス》のように、自己と自らの人生、そして魔術に対する力と権限の証でもあるのです。

一般的なワンドは木でできていて、世界樹や三つの世界と共鳴しています。布告者《ヘラルド》の杖

「カドゥケウス」がヘルメスに世界を自由に行き来する権限を与えたとされていることから、ワンドは現実のさまざまな領域を支配する権限の象徴でもあります。私が魔法円を描くときにワンドを用いるのもこうした理由からで、それにより物理的な世界の外にエネルギーのスペースをつくり出すことができるのです。また、ワンドには魔女のエネルギーを高め、意志の力を増幅する力があります。魔術にワンドを用いた最古の例はギリシャ神話の中にあり、キルケーがワンドを使ってエネルギーを伝えるのが描写されています。また、アロンとモーセの魔法の杖も同様で、彼らに与えられた権限の象徴と見なすことができます。

exercise 49

火の元素《エレメント》のジャーニーワーク

世界と世界の間の真ん中に世界樹が立っているのを想像してください。あなたはその世界樹の前にいます。南を向くと、派手な色の花が咲くサボテンに囲まれた、大きな黄金の門が見えます。そしてその門には、錬金術の火の元素のシンボルである上向きの三角形が刻まれています。シンボルの向こうを見透すようなイメージで、瞼の力を抜いてください。深呼吸をして、思考と感情を無にします。ここにはあなたと黄金の門、そして今あなたが見つめているシンボル以外にはなにも存在しません。

呼吸に合わせて、一歩ずつ前に進んでみましょう。あなたが門に近づくと、魔法のように門扉が開き、夏の太陽の眩《まぶ》しい光が目に飛び込んできました。門の向こうから暖かい風が吹き抜けてきます。深呼吸をしながら進んで門の前まで来たら、火の元素の領域を旅する心の準備をしてください。では、力強く息を吸って門をくぐり、光の中へと足を踏み入れましょう。

あなたは砂漠の神殿の中庭に立っています。足元の砂は柔らかく、あちこちにたくさんの小さな火が灯っているのが見えます。ここは永遠に夏であり、永遠の昼の世界です。あなたの目の前にある石の壁には、高いところに大きな円形のステンドグラスの窓が付いています。そこから差し込む真昼の日光が、色とりどりの光となって中庭の中央にある祭壇を照らしています。

深呼吸をしながら祭壇に向かって歩き、周りにも意識を向けてみましょう。この場所がよりリアルに感じられるように、あらゆる感覚を駆使してください。なにか見えますか？なにか聞こえますか？　なにか感じますか？　なにか匂いはしますか？　感情になにか変化はないですか？　この場所はどんな雰囲気ですか？　体の感覚はどうでしょうか？　痛みやヒリヒリする感覚はありませんか？　姿勢にも注意を払ってみてください。

祭壇の前に来たら、四大元素の守護者たちを呼び出します。太陽の光の中に足を踏み入れ、元素の力に深く浸るのをイメージしましょう。祭壇の上には赤いキャンドルが置かれています。あなたの内なる光でこのキャンドルを灯し、四大元素の守護者を勧請《かんじょう》してください。

キャンドルが燃えるにつれて、太陽の光も明るくなっていくようです。あなたが呼吸する度に、天の太陽の光はより明るく輝き、ステンドグラスを通して金と深紅の光の輪となってあなたと祭壇の周りを照らします。すると地鳴りのような振動が起こり、周囲の壁が震え始めました。

あなたを囲う光の輪の外に守護者たちが現れ、輪の中に足を踏み入れて日の光に照らし出されます。あなたのそばにやってくる守護者たちに注意を向けてみましょう。彼らはどんな姿（もしあれば）をしていますか？　その存在はどう感じられますか？　まずは挨拶をして、名前を尋ねてみてください。名前を聞き出すには少し時間がかかるかもしれません。何度も尋ねる必要があるかもしれません。しばらく返事を待ってみましょう。

四大元素の守護者たちは名を名乗ると、明るい深紅の光を放ち始めます。そして一歩前に出て、あなたに杖を差し出します。それを受け取ると、あなたはその深紅の光、火の元素の本質である意志の光に包まれます。その輝きがあなたの体に浸透し、精神を駆り立て、意志の焦点が絞られていくのが感じられます。

守護者たちは後ろに下がり、あなたは杖を胸に抱えます。あなたが火の元素について思いを巡らせている間、太陽の光が杖に注がれています。それは熱く乾いたエネルギーで、活動的で投射的な意志の力そのものです。そうした性質を火の杖がどのように具現化しているのかを感じてみてください。しばらく時間をかけて、その感覚に集中しましょう。

あなたが手にしている杖にその隠された名前を尋ねてください。なんらかのかたちで答えてくれるかもしれませんし、守護者たちがなにか教えてくれるかもしれません。もう一度、時間をかけて尋ねてください。何度も尋ねる必要があるかもしれません。

名前を聞くことができたなら、いつでもその名前でこの杖の力を呼び出すことができます。そしてその力は今、あなたの内なる祭壇にも顕れています。

ゆっくりと時間をかけて、守護者たちとさらなる意思の疎通を図ってみましょう。なにかメッセージや助言があるか尋ねてみてください。最後に、あなたの胸の中に感謝の気持ちを生み出し、それを守護者たちに送ることを思い描いてお礼を伝えます。そして別れを告げてください。光が消え、守護者たちは去っていきます。

では、光の輪を出て来た道を戻り、中央に立つ世界樹と向き合ってください。あなたが経験したことはすべて、外の世界に持ち帰ることができます。力を込めて三回深呼吸したら、あなたは元の世界に戻っています。

◆風の短剣《アサメイ》

短剣《アサメイ》は伝統的に黒い柄を持つ両刃の儀式用短剣で、風の元素の魔術道具です。アサメイは私たちの思考や言葉、インスピレーション、そして啓示の象徴でもあります。祭壇の魔術道具の中では物理的に最も危険なため、鈍い刃にしてあるものがほとんどです。また、アサメイは物理的になにかを切るためのものではないとする魔女の流派もあれば、実践の中でなにかを切るために用いる流派もあります。一般的には、魔術で物理的な切断を行う際には「ボリン」と呼ばれる手鎌か、ほかの鋭い刃物が使用されることがほとんどです。それらの刃物はアサメイの黒い柄とは異なり、伝統的に白い柄のものが用いられます。たとえ鈍い刃であってもアサメイの扱いには細心の注意を払い、自分や他者を傷つけないようにしなければいけません。アサメイは、特に思考や言葉に関する幻影や現実の界層を切り裂くことができます。大人数での儀式には、アサメイとほぼ同じ用途でより大きな剣《ソード》が用いられることもあります。

exercise 50

風の元素《エレメント》のジャーニーワーク

世界と世界の間の真ん中に世界樹が立っているのを想像してください。あなたはその世界樹の前にいます。東を向くと、可憐な花が咲く細いつるに覆われた、大きな銀の門が見えます。そしてその門には、上向きの三角形に水平の線が横切る、錬金術の風の元素のシンボルが刻まれています。シンボルの向こうを見透すようなイメージで、瞼の力を抜いてください。深呼吸をして、思考と感情を無にします。ここにはあなたと銀の門、そして今あなたが見つめているシンボル以外にはなにも存在しません。

呼吸に合わせて、一歩ずつ前に進んでみましょう。あなたが門に近づくと、魔法のように門扉が開き、新しい朝の眩しい光が目に飛び込んできました。門の向こうからは涼しくすがすがしい風が吹き抜けてきます。深呼吸をしながら進んで門の前まで来たら、風の元素の領域を旅する心の準備をしてください。では、力強く息を吸って門をくぐり、光の中へと足を踏み入れましょう。

あなたは神殿の中庭に立っています。足元には柔らかい緑の芝が広がり、あちこちに色とりどりの花が咲いているのが見えます。ここは永遠に春であり、永遠に明け方の世界です。あなたの目の前にある石の壁には、高いところに大きな円形のステンドグラスの窓が付いています。そこから差し込む朝日が、色とりどりの光となって中庭の中央にある祭壇を照らしています。

深呼吸をしながら祭壇に向かって歩き、周りにも意識を向けてみましょう。この場所がよりリアルに感じられるように、あらゆる感覚を駆使してください。なにか見えますか？なにか聞こえますか？　なにか感じますか？　なにか匂いはしますか？　感情になにか変化はないですか？　この場所はどんな雰囲気ですか？　体の感覚はどうでしょうか？　痛みやヒリヒリする感覚はありませんか？　姿勢にも注意を払ってみてください。

祭壇の前に来たら、四大元素の守護者たちを呼び出します。太陽の光の中に足を踏み入れ、元素の力に深く浸るのをイメージしましょう。祭壇の上には黄色いキャンドルが置かれています。あなたの内なる光でこのキャンドルを灯し、四大元素の守護者を勧請してください。

キャンドルが燃えるにつれて、太陽の光も明るくなっていくようです。あなたが呼吸する度に、天の太陽の光はより明るく輝き、ステンドグラスを通して金と緑の光の輪となってあなたと祭壇の周りを照らします。すると地鳴りのような振動が起こり、周囲の壁が震え始めました。

あなたを囲う光の輪の外に守護者たちが現れ、輪の中に足を踏み入れて日の光に照らし出されます。あなたのそばにやってくる守護者たちに注意を向けてみましょう。彼らはどんな姿（もしあれば）をしていますか？　その存在はどう感じられますか？　まずは挨拶をして、名前を尋ねてみてください。名前を聞き出すには少し時間がかかるかもしれません。何度も尋ねる必要があるかもしれません。しばらく返事を待ってみましょう。

四大元素の守護者たちは名を名乗ると、明るい金色の光を放ち始めます。そして一歩前に出て、あなたに短剣を差し出します。それを受け取ると、あなたはその金色の光、風の元素の本質である知識の光に包まれます。その輝きがあなたの体に浸透し、感覚が研ぎ澄まされていくのが感じられます。

守護者たちは後ろに下がり、あなたは短剣を胸に抱えます。あなたが風の元素について思いを巡らせている間、太陽の光が短剣に注がれています。それは熱く湿ったエネルギーで、新鮮で純粋であり、知識の力そのものです。そうした性質を風の短剣がどのように具現化しているのかを感じてみてください。しばらく時間をかけて、その感覚に集中しましょう。

では、あなたが手にしている短剣にその隠された名前を尋ねてください。なんらかのかたちで答えてくれるかもしれませんし、守護者たちがなにか教えてくれるかもしれません。もう一度、時間をかけて尋ねてください。何度も尋ねる必要があるかもしれません。

名前を聞くことができたなら、いつでもその名前でこの短剣の力を呼び出すことができます。そしてその力は今、あなたの内なる祭壇にも顕れています。

ゆっくりと時間をかけて、守護者たちとさらなる意思の疎通を図ってみましょう。なにかメッセージや助言があるか尋ねてみてください。最後に、あなたの胸の中に感謝の気持ちを生み出し、それを守護者たちに送ることを思い描いてお礼を伝えます。そして別れを告げてください。

では、光の輪を出て来た道を戻り、中央に立つ世界樹と向き合ってください。光が消え、守護者たちは去っていきます。

経験したことはすべて、外の世界に持ち帰ることができます。力を込めて三回深呼吸したら、あなたは元の世界に戻っています。

◆地の祭壇石《アルターストーン》

魔女の流派の多くは、地の元素を象徴する魔術道具として祭壇のペンタクル（ペイトンとも呼ばれます）を用いています。私がこれまで所属してきた流派とは考え方が異なりますが、ペンタクルを地の元素の象徴とするのは一般的で、必ずしも間違っているわけではありません。私が地の元素の魔術道具としているのは祭壇石《アルターストーン》と呼ばれるものです。祭壇石として用いられるのは通常、水晶かパワーストーンで、祭壇に地の元素を固定する役割を果たします。〈ブラッククローズ・ウィッチクラフト〉などの流派では、立方体《キューブ》を地の元素の道具としています。また、タロットカードのスートにあるペンタクルも地の元素を象徴するものです。祭壇石は、周りの環境との正しい関係によってもたらされる魔女の摂理を表しています。アイルランドに伝わる運命の石であるリア・ファルは、戴冠式で正統な王が足を置いたときにだけ轟音を発するといわれています。そしてアーサー王伝説では、石に刺さった聖剣エクスカリバーは正統な王によってのみ引き抜くことができるとされています。ケルト神話やアーサー王伝説では、土地は王の伴侶であり、しばしば女神として擬人化されることもあります。ケルトとアーサー王伝説の研究者であるケイトリン・マシューズは〝こうした考え方は現代でも完全に失われたわけではありません。イングランドの戴冠式を見ればわかるように、君主はレガリアの結婚指輪で土地と儀式的に結婚するのです〟と述べています。これは君主が土地や人々と正しい関係を結べば、その土地は豊穣、幸福、安全に恵まれるという考え方からきています。石は人類が誕生する遥か昔からこの世界に存在し、そして私たちがいなくなった後もずっと存在し続けます。そのため石は永続性、先祖、血統を祝福するシンボルでもあります。

exercise 51 地の元素《エレメント》のジャーニーワーク

世界と世界の間の真ん中に世界樹が立っているのを想像してください。あなたはその世界樹の前にいます。北を向くと、緑のツタに覆われた、大きな石の門が見えます。そしてその門には、下向きの三角形に水平の線が横切る、錬金術の地の元素のシンボルが刻まれています。シンボルの向こうを見透すようなイメージで、瞼の力を抜いてください。深呼吸をして、思考と感情を無にします。ここにはあなたと石の門、そして今あなたが見つめているシンボル以外にはなにも存在しません。

呼吸に合わせて、一歩ずつ前に進んでみましょう。あなたが門に近づくと、魔法のように門扉が開き、視界は完全な暗闇に包まれました。門の向こうからは身を刺すような冷たい風が吹き抜けてきます。凍える寒さの中を進んで門の前まで来たら、地の元素の領域を旅する心の準備をしてください。では、力強く息を吸って門をくぐり、闇の中へと足を踏み入れましょう。

あなたは広い石造りの部屋の中に立っています。ここは地の元素が支配するいにしえの神殿の内部です。ここは永遠に冬であり、永遠に真夜中の世界です。冷たい暗闇に目が慣れてくると、あなたの真上にぼんやりとした光が見えてきました。それは北極星です。そこに瞬《またた》いている北極星は、天井の大きな円形のステンドグラスの窓を通して見えているようです。そこから差し込む星の光が、部屋の中央にある祭壇を照らし出しています。

深呼吸をしながら祭壇に向かって歩き、周りにも意識を向けてみましょう。この場所がよりリアルに感じられるように、あらゆる感覚を駆使してください。なにか見えますか？　なにか聞こえますか？　なにか感じますか？　なにか匂いはしますか？　感情になにか変化はないですか？　この場所はどんな雰囲気ですか？　体の感覚はどうでしょうか？　痛みやヒリヒリする感覚はありませんか？　姿勢にも注意を払ってみてください。

祭壇の前に来たら、四大元素の守護者たちを呼び出します。星の光の中に足を踏み入れ、元素の力に深く浸るのをイメージしましょう。祭壇の上には緑色のキャンドルが置かれています。あなたの内なる光でこのキャンドルを灯し、四大元素の守護者を勧請してください。

キャンドルが燃えるにつれて、北極星の光も明るくなっていくようです。あなたが呼吸する度に、天の星の光はより明るく輝き、ステンドグラスを通して緑と茶色の光の輪となってあなたと祭壇の周りを照らします。すると地鳴りのような振動が起こり、周囲の壁がなにかを予知したように震え始めました。

あなたを囲う光の輪の外に守護者たちが現れ、輪の中に足を踏み入れて星の光に照らし出されます。あなたのそばにやってくる守護者たちに注意を向けてみましょう。彼らはどんな姿（もしあれば）をしていますか？　その存在はどう感じられますか？　まずは挨拶をして、名前を尋ねてみてください。名前を聞き出すには少し時間がかかるかもしれません。何度も尋ねる必要があるかもしれません。しばらく返事を待ってみましょう。

四大元素の守護者たちは名を名乗ると、深い緑色の光を放ち始めます。そして一歩前に出て、あなたに水晶を差し出します。それを受け取ると、あなたはその緑色の光、地の元素の本質に包まれます。呼吸する度に静寂と平穏が広がり、それはやがてあなたの体の中に浸透していくのが感じられます。

守護者たちは後ろに下がり、あなたは水晶を胸に抱えます。あなたが地の元素について思いを巡らせている間、星の光は水晶に注がれています。それは冷たく乾いたエネルギーで、穏やかで静かな、死でありながら生でもある力です。あなたの足元の大地は、不毛な冬の間でさえ生きています。大地や根の中には微かな生命の力が宿り、時が来るのを辛抱強く待っているのです。そうした性質を水晶がどのように具現化しているのかを感じてみてください。しばらく時間をかけて、その感覚に集中しましょう。

では、あなたが手にしている水晶にその隠された名前を尋ねてください。なんらかのかたちで答えてくれるかもしれませんし、守護者たちがなにか教えてくれるかもしれません。もう一度、時間をかけて尋ねてください。何度も尋ねる必要があるかもしれません。

名前を聞くことができたなら、いつでもその名前でこの水晶の力を呼び出すことができます。そしてその力は今、あなたの内なる祭壇にも顕れています。

ゆっくりと時間をかけて、守護者たちとさらなる意思の疎通を図ってみましょう。なにかメッセージや助言があるか尋ねてみてください。最後に、あなたの胸の中に感謝の気持ちを生み出し、それを守護者たちに送ることを思い描いてお礼を伝えます。そして別れを告げてください。光が消え、守護者たちは闇の中へと去っていきます。

では、光の輪を出て来た道を戻り、中央に立つ世界樹と向き合ってください。あなたが経験したことはすべて、外の世界に持ち帰ることができます。力を込めて三回深呼吸したら、あなたは元の世界に戻っています。

◆水の聖杯《チャリス》

水の元素の魔術道具は聖杯《チャリス》と呼ばれる杯です。チャリスは魔女の感情や直感、夢、流動性、受容性、適応性の象徴です。また、水は神の愛、恋愛、家族や友人、他者への愛など、あらゆるかたちの愛の元素でもあります。水は感情と同じように、癒しや滋養になることもあれば、破壊的になることもあります。そのエネルギーの性質を理解する鍵は、水は流れ、形を変えるというところにあります。チャリスは水のエネルギーを穏やかで中心的、そして受容的で安定した状態に保つ器です。チャリスの起源として最も有力なのは決して涸れることのないダグザの大釜で、次にセリドウェンという女神がインスピレーションをもたらす神のポーション「グレイル」を醸造した大釜が挙げられます。その後、キリスト教とケルトのペイガニズムが混在するアーサー王伝説で聖杯という概念が確立されたようです。聖杯はイエスが最後の晩餐《ばんさん》で使った杯であり、十字架にかけられたイエスの血を受けた杯でもあることから、神の愛による犠牲の象徴とされています。また、ダグザの大釜のように、チャリスはカヴンのほかの魔女や精霊、神々など、他者との関わりや分かち合いを象徴する道具でもあります。チャリスを通じて神々や精霊から与えられたエネルギーと祝福は、それを飲むことで肉体とエネルギー体に浸透させることができます。

exercise 52 水の元素《エレメント》のジャーニーワーク

世界と世界の間の真ん中に世界樹が立っているのを想像してください。あなたはその世界樹の前にいます。西を向くと、藻や海藻に覆われた大きな銀の門が見えます。そしてその門には、錬金術の水の元素のシンボルである下向きの三角形が刻まれています。シンボルの向こうを見透すようなイメージで、瞼の力を抜いてください。深呼吸をして、思考と感情を無にします。ここにはあなたと銀の門、そして今あなたが見つめているシンボル以外にはなにも存在しません。

呼吸に合わせて、一歩ずつ前に進んでみましょう。あなたが門に近づくと、まるで魔法のように門扉が開き、沈みゆく太陽の穏やかな光が視界に広がりました。門の向こうから涼しい風が吹き抜け、潮の香りを運んできます。深呼吸をしながら進んで門の前まで来たら、水の元素の領域を旅をする心の準備をしてください。では、力強く息を吸って門をくぐり、光の中へと足を踏み入れましょう。

あなたは砂浜に建つ神殿にいます。西には大きな石造りのアーチ橋が、広大な海の向こうへと架けられています。あなたの頭上高くには、大きな円形のステンドグラスの窓が見えます。ここは永遠に秋であり、永遠の夕暮れの世界です。ステンドグラスの窓から差し込む夕陽が、砂の上に置かれた祭壇を照らしています。

深呼吸をしながら祭壇に向かって歩き、周りにも意識を向けてみましょう。この場所がよりリアルに感じられるように、あらゆる感覚を駆使してください。なにか見えますか？　なにか聞こえますか？　なにか感じますか？　なにか匂いはしますか？　感情になにか変化はないですか？　この場所はどんな雰囲気ですか？　体の感覚はどうでしょうか？　痛みやヒリヒリする感覚はありませんか？　姿勢にも注意を払ってみてください。

祭壇の前に来たら、四大元素の守護者たちを呼び出します。陽の光の中に足を踏み入れ、元素の力に深く浸るのをイメージしましょう。祭壇の上には青いキャンドルが置かれています。あなたの内なる光でこのキャンドルを灯し、四大元素の守護者を勧請してください。

キャンドルが燃えるにつれて、陽の光も明るくなっていくようです。あなたが呼吸する度に、海の向こうに沈む陽の光はより明るく輝き、ステンドグラスを通して水色と灰色の光の輪となってあなたと祭壇の周りを照らします。すると地鳴りのような振動が起こり始めました。

あなたを囲う光の輪の外に守護者たちが現れ、輪の中に足を踏み入れて陽の光に照らし出されます。あなたのそばにやってくる守護者たちに注意を向けてみましょう。彼らはどんな姿（もしあれば）をしていますか？　その存在はどう感じられますか？　まずは挨拶をして、名前を尋ねてみてください。名前を聞き出すには少し時間がかかるかもしれません。何度も尋ねる必要があるかもしれません。しばらく返事を待ってみましょう。

四大元素の守護者たちは名を名乗ると、サファイア色の光を放ち始めます。そして一歩前に出て、あなたに聖杯を差し出します。それを受け取ると、あなたはその青い光、水の元素の本質である勇壮の光に包まれます。その輝きがあなたの体に浸透し、感情を駆り立て、心が開かれていくのが感じられます。

守護者たちは後ろに下がり、あなたは聖杯を胸に抱えます。あなたが水の元素について思いを巡らせている間、陽の光は聖杯に注がれています。それは冷たく湿ったエネルギーで、受動的で受容的な無意識の感情や夢の力そのものです。そうした性質を水の聖杯がどのように具現化しているのかを感じてみてください。しばらく時間をかけて、その感覚に集中しましょう。

では、あなたが手にしている聖杯にその隠された名前を尋ねてください。なんらかのかたちで答えてくれるかもしれませんし、守護者たちがなにか教えてくれるかもしれません。もう一度、時間をかけて尋ねてください。何度も尋ねる必要があるかもしれません。

名前を聞くことができたなら、いつでもその名前でこの聖杯の力を呼び出すことができます。そしてその力は今、あなたの内なる祭壇にも顕れています。

ゆっくりと時間をかけて、守護者たちとさらなる意思の疎通を図ってみましょう。なにかメッセージや助言があるか尋ねてみてください。最後に、あなたの胸の中に感謝の気持ちを生み出し、それを守護者たちに送ることを思い描いてお礼を伝えます。そして別れを告げてください。光が消え、守護者たちは去っていきます。

では、光の輪を出て来た道を戻り、中央に立つ世界樹と向き合ってください。あなたが経験したことはすべて、外の世界に持ち帰ることができます。力を込めて三回深呼吸したら、あなたは元の世界に戻っています。

◆第五元素《フィフス・エレメンツ》

第五元素は複数であると同時に単一なものなので、これを説明することや言葉で言い表すことはとても困難です。イヴォ・ドミンゲス・ジュニアが第五元素を「fifth elements」と複数形で表記していることは私も大いに頷けます。さらに彼はとても的を射た表現で第五元素を分類・定義していて、それは私の魔術の宇宙論《コスモロジー》にもぴったりと合致します。それは同義語として扱われてきたエーテル、スピリット、クインテッセンスという言葉を使い分け、第五元素を三つに分類するというものです。ここからは、その三つに分類した第五元素について私なりの理解とアイデアも交えて解説していきます。

　第五元素としてのエーテルは内なる神性を指します。これは、神性は物理的な宇宙の万物の中に存在し、完全に統合されているという考え方です。魔女のG.O.D.の最初の頭文字「generative（生成）」の力こそ、このエーテルという神性です。錬金術の文脈では、これは「coagula（統合）」の力であり、生じたものをまとめて形成し、一体化させる力を指します。つまり、十六のサブエレメント（元素の組み合わせ）が四大元素を形成するための力です。私はこの神性としてのエーテルの力をロウアーセルフ、冥界、温の大釜、活動宮の性質と関連づけて考えています。〈セイクリッド・ファイアーズ・トラディション・オブ・ウィッチクラフト〉では、この力をZ－エナジーと呼んでいます。Z－エナジーは現実のすべて、そして創造の力そのものを構成している力です。一般的な意味でのエーテルとの混同を避けるために、ここからは本書でもこの力をZ－エナジーと呼ぶことにします。

　次に、第五元素としてのスピリットは超越的な神性です。これは、神性は私たちの物理的な現実や宇宙といった枠を超えたところに存在するという考え方です。スピリットはG.O.D.の三つ目の頭文字「destructive（破壊）」の力ですが、これはむしろ雨が海に溶け込むような溶解の力としての神性です。つまり、錬金術で言うところの「solve（溶解）」の力に当たります。私はスピリットをハイヤーセルフ、天界、知の大釜、柔軟宮の性質と関連づけています。

そしてZ－エナジーとスピリットが合流するところ、それがクインテッセンスです。このクインテッセンスには少し矛盾が含まれています。クインテッセンスは境界域であり、神性の器でありながら核なのです。Z－エナジーは物理的・非物質的なもののどちらに対しても、本質的で中核となる構成要素としてのアイデンティティを与えるものです。そしてミドルセルフが自己の外にあるものから人格や個性の感覚を得るように、クインテッセンスは自己に内在するものから核となる定義を得ています。魔女が考えるオーラ（エネルギー体）の層で言うなら、二つの層が重なり合うところ、つまり、どちらでもないと同時にどちらでもある逆説的な境界域こそがクインテッセンスなのです。

◆ペイトンとコルドロン

私が第五元素を象徴する魔術道具として祭壇に置いているのは、ペイトンとコルドロンです。ペイトンとは、木や金属でできている円盤状の五芒星《ペンタクル》です。この魔術道具はバランスやつながり、祝福、加護、そして元素の調和を表しています。また、ペイトンはスピリチュアルな盾として、寄ってくるアンバランスなエネルギーを中和する魔除けでもあります。多くの魔女が五芒星のアミュレットを身に着けているのはそのためです。五芒星は魔女の道のシンボルであると同時に、悪いエネルギーから魔女を守るものなのです。さらに、エネルギーを浄化しバランスをとる効果も備えているため、願いを書いた紙をペイトンに載せて現実化を促したり、マテリアを載せて効力をチャージしたりすることもできます。〈カボット・トラディション・オブ・ウィッチクラフト〉では、四大元素とその守護者を魔法円に召喚する際はペイトンを用いて元素のエネルギーを呼び込んだり、放出したりします。元素のエネルギーを呼び込むときは受容の手である月の手、放出するときは投射の手である太陽の手でペイトンを掲げますが、五つの元素の象徴として五指を広げた手で代用することもできます。アメリカのバンド「ゴッドスマック（Godsmack）」の「Voodoo」という曲のPVでは、ペイトンの実際の使い方を見ることができます。ヴォーカリストのサリー・エルナはカボット・トラディションのイニシエイトで、この曲のPVにはローリー・カボットと彼女の弟子たちも登場しています。

そして第五元素のもう一つの魔術道具は、水の元素を説明するときにも触れたコルドロンと呼ばれる魔女の釜です。コルドロンは統合と溶解、創造と破壊、結合と分離のシンボルで、再誕と再生の象徴でもあります。四つの元素をすべて入れることができる器として、その用途は驚くほど多彩です。魔女の三つの大釜に働きかけるときの焦点として、そして自分自身や周囲にもたらしたい変化のための物理的な焦点として用いることもできます。

私の場合は、コルドロンを扱う際には祭壇の中央にペイトンを置き、その上にコルドロンを載せます。ペイトンを扱うときは、中央にコルドロンを置いてからその上にペイトンを載せています。祭壇や神聖な空間では中央が第五元素の場所とされることがほとんどで、これは四方に四大元素が割り当てられた魔法円の中央で魔術を実践する理由でもあります。

exercise 53 スピリットのジャーニーワーク

まずはあなたの内なる神殿《インナーテンプル》に入りましょう（exercise 48 を参照）。そして神殿の中にある扉に注目してください。それはあなたのスピリットテンプルへの入り口です。

呼吸に合わせて、一歩ずつ前に進んでみましょう。あなたが近づくと扉は魔法のように開き、その先にはまさに宇宙空間のような部屋が広がっています。数億の星々がちりばめられ、その光が部屋の中を照らしています。部屋の中はまるで、冥界と天界が入り混じったような雰囲気です。四方の壁の上部には、四大元素の神殿と同じようなステンドグラスの窓が見えます。北のステンドグラスには宝瓶宮の水瓶、東には金牛宮の牡牛、南には獅子宮の獅子、西には天蠍宮の鷲が描かれています。

深呼吸をしながら部屋の中央に向かって歩き、周りにも意識を向けてみましょう。この場所がよりリアルに感じられるように、あらゆる感覚を駆使してください。なにか見えますか？　なにか聞こえますか？　なにか感じますか？　なにか匂いはしますか？　感情になにか変化はないですか？　この場所はどんな雰囲気ですか？　体の感覚はどうでしょうか？　痛みやヒリヒリする感覚はありませんか？　姿勢にも注意を払ってください。

あなたの内なる神性で、太陽のように輝く大いなる神と、月のような光を放つ女神に呼びかけてください。相補的でありながら二重の力を持つ、その神々の存在をゆっくりと感じてみましょう。あなたが思い描く大いなる神と女神はどんな姿ですか？　見慣れた姿ですか？　馴染みのない姿でしょうか？　まだベールに包まれていて、はっきりとその姿を思い浮かべることはできないかもしれません。

あなたが左手を差し出すと、大いなる女神がコルドロンを載せます。誕生と転生、創造と破壊、生と死、墓と胎内。その神秘に思いを馳せてみてください。偉大なる大釜から生まれた万物は、やがて偉大なる大釜へと還るのです。

では、受け取ったコルドロンにその隠された名前を尋ねてみてください。なんらかのかたちで答えてくれるかもしれませんし、女神がなにか教えてくれるかもしれません。もう一度、時間をかけて尋ねてみてください。何度も尋ねる必要があるかもしれません。

名前を聞くことができたなら、いつでもその名前でこのコルドロンの力を呼び出すことができます。そしてその力は今、あなたの内なる祭壇にも顕れています。

あなたが右手を差し出すと、大いなる神がペイトンを載せます。あらゆる元素の力、物質、エネルギー、思考、感情。ありとあらゆるものはスピリットの側面であり、複雑なつながりを持っています。その神秘にしばらく思いを馳せてみましょう。すべてのものは、ほかのあらゆるものを含んでいます。万物は生きていて、命を宿し、意識を持っています。すべての原因には結果があり、あらゆる結果には原因があるのです。

では、受け取ったペイトンにその隠された名前を尋ねてみてください。なんらかのかたちで答えてくれるかもしれませんし、神がなにか教えてくれるかもしれません。もう一度、時間をかけて尋ねてみてください。何度も尋ねる必要があるかもしれません。

名前を聞くことができたなら、いつでもその名前でこのペイトンの力を呼び出すことができます。そしてその力は今、あなたの内なる祭壇にも顕れています。

ゆっくりと時間をかけて、大いなる神々とさらなる意思の疎通を図ってみましょう。なにかメッセージや助言があるか尋ねてみてください。最後に、あなたの胸の中に感謝の気持ちを生み出し、それを神々に送ることを思い描いてお礼を伝えます。そして別れを告げてください。神々の光が溶け合い、やがて全と無に還ります。

では、振り返って扉から出て、内なる神殿へと戻りましょう。あなたが経験したことはすべて、外の世界に持ち帰ることができます。あなたの内なる祭壇の上には今、六つの道具が揃っています。あなたが魔術を実践するときは、いつでもこの内なる祭壇を使うことができるのを覚えておきましょう。この内なる神殿には、すべての道具とマテリアが用意されているのです。準備ができたら三回深呼吸をして、元の世界に戻りましょう。

exercise 54 ソウル・インスピレーションの儀式

【実践タイミング】

いつでも。

【マテリア】

・フランキンセンス（乳香）のお香
・コルドロンまたは深い器
・ティーライトキャンドル10個

【もたらされる効果】

これはムネモシュネと九人のミューズ（ムーサ）から、インスピレーションの祝福がもたらされる儀式です。ムネモシュネとはギリシャ神話に登場する記憶の女神で、私のこれまでの研究では記憶だけでなく精神的な能力全般を司っていることがわかっています。その中には視覚化など、ミドルセルフとハイヤーセルフの架け橋として霊能力を引き出す能力も含まれます。オルペウス讃歌には〝忘却の夜の闇から、その心の目を開かせる〟というムネモシュネに捧げられた一節があります。あくまで私の個人的な洞察ですが、これはムネモシュネが精神に秘められた力、特に透視能力（クレアボヤンス）を活性化させ、真の意志を見出す助けとなることを示していると考えられます。一方、ミューズはインスピレーション、創造性、革新を司る女神です。そんなミューズに働きかければ、魔術や儀式も含め、その人の人生に大きな創造性がもたらされます。この儀式を行うことで、ムネモシュネとその娘たちである九人のミューズから、あなたのスピリチュアルな道に魂のレベルで知恵と革新性が与えられることでしょう。

　ムネモシュネは冥界の池の上に同名の女神と一緒に住んでいます。冥界にはレーテー川という忘却の川があり、人々の魂はこの川の水を飲むことで前世の記憶を忘れ、転生するとされています。オルペウス教では、レーテー川の水を飲まずに逆の効果を持つムネモシュネの池の水を飲むことで前世の記憶が蘇り、その結果、転生のサイクルに終止符が打たれ、オルペウスや数々の英雄の魂と暮らせるようになると教えられていました。私の考えではムネモシュネが司っているのは単なる記憶ではなく、ハイヤーセルフという不滅の魂の記憶です。

　ギリシャ神話では、ムネモシュネはゼウスと九夜続けて臥《ふ》し、九人のミューズを産んだとされています。ムネモシュネがミューズたちの母であることを考えると、ハイヤーセルフとの関連性が見えてきます。古代ギリシャの文化では、真のインスピレーションはダイモーン（古代ローマの文化では天才という意味を持っていた）を介してもたらされるとされていました。哲学者プラトンはダイモーンを守護霊と考えていましたが、現代のオカルティストは聖なる守護天使やハイヤーセルフと捉えています。つまり、ムネモシュネはハイヤーセルフの真の意志のインスピレーションを司る女神ということになります。オルペウス讃歌の中で、ムネモシュネは〝魂と知性が結合された者〟と謳《うた》われていて、これは記憶（宇宙の力としての）こそ知性（心、またはミドルセルフ）と魂（ハイヤーセルフ）を結合する力であるというプラトンの見解にもつながります。

【実践の手順】

まずは、ムネモシュネとミューズに捧げるフランキンセンスのお香を焚きます。そして祭壇の中央に水を張ったコルドロンか深い器を置き、その水にティーライトキャンドルを浮かべます。次に、コルドロンを三角形に囲うように九個のキャンドルを配置してください。水に浮かべたキャンドルに火を灯し、次のように唱えます。

〝ムーサの母、ムネモシュネ
記憶を司るティターン族の女神
魂の真の光の啓示者

内なる視力を授ける者よ
この水の上で揺らめく炎の光で
汝の娘たちの道が開かれる〟

ゆっくりと時間をかけて、ムネモシュネの存在に意識を集中させましょう。そして次のように唱えてください。

〝至上神ゼウスの子である精霊たち
三つが三列、聖なる炎よ
その御名によって
ここに勧請する〟

では、コルドロンを囲う九つのキャンドルに火を灯していきます。ミューズの名を唱えながら一つずつ火を灯し、ゆっくりとその存在に意識を集中してください。

1　カリオペ
2　クレイオ

ソウル・インスピレーションの儀式のレイアウト

3　エラト
4　エウテルペ
5　メルポメネ
6　ポリュヒュムニア
7　テルプシコア
8　タレイア
9　ウラニア

すべてのキャンドルに火が灯ったら、知の大釜に集中します。知の大釜は、あなたの頭頂部にあるハイヤーセルフのエネルギーを宿す場所です。あなたの心の目で、頭頂部に大鍋を思い描いてください。ミューズたちによって、光の液体のようなインスピレーションが大釜に注がれているのを視覚化します。大釜から溢れ始めた光の液体をあなたのエネルギー体が浴び、オーラが満たされていきます。

ここで次のように唱えます。

〝その閃きの火花で
この知の大釜を満たしたまえ
神聖なるダイモーンの意志で
創造の力を照らしたまえ
私の言葉とこの手によって
その土地に姿を与えよう〟

ここで瞑想を行い、ミューズたちと意思の疎通を図ってみても良いでしょう。ティーライトキャンドルは完全に燃え尽きるまで火を灯したままにしておきます。火が消えたらキャンドルを取り出し、コルドロンの水をグラスに移します。その水はお風呂に入れるか、シャワーの最後に頭から浴びることでさらなる効果が得られます。すべて終えたら、インスピレーションを与えてくれたミューズたちに感謝を込めて、フランキンセンスのお香を焚きましょう。

霊能力のペンタクル

◆五大元素、五感、クレアの関係性

五大元素は人間の五感、そしてクレアと密接なつながりがあります。地の元素は物質と関連することから触覚を司り、身体的な感覚を通じて霊的な情報を感知するクレアタンジェンシーに結びついています。風は空気に漂う匂いを感じる嗅覚を司り、霊的な情報を匂いで感知するクレアアリエンスと深く関係しています。

水は唾液に関連することから味覚を司り、対応するのはクレアガスタンス。これは霊的な情報を口の中で味として感知する能力です。火は光に依存する視覚に関連していて、結びつくのはもちろん透視能力のクレアボヤンスです。そして第五元素であるスピリットは聴覚と透聴能力であるクレアオーディエンスと関係していま

す。クレアオーディエンスは霊媒や霊との交信と最も関係のある超感覚的知覚《ESP》です。このように五大元素と五感、クレアには密接なつながりがあるので、（元素のジャーニーワークのエクササイズで出会った）四大元素の守護者への働きかけによってそれぞれの能力を開発し、高めることができます。その際は心の中で、または口頭で守護者が教えてくれた名前を呼んで助力を求めてみましょう。

太陽と月、そして四季

第７章

魔術の実践に適したタイミングは占星術に端を発しています。占星術は天体の動きと、それが人々に与える影響を研究する学問です。占星術が登場したのは数千年前とされていますが、その正確な起源はわかっていません。歴史的に見られる最も古い占星術は、古代のエジプトとメソポタミアにまで遡ります。初期の文化や文明では、周囲の世界を理解する手掛かりとして星を観測していました。古代の人々は天体の動きにパターンを見出し、それが自然界や自分たちに影響を及ぼしていると考えたのです。こうした天体観測の科学は、後に天体を使った予言の実践へと変化していきました。そしてそれをまじないに応用するようになるまで、そう長くはかからなかったようです。

魔術やまじないの実践タイミングは、守る必要こそありませんが見過ごされがちな大切な要素です。魔女は宇宙を、原因と結果と影響によってエネルギーが相互に作用する広大な空間と捉えています。占星術はそれらのエネルギーがもたらす影響を大宇宙《マクロコズム》レベルで観測し理解することを可能にします。

魔術を実践するタイミングの大切さは、ボウリングに当てはめて考えてみると簡単に理解できます。レーンの先に並んだピンがあなたの叶えたい願いで、ボールは魔術の力と捉えてみてください。理想はストライク、つまり一投目ですべてのピンを倒すことです。ボールがガターに落ちて、ピンを一本も倒せないというのは避けなければなりません。占星術のタイミングを取り入れるのは、ガターにバンパーを置くようなものです。占星術のタイミングを多く取り入れるほど、ボールの軌道を補正してストライクが取りやすくなるのです。

もちろん、占星術の照応が魔術を実践するタイミングにぴったり当てはまるのが理想ですが、それでは条件が整うまで何年も何十年も待つことになるかもしれません。そこで魔女は、魔術に最も強い影響を与える月と太陽に主眼を置いています。星の中でも月と太陽は最も早いサイクルで一巡します。つまり完璧な条件が整うのを三十年待つよりも、月と太陽のタイミングに合わせた方が実践の機会が増えるのです。

◆太陽

魔術や魔女術は歴史的にも月や夜と結びつけられ、魔女は薄明りの下で密かに実践を行うという印象を持たれています。これは間違いではありませんが、必ずしもそうとも限りません。魔女は月だけでなく、太陽とも深い関わりがあります。夜勤の仕事をしている人を除いて、大多数の魔女は昼間に起きて生活しているため、太陽の力を活用することには大きな利点があります。魔女にとって太陽とは純然たる活動的な生命力であり、古代の人々も日の出と日没を死と再生に関連する生命サイクルと見なしていました。太陽の光は生命を育みます。地球上の植物の成長を助け、すべての生態系の食物連鎖の鍵となるのが太陽です。太陽光に依存する植物が空気中の酸素濃度を調整することで、私たち人間を含む動物が呼吸をして生きていくために最適な状態がつくり出されています。

◆春

春分から夏至までが春の季節です。春は身の回りの出来事や周りの人に対する霊的な感覚が冴えわたり、魔術による顕現の力も増幅します。この時期は一年を通じて大きな変化をもたらす力が高まるので、人生の大きな目標を達成するための魔術の実践に最適なタイミングと言えます。また、春はスピリット・ガイドや身近な霊とのコンタクトが容易になり、霊的な共感能力《サイキック・エンパシー》や感情のエネルギーも高まる傾向があります。予言的な夢を見やすくなるのもこの時期の特徴です。

◆夏

夏至から秋分までが夏の季節です。夏は魔術のエネルギーの波動が高くなり、すでに現実化しつつあることにさらに拍車をかけるような魔術が成功しやすくなる傾向があります。春に新たな目標に向けた魔術を実践したら、夏はその現実化を加速させる実践を行うのに最適なタイミングと言えます。言い換えれば、この時期は全く新しいことを願うのではなく、それまで取り組んできたことを調整するための魔術が力を持つのです。伝統的に夏は霊媒のようなサイキックワークが難しくなるとされていますが、霊能力を働かせて自分の人生設計や、過去が現在と未来に及ぼしている影響を見つめ直すのには良い時期です。また、天界へのジャーニーワークを行うのはこの季節が最適です。

◆秋

秋分から冬至までが秋の季節です。魔術に関しては、秋は人生の収穫を増やすための実践に最適な時期です。霊能力が飛躍的に高まり、未来を見通す占いも鮮明さを増すのがこの季節の特徴です。特にこの時期に行う霊媒は非常に強力になり、ほとんど苦労することなく、あるいは偶然に霊とコンタクトをとれるようになります。秋になると頻繁に夢の中に霊が訪れてくることも珍しくありません。また、秋は自分の人生において不要な面に目を向け、それらを捨てることで人生がどう変わるかを占い、不利益をもたらす習慣や考え方、他者、場所、出来事、状況などを断ち切るための魔術を実践するのにも理想的な時期です。秋はアストラル投射をしたり、明晰夢を見やすくなったりする傾向もあり、夢に関連した魔術を実践するのにも適しています。

◆冬

冬至から春分までが冬の季節です。冬は魔術のエネルギーの流れが最も弱くなる傾向があります。弱いエネルギーの流れは外よりも内に向かって集中するため、この時期にはアストラル投射が完璧に近いものになったり、とても鮮明な明晰夢を見たりすることがあります。日照不足による生物学的・心理学的な影響だけでなく、次の年に向けた休息と充電という意味でもセルフケアが最も大切になってくるときです。そんなこの時期には、自己の心理的、感情的な側面の変化に関する魔術やヒーリングの効果も高まります。

冬は深い思索や瞑想、そして自分の人生の恵みへの感謝（これはマニフェステーション＝願いの現実化において鍵となる要素です）をするべきときでもあります。また、浄化をしたり悪いものを祓ったりするのにも適したシーズンです。霊は冬も活発ですが、霊媒でのコミュニケーションはほかの季節より少し難しいかもしれません。冥界のジャーニーワークには冬が最も適しています。

◆時間帯

魔術の実践タイミングに関しては、魔女は一日を主に四つの時間帯に分けて考えています。

【夜明け】

夜明け（日の出）から正午にかけては、新しいことを引き寄せたり、一日の流れを整えたりするための魔術が実践される傾向があります。この時間帯の中でも特に日の出の時刻は増幅の力を最大限に活用することができるピークタイムとされています。

【正午】

太陽が最も高くなる正午から日没までは、増加、成長、力、安定、潤沢などをもたらす魔術が効果的になる時間帯です。特に昼の十二時はそれらの魔術の力が最大限に高まる時間とされています。

【日没】

日没から真夜中にかけては、解決、追儺《ついな》、束縛、浄化、終焉、絶縁に関連する魔術が最も効力を持つ時間帯です。特に日の入りの時刻はこの時間帯のピークタイムとされています。


【真夜中】

真夜中から夜明けまでは、日没から真夜中までと同じ暗闇の時間帯です。この間は降霊術《ネクロマンシー》、霊とのコンタクト、アストラル投射に最適で、夢に関連する魔術も非常に効果的になる傾向があります。その理由については、後ほどいくつかの説を紹介します。伝統的にこの時間帯のピークは午前零時とされています。

exercise 55 メラニー・バーナムによる、第三の目を開くまじない

【実践タイミング】

日没。

【マテリア】

・生分解性のグリッターパウダー（多色のものが望ましい）

【もたらされる効果】

このまじないは、額の中央、眉間の少し上にある第三の目を開くことを目的としています。第三の目とは、あなたのクレアボヤンス（透視能力）や霊的な視覚を司る目です。また、あなたの霊能力や直感力の妨げとなっているものを取り去り、素質の開花を促します。

【実践の手順】

このまじないは手順こそシンプルですが、クレアボヤンスを開発したいという強い意志を持って行う必要があります。日没の時間に屋外の空の下で、邪魔が入らずプライバシーを保てる場所で行うのが理想的です。できればアスファルトではなく草の上で行ってください。また、空が晴れていることも重要で、雨や雪などが降っていると逆効果になってしまいます。

では始める前に、まずは深く息を吸って、そして吐いてください。もう一度深く息を吸って、次のように唱えます。

〝私の意図は、第三の目を開いて
生来《せいらい》の霊能力に同調すること〟

グリッターの蓋を開けて右手に持ち、北を向いて声に出して唱えてください。

〝信じ願う者は皆
色とりどりの周りの世界を
空から地まで
自由に見渡すことができる〟

北を向いたまま右手でグリッターを少しだけ空に撒きます。降ってきたグリッターを左手で摑んでください。そして、その手で眉間の第三の目をこすります。
次に、南を向いて空を見上げ、こう唱えてください。

〝偽りのない意図が
内なる視界をもたらし
空が暗くなると共に

心象が現れる〟

右手にグリッターを持ち、空に向かって少し撒いてください。それを左手で摑んだら、円を描くように第三の目に擦り込みます。

次に、東を向いてください。心を開くよう意識して、こう唱えてください。

〝生来の直感を高め
第三の目を開くことで
完全なる転換がもたらされ
私の視界を飛躍させる〟

最後にもう一度右手でグリッターを空に撒き、左手で摑み、第三の目に擦り込みます。

そして西を向いて、次のように唱えてください。

〝完全なる意志によって
今解かれたのは
ここにある視覚と視力

そして終わりのない視界〟

グリッターをあなたの前に撒き、左手で少し摑んでください。それを第三の目に擦り込み、グリッターの瓶を額に当てて開かれた視覚に感謝を捧げます。

最後に、ゆっくりと体の向きを変えながら残ったグリッターを周囲に撒いてください。その色が宇宙と混ざり合うのをイメージして、色とりどりのメッセージにクレアボヤンスを開いてみてください。

◆霊能力、霊の顕現と光と闇の周期

太陽は私たちの霊能力だけでなく、一部の霊の顕現や活動にも直接的な影響を及ぼしていると考えられます。まず、太陽は人間の概日《がいじつ》リズムに関係しています。概日リズムとは、メラトニンを介して脳波を変化させ、睡眠と覚醒のサイクルを調節する体内時計のことです。『魔術の教科書』では、松果体《しょうかたい》、概日リズム、光、メラトニンの分泌、脳波の状態が霊能力とどのような関係にあるかについて解説しました。また、なぜ暗い照明や夜間が魔術の実践に適しているのかというテーマにも触れています。

特に興味深いのは、概日リズムによるメラトニンの分泌は、平均的な成人の場合では一日に二回ピークを迎えるということです。その際、脳波の状態はアルファ波からさらに深いシータ波へと変化します（これは霊能力が働くときの脳波の状態です）。一回目のピークは午前一時から三時、そして二回目は午後二時から四時の時間帯です。これはつまり、一般的な睡眠サイクルの人であれば、この時間になると自然に霊能力が高まることを示唆しています。特に午前一時から三時という時間帯は、霊の活動や知覚が高まる傾向があるとされている「魔女の横行する夜半（丑三つ時）」と一致するというのも注目に値します。

さらに興味深いのは、霊の顕現と太陽光の相関関係です。どうやら、霊の姿を肉眼で捉えるには一定の明るさが必要なようなのです。幽霊が出るのは夜中というのは世界共通の認識ですが、おもしろいことに、幽霊とされる霊は暗い場所、特に太陽光の当たらない場所であれば時間に関係なく私たちの現実の界層に顕れ、人とコンタクトをとることがあります。屋根裏や地下室など、完全に光、特に日光が遮断された場所で霊を見たという話はいくらでもあります。暗い場所に霊が出るというのはよく聞く体験談というだけでなく、映画や小説などで使われる典型的な表現にもなっています。

話を進める前にここで断言しておきたいのは、波長の高低でその霊が善い霊なのか悪い霊なのかは判断できないということです。一部の宗教やメディアで言われていることとは異なり、ある特定の波長の界層に存在することで、その霊が本質的に善い霊となったり悪い霊となったりするわけではないのです。それは平原にいるのは道徳的に悪の動物で、木

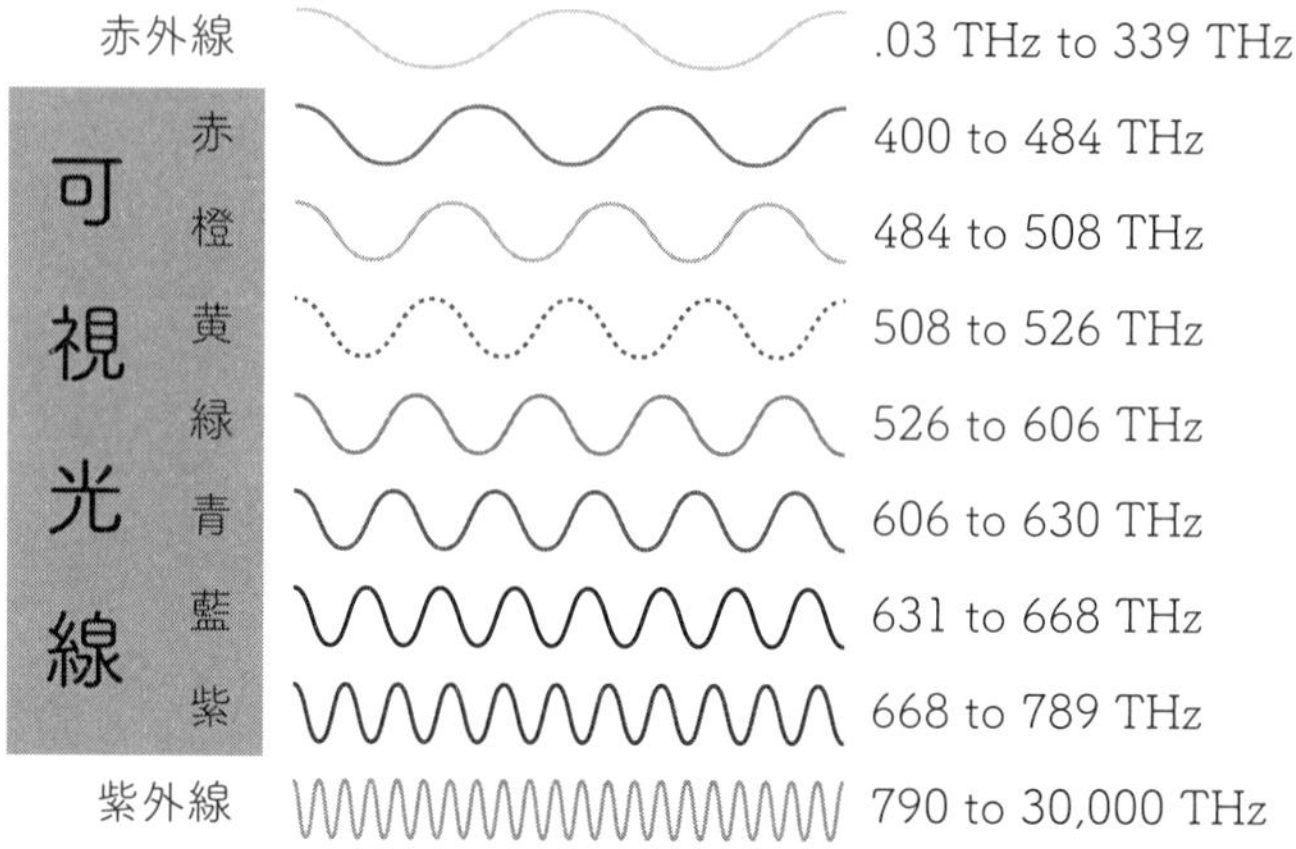

光のスペクトル

の上で暮らしているのが善の動物だと言っているようなものです。これは個体差を無視した無知な発言であるばかりでなく、一部の人が持っている強い偏見とも言えます。

周波数に関しては光のスペクトルを参照してください。人間の目で物理的に見ることのできる光のスペクトルは４３０ＴＨｚ（テラヘルツ）〜７５０ＴＨｚの間です。赤い光のスペクトルは４００〜４８４ＴＨｚに存在し、私たちが肉眼で捉えることのできる最も波長の長い光です。・０３〜３９９ＴＨｚまでは肉眼では見えないほど波長の長い光で、いわゆる赤外線に該当します。６６８〜７８９ＴＨｚまでは紫色で、目に見える光の中で最も波長の短い光です。７９０〜３０，０００ＴＨｚまでは目には見えないほど波長が短い光で、これが紫外線です。太陽が自然界の主な光源であるように、紫外線も主に太陽から発せられています。

光と霊の関係性に話を戻すと、長い歴史を通じて幽霊や悪霊は目に見える光、特に太陽光が射さない夜や暗闇の中に潜むとされてきました。これはそうした霊が可視光線を超えた赤外線スペクトルのどこかにある、長い波長と低い周波数に対応した低い振動数の世界に存在しているからだと考えられます。おもしろいことに、古典的な霊媒や降霊術では霊を呼び出すときに赤い光が使われていました。これは霊媒師たちの経験則から、赤い光は故人の霊の顕現や、エクトプラズムという現象を促すと考えられていたためです。つまり赤い光によって霊が顕現するための理想的な条件をつくり出すことで、界層の橋渡しをしていたのです。

光の波長が長いほど放出するエネルギー量も少ないので、霊が私たちと同じ界層に姿を顕し、コンタクトをとりやすくなるようです。私の経験上、高い振動数を持つ霊的存在にとっては人間と交流したり、自由に顕現したりすることはそれほど難しくないと思われます。そうした存在はすでに可視光線スペクトルよりも速い速度で振動し、より多くのエネルギーを放出しているので、単に振動数を下げるだけで人間の目に映ることができるからです。

逆に短い波長の光、特に太陽が発する紫外線は、低い振動数の霊が私たちの界層に姿を顕すことを難しくしていると考えられます。私の知っている魔女の長老の一人は、特に厄介な幽霊が出没する場所には紫外線のライトを持ち込んでいます。魔女の尺度で考えると型破りに思えるかもしれませんが、これは悪意のある霊を祓う効果的な方法なのです。その効果は永久的な場合もありますが一時的なことがほとんどなので、さらに追儺や悪魔祓いの儀式が行われます。私としては、そうした儀式は極めて厄介なケースに限って行うべきだと感じています。霊と交流し、なにを望んで顕れているのかを理解することは、肉体を持つ人間にも持たない霊にも利益をもたらし、良好な関係を築く方法です。人間に干渉することも、されることも望んでいない、無害な霊も多く存在します。悪霊に思えたとしても実は助けを求めている霊で、人を怖がらせずに注意を引く方法を知らないだけの場合もあります。

霊とコンタクトをとり、意思の疎通を図り、働きかけることは時間帯を問わず可能です。そして、それを容易にする条件があることも間違いないでしょう。概日リズムによる午前一時から三時にかけての脳波の変化や、真夜中の可視光線の量などを踏まえると、魔女の横行する夜半という概念は確かに理に適っています。

exercise 56 太陽礼拝

【実践タイミング】

一日を通して。

【もたらされる効果】

セレマ【訳注／イギリスのオカルティストであり二十世紀最大の魔術師とも呼ばれるアレイスター・クロウリーによる神秘主義であり新興宗教】では日々、さまざまな時間帯に太陽礼拝を実践します。この礼拝はアレイスター・クロウリーが著した『レシュの書（Liber Resh vel Helios）』で紹介されていることから「レシュの実践」とも呼ばれています。「liber（リベル）」は本を意味し、「resh（レシュ）」はカバラで太陽、太陽神、タロットカードの太陽を表すヘブライ文字です。そして「helios（ヘリオス）」は古代ギリシャの宗教の太陽神です。この太陽礼拝は、日の出、正午、午後、日没、夜と一日五回の祈りを捧げるイスラム教の習慣から一部影響を受けています。クロウリーの形式では一日に四回、それぞれの時間に対応する方角を向きながらエジプトの太陽神に礼拝の言葉を唱えます。四回の礼拝の時間には、太陽が天空の定点に位置しています。

この礼拝にはいくつかの目的があります。まず一つは、太陽のエネルギーとつながり、自分のエネルギー体と魔術の力を活性化させることです。また、日々昇り、沈む太陽は月や季節よりも周期が速く、それに合わせることで自ずと自然のリズムに同調する効果も得られます。そしてなにより太陽をハイヤーセルフの象徴、つまり自分自身の神性として見ることで、瞑想的な内省の焦点とするのを意図しています。

太陽はハイヤーセルフの象徴であり、地球にいる人間はそこから転生していると考えれば、私たちという存在は永遠で、肉体に依存せず、死によって終わることがないと理解することができます。そこから連想されるのは、フランスのオカルティストであるエリファス・レヴィによる「大いなる業《わざ》」の次のような定義です。〝人間自身による人間の創造に先立つすべてのもの。それは人間に備わるすべての能力と人間の未来の完全なる征服、特に意志を完全に解放し、大いなる魔術の代行者に対する完全な力を確実なものにすることである。その代行者とは、古代の哲学者たちがファースト・マターと呼んだ変容する物質の形を決定づける要因であり、それによって真に金属を変化させることや、普遍医薬に到達することができるのだ〟この言葉を噛み砕いて説明すると、大いなる業とは鉛を金に変える錬金術の探求に象徴されるように、自己を内なるレベルで変革し、潜在能力を最大限に引き出し、再び真の神性と一致させることだと説いています。

太陽礼拝は簡潔に言えば、魔術の力とエネルギー体を高め、自然のリズムやハイヤーセルフとの同調を促し、不滅の本質と大いなる業の喚起をもたらす実践です。今回のエクササイズでは、クロウリーの形式から特定の神名や性別を排除し、要点をさらに強調した私なりの太陽礼拝を紹介します。また、魔女の道における大いなる業の青写真である「魔女のピラミッド」も統合しました。クロウリーの形式を崩すことを快く思わないセレマイトの方もいるかもしれませんが、クロウリーは自身の儀式について〝隷属的に模倣する必要などない。学ぶ者は自分の理解の及ばない対象にはなにもすべきではないが、なんらかの能力があるならば、他者によって高度に磨かれた儀式よりも、自らの粗い儀式が効果をもたらすことに気づくだろう〟と述べています。

【実践の手順】

まずは起床時（日の出の時刻が望ましい）に礼拝を行います。東を向いて立ち、手のひらを太陽に向けて両腕を伸ばし、敬意を表します。そして目を閉じて、次のように唱えてください。

〝光の君主、太陽を奉迎《ほうげい》せん
形の世界に昇るとき
玉座の上で常に不動である汝よ

友として汝に呼びかけよう
魂から魂、太陽から太陽へ
汝が知ることを教示しているように
私は大いなる業と共にあろう
己のすべてを知るために〞

次は太陽が頂点にある正午に礼拝を行います。南を向いて立ち、手のひらを太陽に向けて両腕を伸ばし、敬意を表します。そして目を閉じて、次のように唱えてください。

〝光の君主、太陽を奉迎せん
形の世界に君臨するとき
玉座の上で常に不動である汝よ
友として汝に呼びかけよう
魂から魂、太陽から太陽へ
汝が意図することを教示しているように
私は大いなる業と共にあろう
己のすべてを知るために〞

三度目の礼拝は日没時に行います。西を向いて立ち、手のひらを太陽に向けて両腕を伸ばし、敬意を表します。そして目を閉じて、次のように唱えてください。

〝光の君主、太陽を奉迎せん
形の世界で沈みゆくとき
玉座の上で常に不動である汝よ
友として汝に呼びかけよう
魂から魂、太陽から太陽へ
汝が臨むことを教示しているように
私は大いなる業に尽くそう
己のすべてを知るために〟

最後に夜（午前零時が望ましい）の礼拝を行います。北を向いて立ち、手のひらを前方に向けて両腕を伸ばし、見えない太陽に敬意を表します。そして目を閉じて、次のように唱えてください。

〃光の君主、太陽を奉迎せん
形の世界でその姿が覆われるとき
玉座の上で常に不動である汝よ
友として汝に呼びかけよう
魂から魂、太陽から太陽へ
汝が寡黙であることを教示しているように
私は大いなる業に尽くそう
己のすべてを知るために〃

◆月

月は魔女や魔術と最も深い関係にある天体です。魔女の集会は満月の下で開かれるというステレオタイプなイメージがありますが、これはあながち間違ってはいません。文化的にも、月と魔女はいくつかの点で結びついています。魔女が扱うシンボルの多くも、月が夜を照らす唯一の光源だった古代からのものです。

月は未知の世界や無意識の領域の神秘の象徴でもあります。月と魔女の関係は、古代の神話や伝説、宗教にも根ざしているようです。ギリシャ・ローマ神話の女神の中でも、魔女や魔術と深い関わりがあるのはヘカテ、ディアナ、セレーネなど月の女神たちです。同じくギリシャ・ローマ神話に登場する魔女や女魔術師の多くも、キルケーやメーデイアのようにヘカテの娘やヘカテ神殿に仕える巫女《みこ》であったとされています。

月は霊能力や魔術の力を完璧に表現した星でもあります。それらはエネルギーを受けて知覚する一方で、エネルギーを投射するというコインの裏と表のような性質を持ちますが、月も太陽の光を受け、それを反射させることで地球を照らしています。また、月は変化を繰り返す星でもあり、ひと月を通して満ち欠けをすることで、魔女の道と同じように光と闇のバランスをとっています。月の引力が地球の潮の満ち引きに影響を与えているように、魔術や霊能力のエネルギーの潮流を支配しているのもまた月なのです。魔女の世界では、月はその満ち欠けを通じて霊能力とアストラル・エネルギーの流れに影響を与えていると考えられています。

◆新月と晦《つごもり》

新月と晦は同じものと捉えている魔女もいて、その違いについては議論が起こることもあります。この二つの月相の定義は魔女の流派や団体によっても少しずつ異なりますが、私自身は晦を新月の一部と考えています。晦とは、月が完全に欠けて肉眼では全く見えない状態にあることです。私はそこから三日月になり始める月相を新月と定義しています。天文学的には、新月は月が太陽と地球の間にあるためほとんど光を反射できず、私たちからは見えない状態を指します。

新月と晦の時期は、外面的な顕現を目的とする魔術やまじないはほとんど実践されません。この間は内面的なことに集中したり、休息したりする時期なのです。シャドウワーク、インナージャーニー、自己改善、瞑想《メディテーション》、冥想《コンテンプレーション》などは、この時期にとても大きな効果をもたらします。また、新月と晦は魔術の実践の計画や準備を始めるのにも最適な時期です。私はよくこの期間を活用して自分の意志を確認し、魔術でなにを顕現させたいかを考えることに集中しています。この月相の間は、自分の意志と望みをできるだけ明確にし、魔術の実践の計画を練ることに時間を充てることをおすすめします。

◆満月

満月とは、月が完全に満ちている状態を指します。天文学的には、満月とは月が地球を挟んで太陽の反対側に位置し、光を全体で反射している状態を指します。満月は歴史的に見ても最も魔女と関係の深い月相ですが、それには理由があります。魔女の考え方では、満月は月の力が絶頂にあると同時に、完全に満ちていく月と完全から欠けていく月のどちらでもある境界域なのです。魔女の多くは満月の前日と翌日も同等の月相と見なし、あらゆる魔術の目的のための日と捉えています。この間は魔術に纏《まつ》わるあらゆることを行うのに適した時期で、すべての魔術とまじないの効力が大幅に高まります。また、魔術道具の浄化やチャージを行うのにも適しています。

◆月の満ち欠け

新月と満月の間の月の満ち欠けは、魔女にとって二番目に重要な月の区分です。満ち欠けは、月のエネルギーの主な潮流とも言えるものです。簡単に説明すると、満ちていく月は明るさを増しながら満月へと向かう月。欠けていく月は明るさを減少しながら新月へと向かう月です。魔女の視点では、満ちていく月は光の反射が強まることから、人生や周りの世界に変化をもたらすような魔術やまじないの実践に適した時期、そして欠けていく月は光の反射が弱まることから、人生や身の回りの不要なものを排除し、新たな変化を受け入れる魔術やまじないに最適な時期と捉えられています。魔術をブーメランのように考えてみてください。月が満ちていく間に宇宙に投げたブーメランは、月が欠けていく間に結果を連れて帰ってくるのです。

夜空の月を見て、満ちていく月と欠けていく月を簡単に見極めるには、手を三日月の形

にして左右どちらと一致するかを確認します。右手（エネルギーを投射する手）と同じ向きであれば、それは満ちていく月です。逆に左手（エネルギーを受容する手）と同じ向きの月なら、それは欠けていく月です。また、ローマ神話の女神であるディアナとヘカテの名前を使ってどちらの月かを判別するという、覚えておくと便利な方法もあります。月がディアナの名前の頭文字Dと同じカーブのときは、エネルギーを高めながら満ちていく月。ヘカテの名前にあるCと同じカーブのときは、エネルギーを減少させながら欠けていく月です。最後にもう一つ判別法を紹介します。私たちが子どもの頃に学校で習った数学の大なり・小なりの記号を思い浮かべて、月が大なりの記号「>」の向きなら、それは満ちていく月です。月が小なりの記号「<」の向きなら、それは欠けていく月と覚えておきましょう。

◎ムーン・クォーターズ

次に紹介する月の区分は、ムーン・クォーターズと呼ばれるものです。これは名前の通り、新月と満月も含めて月相を四つに分けたもので、約七日ごとに移り変わります。月は魔術のエネルギーの流れに影響を与えるように、霊能力のエネルギーの波動にも影響を与えています。

◎ファースト・クォーター（上弦の月）

ファースト・クォーターは、新月から満月に向かう中間までの時期を指します。月が半分ほど影に覆われ、大文字のＤのように見えるのがこの月です。この時期は、自分の意志を顕在化させるためのエネルギーを形づくり、それを動かし始めるのに最適なタイミングです。また、モチベーションを高めるための魔術やまじないも特に効果的に働きます。ファースト・クォーターの間は、霊能力の知覚が自然に高まり始めます。これから始まることと、生じることに関連した霊視や占いをするのにも最も適した時期と言えます。占いに対する集中力が高まり、普段よりも遥かに明確な読み取りができるように感じるでしょう。あなたを導く霊であるスピリット・アライがメッセージを伝えようとしていることに気づくかもしれません。この月相の間はいつもより共感的になり、他者の感情的なエネルギーに敏感になる傾向があります。私自身に関して言えば、この時期は夢が普段よりもずっと鮮明になり、明晰夢を見たりアストラル投射を行ったりすることが楽になるように感じています。

◎セカンド・クォーター

セカンド・クォーターは、ファースト・クォーターから満月までの時期を指します。この間は物事の増幅や加速、強化を促す魔術を実践するのに最適なタイミングです。また、拡大に関連する魔術や、人生に調和とバランスをもたらすようなまじないの効力も高まります。セカンド・クォーターの間は、霊能力の知覚が最も強くなる傾向があります。感情や夢、スピリット・アライからの導きなど、あらゆるものが最大限に豊かになっているように感じられるでしょう。霊能力の開発に取り組むのにも最適な時期で、占いも月の影響を受けてとてもクリアに視《み》ることができるようになります。霊媒能力の開発や実践もはかどり、自分の直感がフル回転していることを認識できると思います。最も予知夢を見やすくなるのもこのセカンド・クォーターの特徴で、月が満月に近づくほど、夢から答えを導き出す夢占い《オネイロマンシー》が明晰さを増します。さらに、精霊や神、守護霊への問いかけに対する返答が得られやすい時期でもあります。

◎サード・クォーター（下弦の月）

サード・クォーターは、満月から新月に向かう中間までの時期を指します。この間は目標を達成し、その実りを収穫するための魔術に最適なタイミングです。また、人生から不要なものを排除し、新たな変化を招き入れるための時期でもあります。結界、加護、自衛、追儺に関連する魔術やまじないは、この時期に最も効力が高まります。サード・クォーターの間は霊能力の知覚が少し弱まり、内面に向かい始める傾向があります。そのため周囲の霊、特に地霊や死者の霊の影響に敏感になることもあるかもしれません。瞑想や視覚化の能力が高まる一方で、占いや霊視では明瞭さや理解力が弱まっているように感じられるでしょう。

◎ラスト・クォーター

ラスト・クォーターは、サード・クォーターから新月までを指します。この時期の月は半分が影に覆われ、大文字のDを逆にしたような半月になります。ラスト・クォーターの間は伝統的に破壊や害をもたらす魔術や、終焉、分離、制限、束縛などに関連するまじないが実践されてきました。また、休息や回復に最適な時期でもあります。私の経験上、ラスト・クォーターの間は霊が最も活動的になるようです。この時期は占いや霊能力によって自分以外のものを知覚しようとしても、解読がかなり難しくなる傾向があります。逆に、瞑想やインナーワーク、シャドウワークを行うことによって、自分自身のさまざまな側面を知ることが容易になります。特に新月に近くなるタイミングでは占いを一旦休止し、霊能力を休ませるのが理想的です。

◆月のボイドタイム

月のボイドタイムとは、月が現在の星座《サイン》から移動していて、まだ次の星座に入っていない時間帯を指す言葉です。一般的にこのボイドタイムの間は物事が不安定になるとされています。月が次の星座に入るまでの間は、占星術の用語で天体同士の主要な角度を指す「メジャー・アスペクト」がつくられない時間が生まれ、月はどの惑星の影響も反射しなくなります。反射するエネルギーが無になるということから、この時間帯は無効、空虚、空白などを意味する「ボイド（void）」と呼ばれるようになったと考えられています。魔術やまじないに関しても、ボイドタイムはその効力が無効になると考える魔女は多くいます。私も昔から、ボイドタイムは魔術やまじないにとって不吉な時間だと教わってきましたが、それに異を唱えている魔女たちもいます。実際、私の経験からもボイドタイムに実践する魔術は効力が弱まる傾向があります。さらに効果が不完全なかたちでしか現れなかったり、意図した通りにはならなかったりすることも多く、最悪の場合には逆の効果がもたらされます。占星術では、ボイドタイムに新しいことを始めたり、新しい契約を結んだりしないように勧めています。私もこの時間帯の魔術の実践は避けることを強く推奨します。ボイドタイムは数時間から長くても一日程度の間なので、それほど大きな問題ではないはずです。ボイドタイムが訪れる時間を調べるには占星術の天体暦《エフェメリス》を参照するのが一般的ですが、ルウェリンから出版されている『Witches' Spell-A-Day Almanac』のような魔女の年鑑も便利です。占星術の資料や魔女の年鑑では、ボイドタイムは「v/c」と注釈されています。

exercise 57

天体の水《ルミナリー・ウォーター》

【実践タイミング】

意図に応じて。

【マテリア】

・蓋付きのガラスの容器または瓶
・飲料水
・ラベルシール

【もたらされる効果】

ルミナリー・ウォーター（太陽の水《サン・ウォーター》、月の水《ムーン・ウォーター》の二種類に分けられます）は、手軽に日常に取り入れることができて、とても汎用性の高い魔法の水です。今回のエクササイズでは、太陽光や月光を浴びてそのエネルギーを取り込んだルミナリー・ウォーターをつくります。水はその物理的な性質と同じように、エネルギーに対しても受容性と溶解力があります。いわばエネルギーを吸収するスポンジのようなものだと考えてください。月のムーン・ウォーターは、月の満ち欠けやどの星座にあるかに応じてその固有の性質を持たせることができます。同様に、サン・ウォーターも太陽がどの星座にあるかで性質が変わります。とはいえ、どの月相や星座にあろうと月や太陽の本質的なエネルギーを持つことになるので、それだけで十分効果的です。

ルミナリー・ウォーターは基本的には飲用するものですが、お風呂に入れたり、魔術道具を洗ったり、家の掃除に使ったり、スプレーに入れて吹きかけたりすることもできます。普段の生活に使えるエネルギーの水だと思ってください。色のついたガラスは特定の光を遮断してしまうため、容器や瓶は必ず透明なものを用意してください。

【実践の手順】

容器に水を入れ、蓋をして屋外や窓辺に置きます。月明かりや日光の下にただ容器を置くのではなく、できるだけ光が直接当たる場所を選んでください。天候などの関係でそうもいかないときもあると思いますが、問題ありません。エネルギーは多少弱まりますが、それでも充分な効果が得られます。また、埃や水滴が入らないように必ず蓋をしましょう。ルミナリー・ウォーターもほかのまじないと同じように、あなたの意図と意志が鍵です。なにも考えずにただ水を置いただけでは強い効果は得られません。私は自分がなにを求めているのかを、次の手順で念じるようにしています。まずはアルファ波の状態に入り、水を手に持ちます。

月のムーン・ウォーターなら、このように唱えます。

〝今宵の月光の力を
水の精霊は憶え、そして知る
その月相、その星座を憶え
この水に力を与えたまえ〟

太陽のサン・ウォーターなら、このように唱えます。

〝偉大なる太陽の輝きを

水の精霊は憶え、そして知る
その星座を憶え
この水に力を与えたまえ〟

あとはしばらく置いて、水にエネルギーを吸収させるだけです。ムーン・ウォーターは一晩置いたままにして、太陽が昇る前に回収します。同様に、サン・ウォーターは日中外に出しておき、太陽が沈む前に回収してください。もし回収のタイミングを逃したとしても心配は要りません。言葉を唱えて吸収させるエネルギーを指定しているので、別の光を浴びたからといって無効になるわけではないのです。容器には必ずラベルを貼って、なんの水かわかるようにしておきましょう。

exercise 58 ケイト・フローラーによる、満月のサード・アイ・オイル

【実践タイミング】

満月の間。

【マテリア】

・目をモチーフにしたイラスト（古代のシンボリズムによって、目の輪郭を描くだけでも力を呼び起こすことができます）
・アメジスト（小）１個
・乾燥マグワート（ヨモギ）小さじ１杯
・乾燥ラベンダー小さじ１杯
・茎を切り取った生花（花の種類は問わず）１輪
・蓋でしっかり密閉できる瓶
・ホホバオイルやオリーブオイルなどのキャリアオイル１／２カップ

【もたらされる効果】

長い歴史を通じて世界中に見られる目のシンボルは、知識や悟り、高みにある叡智を表しています。今回のエクササイズでは、額の中央に位置する第三の目の開眼をサポートするオイルをつくってみましょう。第三の目を開くことで、知覚や直感、霊能力が高まります。私たちの脳の中央には松果体と呼ばれる螺旋状の松ぼっくりのような形の小器官があり、第三の目となんらかのかたちで対応しています。螺旋は自然界を構成する神聖幾何学の重要な形状の一つです。植物の花は螺旋状のパターンで成長するため、このオイルには第三の目の開眼の象徴として生花を用いています。

【実践の手順】

満月の夜に、用意したマテリアを祭壇や屋外の作業台の上に並べます。満月のエネルギーがあなたの空間を照らしているのをイメージしてください（月が見えなくてもエネルギーを感じれば問題ありません）。しばらく集中してイラストの目を見つめながら、そこに明るい満月の光とエネルギーが注がれているのを視覚化します。あなたの心の中で、その目と月がつながれました。

アメジスト、マグワート、ラベンダー、生花を目のイラストの上に置きます。それらが上から満月のエネルギーを浴び、下からも神秘的な目のエネルギーを受けているのをイメージしてください。しばらくの間、マテリアがこの二つのエネルギーを吸収しているのを思い描きます。マテリアの周りを白や紫の光が渦巻いていたり、エネルギーの泡が包み込んでいたりするのが見えるかもしれません。

瓶にすべてのマテリアを入れ、オイルを満たして蓋を閉めます。瓶を額に当てて、次のように唱えてください。

〝この第三の目は、花のように開かれる

この第三の目は、月のように見えざるものを明らかにする"

オイルにハーブと花のエッセンスを吸収させるために、瓶を三晩、イラストの目の上に置いておきます。

完成したオイルは濾した後、乾燥した暗い場所に保管してください。

霊能力に働きかける実践をする際はこのオイルを少量額に塗り、あなたの第三の目が花のように開いているのをイメージしながら先ほどのチャントを繰り返し唱えます。また、予知夢を見るために就寝時に塗ったり、占いや瞑想を行う際に塗ったりするのも効果的です。

第8章

惑星の力

文明発祥の地であるメソポタミアでは、古代の占星術師たちによって夜空に見える古典的な七つの惑星に神々の名前が付けられました。バビロニアの占星術の影響を受けたヘレニズム時代のギリシャ人も同じように、バビロニアやシュメールの神々と同一視されるギリシャの神々を惑星と関連づけていました。そしてこの伝統を取り入れたローマ人によって、七つの惑星は一週間の七日間に割り当てられました。ローマ神話の神々に由来する惑星の名は現代にも受け継がれ、曜日の名にもその伝統が残っています。また、英語ではローマ神話の神々から、その惑星の力の働きを共有する北欧神話の神々の名に置き換えられています。その神々が同等あるいは同じ神であるとはまでは言いませんが、それぞれの役割や支配する領域を共有しているのは確かです。

英語のカレンダーでは、Tuesday（古英語ではTiw's day）は北欧神話の軍神テュール（Tiw）に因んで命名されましたが、この軍神という役割はローマ神話の神であるマルスと同じです。Wednesday（Woden's day）は北欧神話の学問、詩、魔術の神であるオーディン（Woden）から名づけられたもので、その役割はローマ神話の神メルクリウスと同様です。Thursday（Thor's Day）は北欧神話の神トール（Thor）から来ていて、ローマ神話の神ユーピテルとの関連性は最も薄いように思えますが、雷と稲妻の神であり、それぞれのパンテオンの王である神の子孫（ユーピテルは父親のサトゥルヌスからその地位を奪いました）というところは共通しています。Friday（Frigga's day）は北欧神話の女神フリッガ（Frigga）から名づけられました。フリッガはローマ神話のヴィーナスと同じく、愛と美と豊穣の女神です。Saturday（Saturn's day）はローマ神話の神サトゥルヌスに由来し、Sunday（Sun's day）とMonday（Moon's day）はそれぞれの惑星との関連性を明確に保っています。太陽と月は現代の天文学の定義では惑星ではありませんが、古代においてはこの二つの星も含まれていました。

◆霊能力と魔術の観点から惑星の力を見る

一週間の各曜日を支配する惑星を理解したところで、それぞれが司る分野とエネルギーの特徴について深く掘り下げ、惑星の力が魔術や霊能力とどんな関係にあるのかを探っていきたいと思います。惑星の力については、それぞれが支配する領域だけに目が行って、その理由は疎《おろそ》かにしてしまいがちです。惑星はエネルギーに対して、それぞれの典型的な影響を及ぼしています。とても簡単な喩えになりますが、惑星を画像にかけるフィルターのように考えてみてください。写真を白黒にするフィルターもあれば、セピアカラーにしたり、色を反転させたり、輪郭をシャープにしたり、逆に全体像をぼかしたりするフィルターもあります。どれも写真に適用できますが、人それぞれの目的や表現したいことに適したフィルターというのがあります。また、複数のフィルターを組み合わせれば独特の雰

囲気を表現することもできるでしょう。それと同じように、七つの惑星はそれぞれエネルギーに異なる変化を与えます。どの惑星の力もあらゆる魔術やまじないに適用することができ、それぞれ異なる結果をもたらすのです。

　七つの惑星をきちんと理解しておけば、魔術や霊能力にその力を適用することができます。たとえば、お金に関する魔術となるとほとんどの人が木星だけに働きかけると思います。でも、私のやり方は異なります。木星にはエネルギーを拡大する力がありますが、そもそも拡大するためには元となるものが必要です。金星はエネルギーを引き寄せる力を持つので、まずはその力でお金を引き寄せてから、木星の力でそれを増やしていくのです。ここでは『魔術の教科書』で解説した七つの惑星が司る分野をおさらいしながら、それぞれのエネルギーの核となる働きにも目を向けていきます。

七つの惑星のうち、太陽と月、木星と土星、火星と金星は、それぞれのエネルギーが対極にありながらも補完し合うペアになっています。水星だけはそれ自体が相反するエネルギーの融合と合成の惑星と考えられているため、ペアとしての惑星は存在しません。水星の名の由来となったローマ神話のメルクリウスは死者の魂の導き手《サイコポンプ》であり、境界の神であり、あらゆる領域間を自由に行き来できる数少ない存在です。

◆太陽（Ｓｕｎ）

太陽は現代の天文学の定義では惑星ではありませんが、古代の占星術師たちは主要な七つの惑星の一つに数えていました。太陽のエネルギーの核となる働きは、創造と維持です。これは、太陽と地球の関係における生命維持の性質に目を向ければ簡単に理解できます。太陽の光を受けて地球の植物が光合成を行い、食物連鎖が生まれ、生態系全体が維持されています。その結果、人類は農業を営むようになり、やがて文明や帝国を築きました。多くの古代文化が太陽と創造主の神々を結びつけていたのは、そうした太陽の力や、光と暖かさ、安定や生の感覚をもたらすことからであるのは容易に想像できます。

神々と結びつけられている太陽は、私たちの魂の神性を象徴する存在でもあります。また、地球を含む太陽系のすべての星が太陽の周りを回っていることは周知の事実ですが、これは太陽が最も重要な惑星であることを象徴的に表しています。太陽は太陽系のすべての惑星にとって文字通り創造主であり、原始太陽系星雲から太陽を中心とした太陽系が形成されました。そして太陽は太陽系で唯一、自ら光を発することができる天体でもあります。そうしたエネルギー的な働きを持つことから、太陽は（占星術的な観点から言えば）創造、成長、輝き、癒し、活力、力に対する私たちの願望を支配しているのです。

【太陽のエネルギーの影響】

創造と復元。外に顕現をもたらし照らし出す。

【太陽のエネルギーの活用法】

太陽のエネルギーを活用することで、太陽が司るあらゆる分野に対する魔術の力が高まります。隠されたことを明らかにするまじないや、霊能力によるヘルス・スキャンを行う際にも太陽のエネルギーが有効です。また、高次の力や高い波動を持つ存在とつながったり、自分のハイヤーセルフと同調したり、神の導きを受けたりするためにも必要なエネルギーです。

◆月（Moon）

太陽と同様に、月も現代の天文学の定義では惑星ではありませんが、古代の占星術では七つの惑星の一つに数えられていました。現代では月は地球の衛星であることがわかっています。月のエネルギーには主にリズムと変換の働きがあります。このリズムとは『キバリオン』で説かれているヘルメスのリズムの原理を指します。〝あらゆるものは流れ出し、流れ入る。あらゆるものには潮流がある。あらゆるものは浮き沈む。あらゆるものが振り子のように揺れる。右へ揺れるだけ左へも揺れる。リズムはそれを補うものだ〟この原理の意味するところは、程度の差こそあれ、どんなものでも一方の極から反対の極へと変換できるということです。月はその月相だけでなく、地球に与えている潮の満ち引きや作物の成長への影響をもってこの原理を完全に実証しています。

月が持つ力は七つの惑星の中でも最も多彩で、あらゆる分野に及んでいます。月はあるときは投射的であり、またあるときには受容的にもなります。そして明るく輝いたり、暗くなったりと、夜空で満ち欠けを繰り返しています。そんな多様性に富んで守備範囲の広い月の力は、魔女にとって最も重要なエネルギーなのです。月が放つ光は、霊能力やドリームワーク、アストラル投射などの内なる実践に強い力をもたらす一方で、魔術による願望の顕現という外なる実践にも有効に活用することができます。月のエネルギーは、顕現と追放、投射と受容、拡大と対比など、さまざまな分野に活用することができます。

【月のエネルギーの影響】

循環と変容。内面への集中と内省。月のエネルギーはあらゆるものをその対極にあるものへと変えることができます。また、物事の流れや循環を保つ力を備えています。

【月のエネルギーの活用法】

月の力は汎用性が高く惑星エネルギーの基本のようなものですが、特に月が司る分野に関連した魔術やまじないには高い効力を発揮します。また、月のエネルギーは霊能力にも強い影響を与え、物事の先行きを知ったり、隠れたサイクルやパターンを見出したりすることをサポートする力があります。

◆水星（Mercury）

水星のエネルギーの核となる働きは交流と動きです。太陽系で最も速く移動する惑星である水星は、そのエネルギーにも物事を駆り立て、動きを促す力を反映しています。水星はコミュニケーションにも関連していて、話す、書く、Eメールやテキストメッセージでのやり取り、SNSへの投稿、手話など、人と人との交流に影響力を持ちます。水星のエネルギーの働きである動きの代表例は、飛行機、列車、車、船、徒歩などによる場所から場所への移動です。

水星が司る分野にはほかにも、交換や流れに関連する商取引、通貨、電子機器、機械や、エネルギーの動きに関連する電気、データなどがあります。電子機器が内部の情報の移動で成り立っているように、人間の思考も脳が電気情報を動かすことによって行われているため水星との関連があります。

大胆で力強い火星とは異なり、水星には繊細にして強い影響力があります。伝統的に金星は受容的で女性的、火星は力強く男性的と見なされているのに対して、水星はこの二つが融合した中性的な存在と考えられています。そのため水星には投射と受容を創造的なつながりに結びつける力があります。

【水星のエネルギーの影響】

交流と動き。水星のエネルギーにはあらゆる物事を加速させたり、異なるもの同士を結び、合成したりする力があります。また、置かれている状況に対して穏便に目立つことなくさりげない影響を与える力があります。

【水星のエネルギーの活用法】

水星のエネルギーを活用することで、水星が司るあらゆる分野に対する魔術の力が高まります。水星のエネルギーは精神感応《テレパシー》、霊媒、チャネリングなど、霊能力によるあらゆる種類のコミュニケーションに対して理想的な働きをします。

◆金星（Venus）

金星のエネルギーには主に誘引と受容の働きがあります。金星にはある種の磁気のような力があり、常に物事を引き寄せ受け取っています。金星のエネルギーは快楽的で、視覚的な美しさや心地よさをもたらします。この惑星の力を表現するなら〝蜜は酢より多くのハエを捕える〟という古い格言に集約されるかもしれません。金星のエネルギーは相手を誘い込むハーメルンの笛吹きのように捉えることもできます。あくまで物事の方からやってくるのを待つ力であって、自ら捕えに行く力ではありません。

金星はロマンスと愛に胸をときめかせる女性の美しさという、ステレオタイプなイメージを持たれがちです。でも、そのエネルギーを扱うには、それがどういった性質かではなく、どう活用するかに重要なポイントがあります。金星のエネルギーは良い方向にも悪い方向にも使うことができます。船乗りを海に飛び込ませ溺《おぼ》れさせるほど美しい歌を歌うセイレーン、雄を引き寄せてゆっくりと自分の体に取り込んでしまう雌のチョウチンアンコウ、雄の頭を食いちぎる雌のカマキリ。魅力的なもの、魅惑的なものすべてが有益とは限らないという教訓を、金星は私たちに教えてくれます。ヴィーナスは愛や創造、統合のために相手を引き寄せるだけでなく、自らの目的のために誘惑することもあります。その力は良くも悪くも魅力的であり、常に創造的かと思えば、時として破壊的にもなります。Venus flytrap（ハエトリグサ）は、その名の通り、肉食の食虫植物であることを忘れてはいけません。

【金星のエネルギーの影響】

誘引力と受容力。磁石のようにあらゆるものを引き寄せ、誘い込む力が金星の特徴です。

【金星のエネルギーの活用法】

金星のエネルギーを活用することで、金星が司るあらゆる分野に対する魔術の力が高まります。また、金星のエネルギーによって霊的な知覚の感度を高めたり、特定の情報を引き寄せたりすることができます。

◆火星（Mars）

火星のエネルギーの主な働きは力の投射と指揮です。その純然たる意志に裏打ちされた力強いエネルギーは、金星の力とはほぼ対極にあります。火星のエネルギーはその積極性が時に不利益となることもありますが、なによりも先回りします。純粋な原動力、意志の力、自発性を備え、衝動に突き動かされるような性質が特徴です。野心の矛先への渇望を体現したような火星の力は、理想を追い求めるエネルギーでもあります。それは火山から流れ出る溶岩の如く、行く手を阻むものを破壊しながら前進し、勝利を手にするか朽ち果てるまで決して止まることはありません。金星の引き寄せる力に対して、火星は自ら捕えに行く力です。力強く衝動的、そして活動的な火星の力は、主張と支配のエネルギーであり、何事にも臆することのない活性化のエネルギーでもあります。

そうした性質から、火星の力は対立関係の中での防御や保護、あるいは攻撃を目的とした魔術やまじないに活用される傾向があります。でも攻撃をすれば、反撃を受けることも覚悟しなければなりません。マルスは庭の神、成長の神でもあり、成長するためには常に前進する粘り強さが大切だということを示しています。金星と同じく火星の力にも対極の働きがあり、生産、顕在化、アイデアを推進したり、癒しと変化には不可欠なある種の破壊をもたらしたりもします。

【火星のエネルギーの影響】

活力と力。矢のように前へ突き進む推進力が火星の特徴です。

【火星のエネルギーの活用法】

火星のエネルギーを活用することで、火星が司るあらゆる分野に対する魔術の力が高まります。また、火星のエネルギーは目に見えない障壁を打ち破り、知ることが難しい情報を得るために活用することができます。

◆木星（Jupiter）

木星のエネルギーには主に拡大、上昇、増加の働きがあります。木星の名の由来となったユーピテルは君主や神であるだけでなく、神々を束ねる者としてあらゆる存在の最も高い位にあります。そんな神の名を持つこの惑星は、個人の地位だけでなくあらゆるものを高めるエネルギーを備えています。特に人の心と魂を高める性質を持ち、宗教、スピリチュアリティ、哲学などの分野を司っています。王が国の拡大を望むように、木星は常に拡大を求め、細部にこだわらずに大局を見る力を宿しています。

木星のエネルギーは幸運や金運など、人生のあらゆる面に増加や豊かさをもたらします。とはいえ、豊かさは時としてネガティブにもなり得るものです。それは突き詰めれば、なにかが豊富にあるというだけのことです(だからこそ、具体的になにを豊かにするのかを明確にせずに魔術を実践するべきではないのです)。そしてその力は望ましいものを増やすだけでなく、その逆のものも増やすことができます。また、制限や障壁を打ち破ろうとする性質も備えています。木星のエネルギーは正しく調整しなければ対象を過度に拡大したり、過剰に消耗したりすることもあるので注意が必要です。その拡大の性質は、物事を広範囲に分散し過ぎることがあるのです。

【木星のエネルギーの影響】

上昇と増加。木星のエネルギーは拡大と増幅をもたらします。

【木星のエネルギーの活用法】

木星のエネルギーを活用することで、木星が司るあらゆる分野に対する魔術の力が高まります。また、木星のエネルギーは物事の全体像を把握したり、霊的な知覚を高めたりする魔術やまじないに活用することができます。

◆土星（Saturn）

土星のエネルギーの典型的な働きは、制限、構造化、減少です。木星が物事を拡大、上昇させ、大局を見るためのエネルギーを持つのに対し、土星は物事を縮小、下落させ、細部を見るためのエネルギーを持っています。土星は錬金術において、金属の鉛と煆焼《かしょう》・焼却のプロセスの象徴でもあります。「calcination（煆焼）」という言葉は、中世ラテン語で金属灰《きんぞくかい》に還すという意味の「calcināre」に由来しています。金属灰とは、金属を火で徹底的に焼却した後に残る粉状の酸化物のことを言います。このスピリチュアルなプロセスとしての煆焼は、私たちがエゴの死と呼ぶものなのかもしれません。不純と見なされるもの、つまり、私たちの純真な霊としての本質や真の意志から目を背けさせる過度なエゴを焼き払う行為なのです。言い換えれば、それは私たちをスピリチュアルな現実から遠ざけているものがなんなのかを知ることであり、それは往々にして人生や現実社会に適応することで培われた誤った信念、考え、認識なのです。私たちは内なる変化の炎によって、自分自身でつくり出した制限を比喩的に焼き払うことができます。これはまさに不死鳥が死んで灰になり、再び生まれ変わるためのプロセスです。ですが、それにはかなりの謙虚さが求められ、時には厳しい真実に直面することもあります。精神科医であり心理学者のカール・グスタフ・ユングは、このプロセスをシャドウワークと呼びました。シャドウワークには強い自制心が求められます。ここで言う自制心とは、意志の力を尊重し、個としての欲望を抑えることです。シャドウワークは自らを見つめ直す行為でもあり、自分から見た自分、自分が信じる自分ではなく、客観的な視点で自分自身を評価することでもあります。

【土星のエネルギーの影響】

制限と構造化。また、土星は細部の調整と減少のエネルギーを備えています。

【土星のエネルギーの活用法】

土星のエネルギーを活用することで、土星が司るあらゆる分野に対する魔術の力が高まります。土星のエネルギーは心理的な幻想や見せかけを打ち破り、真実を明らかにする助力となります。また、土星の力は降霊術、霊媒、祖先への働きかけなど、死者の領域に関わることにも活用されます。制限を司る土星には、自分自身や他者にとって防壁や障壁となるものをつくり出す力があります。その力は霊能力や魔術によるプロテクションとして、あるいは他者に対する悪意のある魔術、呪い、念というかたちで用いられます。土星は私たちを制限している要因を明らかにし、自分の内面を成長させるために必要な教訓をもたらします。その力は自分の人生の主権を握る第一歩として自制心を高めるため、そして学ぶために活用することができます。また、土星のエネルギーは物事の細部や具体的なことに目を向けようとするときにも役立ちます。スピリチュアルなことであれ、日常的なことであれ、学びは問題や教訓に直面することによって得られます。私たちの生活におけるすべての物事には規則性や仕組み、規律、限界があり、土星にはそれらを再構築する力があります。

◆プラネタリー・アワー

魔術の実践タイミングを決定する要因には、プラネタリー・アワー（惑星時間）と呼ばれる概念もあります。遥か昔から、一日の各時間は古典的な七つの惑星によって支配されていると信じられてきました。つまり、一日を通してそれぞれの惑星の影響力が高まる時間があるという考えです。その時間帯を利用することによって、対応する惑星が司る分野に関連した魔術の力を高めることができるのです。魔術やまじないにプラネタリー・アワーを取り入れるようになったのは、古代ギリシャの時代からとされています。そしてプラネタリー・アワーの起源は、古代エジプトにおいて一日の二十四時間はそれぞれ特定の神によって支配されていると考えられていたことに端を発しています。

ルネッサンス期に機械式置き時計が登場すると、当時の魔術師たちの間でその六十分刻みの時刻をプラネタリー・アワーに当てはめることが流行したそうです。ウェイト版タロットで有名な儀式魔術師のアーサー・エドワード・ウェイトも、ソロモンの鍵【訳注／作者不明のヨーロッパの古典的魔術書の代表格】や古い魔導書《グリモワール》の日の出から日没までに基づく伝統的な方式ではなく、人為的に定められた六十分刻みの時間を当てはめる方法を好んでいたといわれています。私は伝統的な方式の方が遥かに正確で強力な力を得られると感じているので、この考え方には賛同しかねます。時計を使った方式はシンプルですが、魔女は自然の力とサイクルに同調しようとしているのです。それに日照時間は一年を通じて変化します。さらにサマータイム、タイムゾーン、ロケーションなどの人為的なほかの概念も踏まえると、時計が示す時間を基準にした魔術の実践タイミングは不正確であやふやなものに思えてくるのです。

プラネタリー・アワーの基本的な計算方法は、住んでいる地域の日の出と日没の時刻を調べ、それを十二で割った時間を算出します（日の出と日没の時刻は新聞や天気予報のウェブサイトで調べることができます）。そしてその時間と曜日を基にカルディアン・オーダー【訳注／土、木、火、日、金、水、月というバビロニアの占星術師（カルデア人）による惑星の並び順】を参照すれば、支配している惑星がわかります。とはいえ、最近ではGPSで位置を特定し、その地域の日の出と日の入りの時刻から自動的にプラネタリー・アワーを算出してくれる便利なアプリがたくさんあります。計算の手間が省けることもあって、私の周

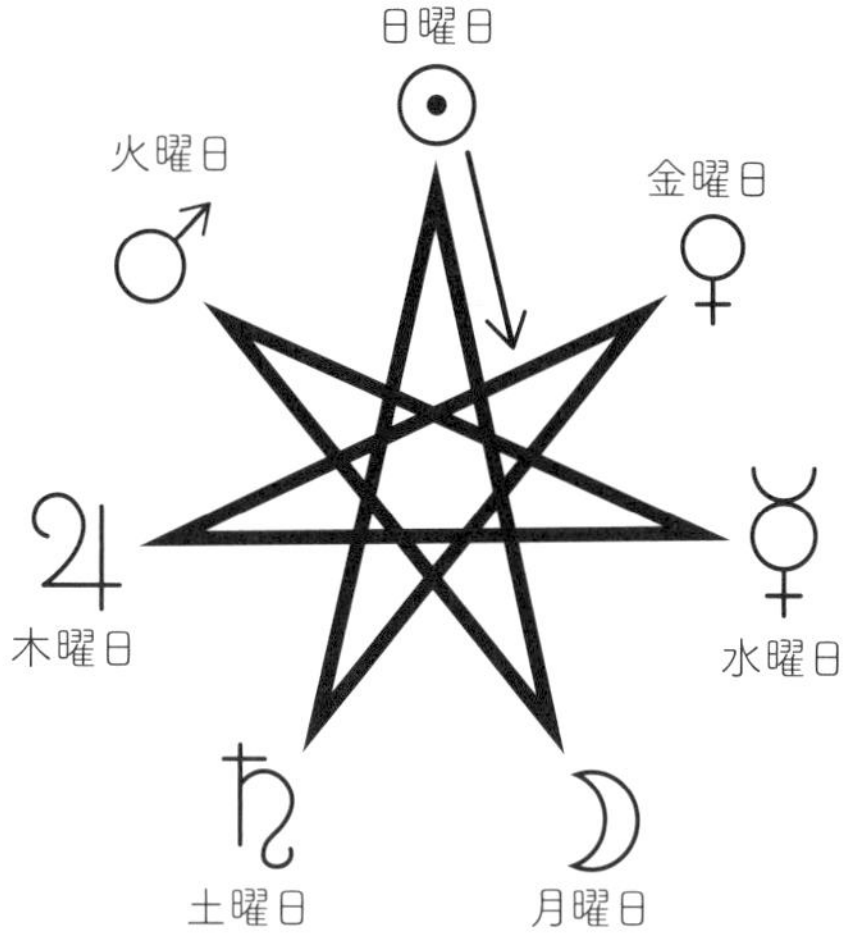

プラネタリー・デイズ

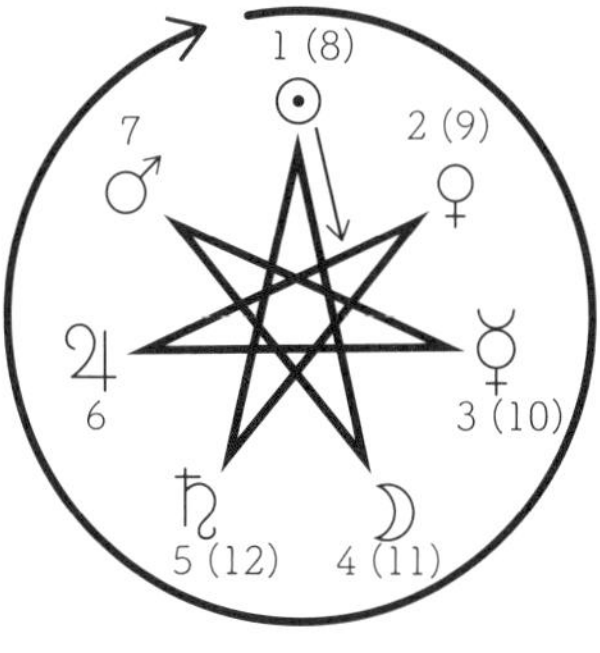

プラネタリー・アワー（昼）

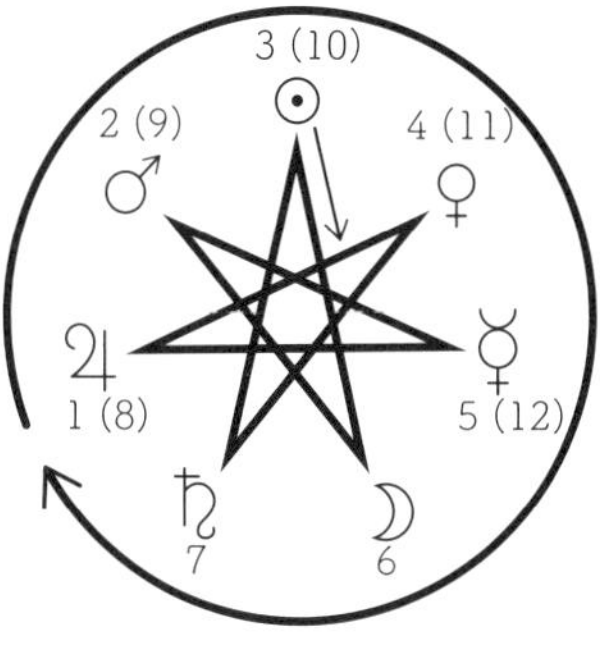

プラネタリー・アワー（夜）

昼と夜のプラネタリー・アワー

プラネタリー・アワー（夜）

時刻	日曜日	月曜日	火曜日	水曜日	木曜日	金曜日	土曜日
1	♃	♀	♄	☉	☽	♂	☿
2	♂	☿	♃	♀	♄	☉	☽
3	☉	☽	♂	☿	♃	♀	♄
4	♀	♄	☉	☽	♂	☿	♃
5	☿	♃	♀	♄	☉	☽	♂
6	☽	♂	☿	♃	♀	♄	☉
7	♄	☉	☽	♂	☿	♃	♀
8	♃	♀	♄	☉	☽	♂	☿
9	♂	☿	♃	♀	♄	☉	☽
10	☉	☽	♂	☿	♃	♀	♄
11	♀	♄	☉	☽	♂	☿	♃
12	☿	♃	♀	♄	☉	☽	♂

プラネタリー・アワー（昼）

時刻	日曜日	月曜日	火曜日	水曜日	木曜日	金曜日	土曜日
1	☉	☽	♂	☿	♃	♀	♄
2	♀	♄	☉	☽	♂	☿	♃
3	☿	♃	♀	♄	☉	☽	♂
4	☽	♂	☿	♃	♀	♄	☉
5	♄	☉	☽	♂	☿	♃	♀
6	♃	♀	♄	☉	☽	♂	☿
7	♂	☿	♃	♀	♄	☉	☽
8	☉	☽	♂	☿	♃	♀	♄
9	♀	♄	☉	☽	♂	☿	♃
10	☿	♃	♀	♄	☉	☽	♂
11	☽	♂	☿	♃	♀	♄	☉
12	♄	☉	☽	♂	☿	♃	♀

りの魔女のほとんどがそうしたアプリを使っています。
プラネタリー・アワーの惑星の順番を確認する簡単な方法は、七芒星《セプタグラム》という七つの角を持つ星型多角形を描くことです。図のような七芒星を頂点から右下、左上、右中、左中、右上、左下、そして再び頂点の書き順で描き、その書き順通りに七つの角に曜日を当てはめていきます。プラネタリー・アワーで惑星が巡る順番は、日曜日であれば七芒星の頂点にある太陽から始まり、時計回りに金星、水星、月、と、七つの角にある惑星を巡っていきます。十二時間に対して角は七つしかないので、火星からは再び太陽に戻り、十二時間目の土星に到達するまで巡り続けます。そこから先は夜のプラネタリー・アワーに入り、日曜日の夜の一時間目である木星から、十二時間目となる水星まで続きます。夜の十二時間目が終わると翌日のプラネタリー・アワーが始まり、その曜日（たとえば月曜日の月）から巡行が再スタートします。

exercise 59 ドゥルガダス・アロン・デュリエルによる、魚座の導きと予見

【実践タイミング】

月が魚座、蠍座、蟹座にある月曜日（月の日）の夜、または占星術で水のエネルギーが増幅されるタイミング（伝統的に魚座の支配星とされる木星と月が重なるときなど）で行

うと最も高い効力を発揮します。

【マテリア】

・紙
・紺色または濃い紫色のマーカー
・白、紺色、または紫色のキャンドル（このエクササイズはキャンドルの明かりの下で行ってください）

【もたらされる効果】

これは魚座の五芒星《ペンタグラム》を使ったまじないです。魚座はその高い周波数によって、スピリチュアリティや予見、そして異なる界層の意識とも関連しています。意識的に魚座の周波数と同調することで霊的な知覚が研ぎ澄まされ、ハイヤーセルフや高次の存在からの導きや予見が得られることがあります。

【実践の手順】

最初は魚座の五芒星を心の中でイメージしやすくするために、図のようなシジルを使用して実践を行います。明確にイメージできるようになれば、次回からはシジルを使う必要

魚座の召喚の五芒星

はありません。それまではシジルを描いた紙は再利用することができ、回を重ねるごとに力が蓄積されていきます。

まずはグラウンディングとセンタリングをあなたの普段通りのやり方で行ってください。精神をクリアにするだけでなく、内なる心のビジョンを混乱させたり曇らせたりする影響をすべて払うことが大切です。

次に、テーブルを前にして椅子に座り、紙に紺色のマーカーで魚座の召喚の五芒星《インヴォーキング・ペンタグラム》（図を参照）を描きます。紺色は第三の目に関連する色で、その周波数が開眼を促したり、活性化させたりする効果があるとされています。

シジルを描いたら、質問したいことを一つだけ別の紙に書き、それをシジルの下に敷いてください。質問はできるだけ簡潔に、正確に表現しましょう。大まかな情報や見通しを求めるのではなく、自分がなにを知りたいのかをできるだけ具体的に示す必要があります。

ここで軽いトランス状態に入り、少なくとも三十秒間、シジルを見つめます。シジルから発せられるエネルギーを感じ取るように意識してください。目を閉じて、あなたの眉間（第三の目の位置）の辺りに、魚座の五芒星が刻まれた暖かな金色の光の球体《オーブ》があるのを視覚化してください。そのイメージを保ちながら次の言葉を三回唱えます。最終的にほとんど聞こえなくなるまで声を小さくしていきながら、魚座の五芒星が明るさを増していくのを想像してください。

〝視界の星座
視覚の星座
今宵
導きを与えたまえ〟

五芒星の視覚化を解いて、瞑想的な意識のまま反応があるのを待ちます。なにかしらの反応を得なければと自分にプレッシャーをかけないように注意してください。ただ心を無にして、瞑想状態のままイメージが現れるのを待ちましょう。もしこの方法が難しく感じるようであれば、タロットカードなど、あなたにとって馴染みのあるかたちでイメージが現れるように念じてみても良いでしょう。

イメージの一連の流れが浮かんだら（イメージの鮮明さはその内容ほど重要ではありません）目を開けて、見たものを書き留めてください。この時点ではそのイメージの意味を解釈しようとしたりせず、ただ書き留めるだけにしておきます。そして書き終えてから、その意味を考察する作業に入ってください。最後に空間の浄化を行い、普段の意識状態に戻りましょう。

◆十二星座《サイン》のエネルギーと三区分《モダリティ》

十二星座はそれぞれの特徴から、四大元素や三区分によって分類されます。三区分とは活動宮《カーディナル》、柔軟宮《ミュータブル》、不動宮《フィックスド》から成る占星術の三つの区分で、四大元素がどのような性質として星座に表れているかを示しています。火の元素に属する星座には牡羊座、獅子座、射手座。水の元素は蟹座、蠍座、魚座。風の元素は天秤座、水瓶座、双子座。そして地の元素には山羊座、牡牛座、乙女座があります。それぞれの元素に属するグループは、十二宮の順番通りに活動宮、不動宮、柔軟宮という三区分に分けられます。活動宮には牡羊座（火）、蟹座（水）、天秤座（風）、山羊座（地）。不動宮には牡牛座（地）、獅子座（火）、蠍座（水）、水瓶座（風）。そして柔軟宮には双子座（風）、乙女座（地）、射手座（火）、魚座

（水）が入ります。

四大元素は火、地、風、水の順番で星座に割り当てられています。同様に、三区分も活動宮、不動宮、柔軟宮の順で割り当てられます。つまり十二宮の最初の星座である牡羊座は火と活動宮、次の牡牛座は地と不動宮、双子座は風と柔軟宮というように、順番通りに振り分けられていくのです。双子座に続く蟹座は水の元素の星座であり、三区分の振り分けはまた活動宮から再開します。このパターンを繰り返し、十二の星座すべてが四大元素と三区分に分類されます。

魔女の多くは、八つのサバトを示す「一年の輪」と呼ばれるスケジュールに取り組んでいます。サバトとは、地球と太陽のサイクルを称える魔女の祝祭の日です。八つのサバトのうち、小サバトと呼ばれる四つの祝祭日は活動宮の星座から始まる春分と秋分、夏至と冬至の日と定められています。大サバトと呼ばれる四つの祝祭日は、占星術によってそれぞれの小サバトの間の正確な中間点を計算することによって定められ、不動宮の星座の期間にあります。

◆活動宮《カーディナル》のエネルギー

カーディナルという言葉は、蝶番を意味するラテン語の語源に由来しています。扉を開

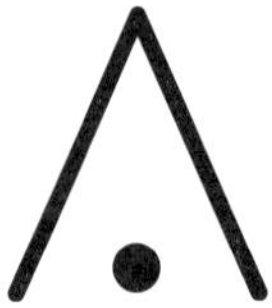

くための蝶番のように、活動宮の四つの星座はそれぞれの季節の始まりを告げる扉を開きます。一年の輪の小サバトである春分と秋分、夏至と冬至を告げるのもこの活動宮の星座です。一年の輪の季節の移り変わりは、活動宮の星座の巡りと同期しています。活動宮のエネルギーは、その流れが生まれる時期という意味で、満ちていく月の時期と同じように考えることができます。また、活動宮はエネルギーの紡ぎ手として、生命の糸を紡ぎ出すギリシャ神話の運命の女神クロートーにも喩えられます。活動宮を表す記号は、下線のない三角形にスピリットの点が打たれたもので、エネルギーの形成と集中を表しています。活動宮のエネルギーはロウアーセルフに対応していると捉えることもできます。

◆不動宮《フィックスド》のエネルギー

不動宮の四つの星座は、それぞれ季節の盛りにあります。また、魔女の大サバトもこの不動宮の時期に定められています。不動宮の四つの星座は、そのエネルギーと四大元素の影響力が頂点にまで高まったまま安定しています。ドリーン・ヴァリアンテが不動宮を大サバトと呼んだ理由はおそらくここにあり、小サバトより重要性が高いという意味ではなく、黄道帯を通じてやってくる占星術と四大元素のエネルギーの高さを表したのだと考えられます。不動宮のエネルギーは満月と同じく、その力が最高潮に達し安定した時期と捉えることができます。

不動宮はギリシャ神話においてすべての人間の生命の糸を測り安定させる役割を持つ、運命の女神ラケシスにも喩えられます。不動宮を表す記号は、正方形の中に線が引かれています。すでに触れたように、正方形はバランスと安定を象徴する図形であり、エネルギーを均等かつ静止した状態に保ちます。正方形の中に引かれた線は均衡を表し、エネルギーが均等に、安定したかたちで分布していることがさらに強調されています。また、不動宮のエネルギーはミドルセルフに対応していると捉えることもできます。

◆柔軟宮《ミュータブル》のエネルギー

最後に、魔女の一年の輪には含まれない柔軟宮の四つの星座を見ていきましょう。ミュータブルとは変わりやすい性質を表す言葉で、一つの季節が終わり、次の季節へと移り変わることを意味しています。

柔軟宮の星座は変化の過程にある境界的な性質を持っています。そのエネルギーは、満ちた力が新しいサイクルを始めるために減少するという意味で、新月に向けて欠けていく月と同じように捉えることができます。また、柔軟宮はギリシャ神話で生命の糸を切って終わらせる役割を持つ神、アトロポスにも喩えられます。死とは終わりではなく、一つのかたちから別のかたちへの移行です。柔軟宮を表す記号は、魂を表す半円の下にスピリットの点が打たれたものです。外に焦点を当てた活動宮の記号とは対照的に、柔軟宮の三日月の半円は内に焦点を当てると同時にその柔軟性を示しています。柔軟宮のエネルギーはハイヤーセルフを表していると捉えることもできます。

活動宮：創造、行動、成長
不動宮：安定、均衡、頂点
柔軟宮：適応、変化、終焉

十二星座にはそれぞれに支配星《ルーラー》が割り当てられています。古典的な占星術や魔術では、太陽系で最初に知られていた七つの惑星と天体だけが十二星座を支配する役割を担っていました。そして後に天王星、海王星、冥王星が発見され、それらにも支配星の役割が与えられました。この三つの新しい外惑星は、それぞれ支配権を引き継いだ元の惑星のハイオクターブ【訳注／同性質でオクターブ上のエネルギーを持つとされる星】と考えられています。海王星は木星の、天王星は土星の、そして冥王星は火星のハイオクターブです。それ以前は

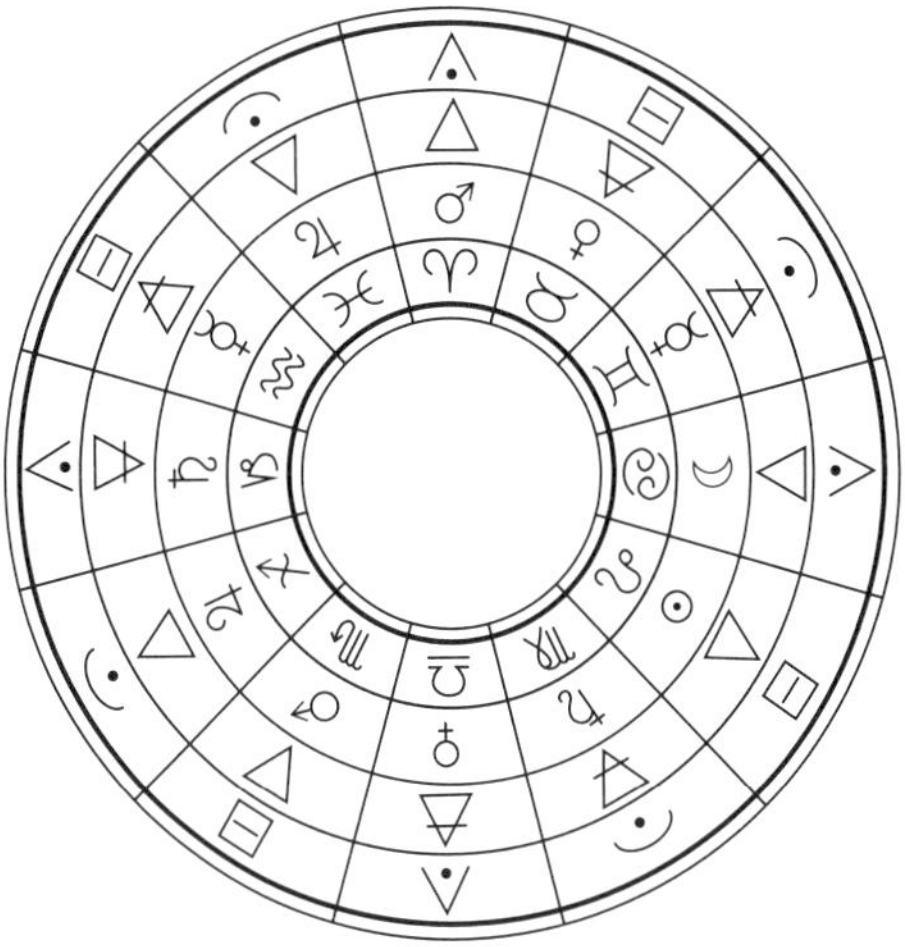

エネルギー・ホイール

各惑星が二つの星座を、太陽と月はそれぞれ一つの星座を支配していました。現代の占星術でも、火星、金星、水星は二つの星座を支配しています。私自身は、魔術に関しては伝統的で古典的な七つの惑星にこだわりたいと思っています。あなたの魔術に三つの外惑星を取り入れるかどうかは、それらの特徴を調べ、そのエネルギーに慣れ、実際に活用してみてから決めると良いでしょう。私が七つの惑星という形式を好む理由は（占星術では外惑星を認めていますが）、この七つの組み合わせに対称性とバランスがあると感じるだけではなく、私の宇宙論《コスモロジー》にも合致するからです。『魔術の教科書』でも解説しましたが、四大元素はエーテル・エネルギーと関係があり、七つの惑星の力はアストラル・エネルギーに関係しています。そして宇宙の構成要素であるそれらのエネルギーによって、目に見えるものも見えないものも含め、万物は形づくられているのです。十二星座は四大元素と七つの惑星が一体となったものと捉えることができます。私は十二星座をアストラル・エネルギーの主な七つの流れ（惑星）と考え、それらが四大元素の四つのエネルギー経路を通過することでこの物質界を形づくっているという見方をしています。そして惑星が持つ支配力は、四大元素のエーテル・パターンの中に保持されているアストラル・エネルギーと見なしています。三区分はそれらの惑星と元素の支配力を表し、エネルギーが増加、絶頂、減少のどの状態にあるかを示しているのです。

十二星座のエネルギーを扱った最たる分野は占星術にほかなりません。それぞれの星座がなにを支配しているかは、本やネットで簡単に調べられますし、キーワードを並べたリストもたくさんあります。霊能力や魔術に活用するときは、それぞれの星座の元素、支配星、三区分、そしてそれらの組み合わせによってどんなエネルギーが生まれるのかを熟考し、瞑想してみることを推奨します。惑星と星座の位置関係を考えなくても、その力やシンボルを知るだけで十二星座のエネルギーを魔術に取り入れることはできます。とはいえ、やはりそれぞれの惑星がどの星座にあるかを調べることで、魔術の力を増幅し、加速させるための流れが見えてきます。

exercise 60

ドクター・バックことジェイク・リチャーズによる、予知能力をもたらすタリスマン

【実践タイミング】

月が牡羊座にあるときが最も効果的です。

【マテリア】

・左足にはいた靴下のかかとを丸く切り取ったもの
・自分の年齢と同じ数のキンポウゲ（バターカップ）の花びら
・未開封の塩
・銀色の硬貨で購入したタバコ
・針と赤い糸

【もたらされる効果】

アパラチアやアメリカ南部では、昔から深夜零時やハロウィン、クリスマスなどの日に胎内の羊膜に包まれて生まれた新生児（被膜児）は「ボーン・ブルー」と呼ばれ、特別な力を持つと信じられてきました。そうした生まれ方をした人たちはベールの向こうを見た

り、そこにいる存在と話したりする能力を神や精霊から授けられているといわれています。かつては、このような出生は新生児の命に関わることも少なくありませんでした。そんな生死の境を乗り越えた新生児は、世界と世界を隔てる膜の間にある道を通って生まれてきたと考えられていたのです。それはまるで、物干し竿にたくさんのシーツやドレスが干されている中を歩いて、その隙間から左右の世界を垣間《かいま》見るような道だといわれています。彼らの特別な視覚は訓練するものではなく生まれつきのものであり、幼少期の早い時期か人生の後半に自然に開かれるとされています。そしてその開眼は突然起きる傾向があるため、人をおかしくしてしまうこともあるのだそうです。

　これは特別な視覚を持つ人は、一般的には幻覚が見える精神疾患と診断されてしまうという意味ではありません。医療技術の進歩により、現代では被膜児であっても問題はなく、両親も医師から知らされることはないようです。そのため被膜児の状態で生まれてきたとしても、自分に特別な視覚が秘められている可能性があることを知らずにいる人がほとんどです。その視覚が開かれるときの初期兆候としては、見慣れない人や場所の映像が突然見えたり、起こる前の出来事を夢で見たり、あるいは、亡くなった人や動物が見えるが、突然消失したり壁の中に消えたりするまでそれが霊だと気づかないということが挙げられます。最も一般的なのは、周辺視野を飛び交う影のようなものが見えることです。そうした視覚を授かることはもう一つの目を持つようなものですが、その目には視力を補正する眼鏡が必要です。その視覚の扱い方は誰も教えることはできませんが、このタリスマンでその力を必要に応じて補正することができます。

【実践の手順】

洗っていないはき古した靴下を用意して、左足にはいていた方のかかとの部分を丸く切り取ります。切り取った布を広げて、その中央にキンポウゲの花びら、開封したばかりの塩、銀色の硬貨だけで購入したタバコを一本置いてください。布を目の形になるように半分に折って、載せたマテリアを包みます。そして特別な視覚が扱えるようになることを祈りながら、赤い糸で開口部を縫い、表側の中央に十字架を縫ってください。どちらか片方の角に糸で輪をつくり、紐を通してネックレスになるように結んだら完成です。このタリスマンは肌に近いところに身に着けて、決して誰にも触れさせず、地面に落としたりしないように注意してください。週に一度、月が牡羊座にあるときにベビーパウダーをふりかけ、ウィスキーを塗ることで効力をチャージできます。

◆タイミングの一致

魔女も時には、魔術を実践する機を逃してしまうことがあります。事前に計画を立て、常日頃から実践に取り組んでいれば、急に魔術に頼らざる得なくなるような状況には陥らないはずです。とはいえ、人生には時として避けようがないことが起こります。本書に記載している魔術の実践タイミングは、その時期でなければ実践を行うべきではないというものではありません。実際、すべてのタイミングが合うなどということは稀なのです。

それよりも、記載の実践タイミングはあくまで選択肢として捉えてみてください。このタイミングを利用すれば、魔術に少なくとも一つのエネルギー・ブースターをかけることができるという感覚です。たとえば、必要なお金を呼び込むまじないを実践したいけれど、曜日、プラネタリー・アワー、月相、星座が望ましいタイミングでなかったとします。でも、季節は春で時刻は朝ならそれで充分です。そこにタイミングの一致があります。

計画やスケジュールは強力な魔術を実践するのに不可欠ですが、タイミングは完璧である必要はありません。タイミングが合っていないからと実践しないより、たとえ間違ったタイミングであっても実践するべきです。言い換えれば、どんなタイミングでも魔術を実践することはできます。タイミングを正確に捉えるか、広く捉えるかの問題なのです。また、言葉として唱えるだけでもタイミングの効果を取り込むことができます。ここで紹介するのはさまざまな実践タイミングを取り入れた一例です。私はいつも、神聖な空間を整えてから実践の直前にこのように唱えています。

〝木星の支配するこの日の、神聖なる木星の時間
牡牛座にある月が満ちゆく、春の季節
太陽が昇りゆく間に、この儀式は行われる〟

もちろん曜日や時間、月相、星座などすべてのタイミングが要求されることはありませんので、実践する魔術やまじないに合致したものだけを唱えれば良いのです。たとえば太陽の位置だけが求められるまじないなら、このように唱えれば良いでしょう。

〝太陽の力が頂点に達する正午に……〟

◆ローリー・カボットとシビル・リークの叡智

ローリー・カボットはかつて、イギリスの高名な魔女であるシビル・リークと知り合い、手紙で交流を続けていました。ローリーにとって、シビルは手紙の中でも良き師であり、当時はまだ珍しかった公の魔女として生きるための助言なども受けていたそうです。シビルから教わったことの一つとして、請願のまじないの紙の裏に〝このまじないは逆の効果をもたらさず、呪いとなって還ることもない〟と書いておくと良いという助言もあったそ

うです。私がローリーと出会うよりもずっと前の、まだシルバー・レイブンウルフの著書から魔術を学んでいた頃、そこにもまじないの締めの言葉として〝このまじないは逆の効果をもたらさず、呪いとなって還ることもない。すべての占星術の照応関係が正しい《コレクト》ものであるように〟と添えられていました。シルバーは最初の文がシビル・リークの言葉であると述べた上で、続く占星術の照応関係についての文にはローリー・カボットの名をクレジットしていました。ローリーの〈カボット・トラディション・オブ・ウィッチクラフト〉では、「コレクト」と「インコレクト」という言葉には特別な意味が込められています。

基本的には、コレクトとは有益な力やエネルギーを指し、インコレクトとは有害または無益な力やエネルギーを指します。これはエネルギーの性質をポジティブとネガティブという言葉で表し、道徳的なニュアンスを与えてしまうのを避けるためです。エネルギーとして見れば、それらは極性の対極と補完という側面に過ぎず、必ずしも良いエネルギーと悪いエネルギーではありません。占星術の照応が正しいものであるようにという表現は、有害な力を退け、有益な力がもたらされるようにと願っているのです。つまり、これは占星術的に対立関係にあり、まじないを妨げるようなものを中和するための声明なのです。私自身、このシルバーの言葉を結びとして唱えることで数多くのまじないを成功させてきました。そして時を経て、今日では私なりの変更を加えています。

〝このまじないは逆の効果をもたらさず
呪いとなって還ることもない
このまじないのために
すべての占星術の照応関係が正しくあることを〟

おわりに

本書の冒頭では私の生い立ちにも触れてきましたが、それは読者のみなさんの同情や共感を得るためではありません。私はかつての自分の物語を悲観的に捉えてはおらず、むしろ、これまでの人生の中で最大の困難に打ち勝ったときの思い出として振り返っています。魔術は私に希望を与えてくれました。当時の私にはなんの力も影響力もなく、人生の最も暗い時期にいました。魔術はそんな私の毎日に劇的な変化をもたらし、それは今日に至るまで続いています。苦難に直面したのは、なにもあのときが最初でも最後でもありません。でも、私は魔術によってさまざまな人生の壁を乗り越え、自分を取り巻く環境を変えることができるようになりました。みなさんにもぜひその力を体験してほしいと思っています。

あなたがどんな境遇にあろうとも、魔術の力で人生を変えることができます。私たちには皆、それぞれの物語があり、それぞれの試練や苦難が与えられています。これまでトラウマとなるような出来事を経験したことがなくても、魔術の力はあなたと共にあります。魔術の力は常に私たちの中に、そして周りにもあるものなのです。必要なのは、その存在を認め、その力とつながろうとする気持ちだけです。誰にでも、魔術の力と霊能力は備わっています。私も決して特別な存在ではありません。あなたが本書で初めて魔術を学ぶ人であろうと、五十年にわたって実践してきた人であろうと関係ありません。魔術はどんな人にも、今の状況をより良いものに変える力を与えてくれます。さらに大切なのは、魔術はあなたに良い変化をもたらし、それは影響の連鎖を通じて世の中全体の変化につながるということです。私たちには皆、自分だけの物語があり、魔術にはその続きを書くことを手助けしてくれる力があります。

まずは、本書に書かれている考え方や技法をそのまま受け入れてみてください。その上で、あなたの魔術になるように、そしてあなたのスピリチュアルの道に沿うようにアレンジを加えることをおすすめします。本書に書かれているまじないは、ぜひあなたの内なる神殿でも行ってみてください。日頃から内なる世界と外なる世界の両方に働きかけることで、魔術の力は大きく向上します。そして、機会があれば本書を何度も読み返してみてください。二度、三度と読み返すと、また新たな発見があるかもしれません。これはあなたの旅であることをいつも心に留め、自分自身を大切にすることも忘れないでください。最後に、本書で一緒に旅をしてくれた私の友人たちから読者のみなさんへの餞別《せんべつ》として、ここに三つのエクササイズを用意しました。これらは気分をリラックスさせ、そしてなによりも大切なセルフケアとしてあなたをサポートします。

exercise 61 ジュリエット・ディアスによる、精神の旅のバスソルト

【実践タイミング】

新月の間。日没から夜にかけての時間帯が効果的です。

【マテリア】

・ローズマリー　4本
・スピルリナ（粉末）　大さじ1
・活性炭　1／2カップ
・エプソムソルト　1カップ
・ザクロ　1個（輪切り）
・ブラッドオレンジ　1個（輪切り）
・白いバラの花びら　一握り
・白いキャンドル（オプション）

【もたらされる効果】

この入浴の儀式はエネルギーの浄化だけでなく、全身に叡智を行き渡らせる効果があります。また、真実を探求するために、高次の力とつながることもサポートします。私はこれを少なくとも三ヶ月に一度、特に不安定な時期に入ったときに行っています。あなたも時が経つにつれてこの精神の旅の効果を知り、精霊と共に視界の奥深くまで旅をすることでしょう。

【実践の手順】

まずは浴槽にお湯を張ります。お湯はぬるめでも熱めでも構いません。マテリアを入れる前に浴槽の横に立つか跪《ひざまず》いて、水の精霊の存在に感謝を表します。水の流れる音に耳を傾け、その波打つエネルギーを体に取り込むのをイメージしてください。準備ができたら、すべてのマテリアを精霊に感謝しながら浴槽に入れていきます。

ここで白いキャンドルを灯せば、火の精霊を招き入れて霊的な視界がより鮮明になります。

では浴槽に浸かって、一度水の中に潜りましょう。代わりに頭からお湯をかけても構いません。目を閉じて、三回深呼吸をします。そして鮮やかな水色に輝くお湯が、体全体を包み込むのをイメージしてください。もう一度、三回深呼吸をしていきます。息を吸う度に、お湯の輝きが体に浸透し、つま先から頭の先までを満たしていくのを思い浮かべてください。

額の中央、眉の上の辺りから金色の光が内側に放たれ、脳に浸透していくのをイメージします。そのイメージを保ったまま、次の言葉を七回唱えてください。〝隠されたものが解き明かされ、深く視界へと、真実へと沈んでゆく〟

波動やピリピリするような感覚を覚えたら、それが問いかけをしたり悩みを吐き出したりするタイミングです。心の中で問いかけ、なにか返ってくるのを待ってみましょう。リラックスして目を閉じたら、そこからあなたの精神の旅が始まります。マテリアは排水溝に流さないように注意し、処分はあなたの地域の方法に従いましょう。

exercise 62 マダム・パミータによる、ティータイム・ポーション

【実践タイミング】

いつでも。月が魚座か蟹座にあるときは特に効果的です。

【マテリア】

・天然水

・ティーインフューザーやティーストレーナー
・蜂蜜（オプション）
・茶葉（次のものを自由に組み合わせてください）
①ローストダンデライオンルート（セイヨウタンポポ）
②アニスシード（セイヨウウイキョウ）
③マシュマロウルート（ウスベニタチアオイ）
④スターアニス（八角）

【もたらされる効果】

どんな熟練の魔女にも、直感のパイプが詰まってしまったように感じるときがあるものです。そんなときは瞑想を行ったり、自然の中を散歩したり、昼寝をしたりすることでリセットできますが、ハーブの力を借りてメッセージを受け取り、直感を高める方法もあります。

私はハーブティーを好んで飲みますが、それにはたくさんの理由があります。まず、ハーブティーを淹《い》れる行為自体が心地よさや落ち着き、集中力をもたらすある種の儀式であり、その感覚が霊能力のチャネルの開放を促してくれます。また、祝福されたハーブティーはそれを飲むことで実際に体の細胞構造に祝福を取り込むことができる、まさに魔法のような飲み物なのです。そして、ハーブティーはポーションでもあります。これ以上に魔女と所縁のある飲み物があるでしょうか？（カップに手をかざして〝Double, double, toil and trouble〟【訳注／シェイクスピアの戯曲『マクベス』に登場する三人の魔女の台詞。『ハリー・ポッターとアズカバンの囚人』（映画版）でホグワーツの聖歌隊が歌う挿入歌の歌詞にもなっている】と唱えたくなる人もきっといることでしょう）

このハーブティーに含まれるハーブは、それぞれが独自の魔術的効果を持っています。ダンデライオンルートは、特に透視能力《クレアボヤンス》と霊能力による夢を活性化するのに適しています。アニスは透聴能力《クレアオーディエンス》を高め、神聖なメッセージを明確にします。マシュマロウルートは超感覚《クレアセンシエンス》を高めて直感に自信を持てるようになるため、霊媒や霊への働きかけにとても効果的です。スターアニスは第三の目を活性化し、霊能力への取り組みに明晰さと集中力、そしてスピリチュアルな気づきを与えてくれます。スターアニスに似たシキミという植物もありますが、こちらは毒性があるので間違えないように注意してください。

これらのハーブは食料品店や健康食品店など、信頼できるところから購入すると質の良い食品用のものを手に入れることができます。有毒な化学物質が散布された可能性のある道路脇のタンポポを引き抜いて使用したりはしないようにしましょう。今回使用するハーブはすべて摂取しても安全とされていますが、なにか持病がある方は飲む前に使用禁忌がないか調べるようにしてください。

あなたがまだ霊能力の開発を始めたばかりなら、眠っている能力を刺激するためにすべてのハーブのブレンドを試してみるのがおすすめです。すでにある程度は取り組んでいるのであれば、今抱えている問題に対応するハーブだけを使用しても構いません。また、ハーブを一種類ずつ使って、自分の霊能力にどんな効果があるのかを試してみるのも良いでしょう。

私のお気に入りの活用法は、占いの集まりの際にこのハーブティーを出すことです。みなさんもぜひ、次回のタロット占いの集いやウィジャボードの降霊会でこのハーブティーを淹れて、霊能力と直感の飛躍的な高まりを体験してみてください。

【実践の手順】

ケトルに新鮮な湧き水を入れて沸騰させます（ペットボトルの天然水でも構いません）。ティーポットまたはインフューザーにハーブを入れてください。沸騰したお湯をティーポットまたはカップに注ぎます。お湯を注ぎながらハーブに働きを求め、愛と強い信念をもってチャントを唱えます。

チャントはこの形式にとらわれず、あなたなりの言葉で唱えましょう。

〝ダンデライオンは真実を見せ

アニスが真実を聴かせる
マシュマロウは真実を感じさせ
スターアニスが真実を知らせる〟

目を閉じて、カップやティーポットから昇る湯気に手をかざしながら、あなたがハーブティーに求める意図に集中します。数分経ってハーブの成分が抽出されたらポーションの完成です。ポットからティーストレーナーで濾しながらカップに注ぐか、カップからインフューザーを取り出してください。飲む前に少し冷ましながらハーブと向き合い、あなたがなにを求めているのか心の中で（または言葉で）対話をします。たとえば次のように語りかけてみましょう。

〝精霊よ
疑うことなく従えるように
私の直感を高めたまえ〟

しばらく対話を続けてハーブに助力を求めます。それが終わる頃にはお茶は冷め、飲めるようになるでしょう。このハーブティーはあなたの言葉や思考、そして意志がすべて込められた、まさにマジック・ポーションのようなものです。甘いハーブティーがお好みなら、蜂蜜を少々入れてください。そして目を閉じて、一口一口、ゆっくりと味わいましょう。ハーブの力があなたの体と心、そして精神に浸透していくのが感じられると思います。ハーブの精霊に感謝したら、瞑想や占い、ドリームワークのための睡眠など、引き続き霊能力の取り組みを行って効果を体感してみてください。

exercise 63 ユディカ・イレスによる、十一種のドリーム・インセンス

【実践タイミング】

いつでも。

【マテリア】

・アニス
・ローリエ
・カルダモン
・シナモン
・コーパル

・ペパーミント（スペアミントでも代用可）
・マグワート
・ミルラ
・乾燥させたバラの花びら
・サンダルウッド
・ウィステリア

【もたらされる効果】

夢には幻視体験を促し、予言や啓示をもたらし、霊能力を高める働きがあります。私たちは夢を見ることによって、言うなれば霊能力のアップデートを受けているのです。とはいえ、啓示的な夢を見るのは難しいことに思えるかもしれません。ダンスや歌、ピアノ、数学などに対する適性があるのと同じように、なかには鮮明な夢を見る適性を持っている人もいます。でも、不思議な力を持つ夢を見ることは、練習と忍耐によって誰もが習得することのできる技術です。もちろん最初はうまくいかないかもしれませんが、根気強く続けていれば必ずできるようになります。アミュレットやチャームなどのお守り、ドリーム・ピロー、そしてインセンスなどのサポートアイテムを使うのも効果的です。

これから紹介するインセンスのレシピは、どの魔女の流派に由来するものではありません。これは効果が実証済みの香り成分を調合した、私独自のブレンドです。この植物の組み合わせは霊的な視覚の強化とスピリチュアルな保護をもたらし、不思議な夢見を促します。

このエクササイズではインセンスを焚いたまま寝てしまわないように注意し、常に火の用心を心掛けてください。儀式の準備するような感覚で、寝室の準備をしておきましょう。寝具を整えて快適に過ごせるようにしたら、就寝前にあらかじめインセンスを焚いておいて寝室に香りを残します。マテリアはスーパーなどで簡単に手に入るものもあれば、コーパルやサンダルウッド（特に倫理的に調達されたもの）など入手が難しいものもあります。このブレンドはあなたの香りの好みに合うかどうかが重要なので、それぞれの分量は指定していません。たとえば、シナモンの香りが苦手であれば、ほんの一振りだけにするなど調整が可能です。

【実践の手順】

すべてのマテリアを混ぜ合わせます。マテリアが十一種なのは、11という数字の形は対になった柱や鉄塔にも見え、夢の国の門をくぐることを連想させるからです。夢に入る準備として、夢の門をくぐるのをイメージしてみましょう。混ぜ合わせたマテリアは、すり鉢とすりこぎなどを使って挽いていきます。適度に細かくなったら、あとは香炉で焚くだけです。

余ったマテリアはまとめて袋に入れて保存しておきましょう。夢の途中で目が覚めたり、夢の内容を思い出せなくなったりしたときには、袋を開けて香りを深く吸い込んでみてください。香りが刺激となって夢や記憶が蘇ってくるはずです。このインセンスの効果を補うために、ほかの要素を加えることもできます。たとえば、クチナシの花の香りは予知夢を促すので、ベッドの近くにクチナシの鉢植えを置いたりするのも効果的です。また、就寝前にあなたの守護霊に呼びかけ、導きや助言を求めても良いでしょう。

【著者】

マット・アウリン

魔女であり、霊能者、オカルト講師としても活動。「Black Rose Witchcraft」のイニシエートであり、「the Sacred Fires Tradition of Witchcraft」では司祭を務めている。ウェブサイトやブログ等に多数の連載を持つ。『Modern Witch』『The Witches' Almanac』などにも寄稿している。『魔術の教科書』著者。
ウェブサイト　www.MatAuryn.com（英語）

【訳者】

岡 昌広（おか・まさひろ）

1976年東京生まれ。美容専門学校卒業後、美容師として都内のヘアサロンに勤務。金属アレルギーの発症により転職を考えていた折に、ある占い師の予見を受け翻訳者となる。『魔術の教科書』訳者。

魔女の指南書

現代魔術の実践講座

第１刷　2023年４月30日

著　者　マット・アウリン
訳　者　岡 昌広
発行者　小宮英行
発行所　株式会社徳間書店
〒141-8202　東京都品川区上大崎3-1-1
目黒セントラルスクエア
電話 編集(03)5403-4344／販売(049)293-5521
振替 00140-0-44392
印刷・製本　大日本印刷株式会社

ISBN978-4-19-865626-3